KB037172

러시아, 미국을 해킹하다

미국 대선을 훔친 보이지 않는 손

러시아, 미국을 해킹하다
미국 대선을 훔친 보이지 않는 손

초판 1쇄 2017년 12월 20일

지은이 말콤 W. 낸스
옮긴이 박동진
발행인 최홍석

발행처 (주)프리렉
출판신고 2000년 3월 7일   제 13−634호
주소 경기도 부천시 원미구 길주로 77번길 19 세진프라자 201호
전화 032−326−7282(代)   **팩스** 032−326−5866
URL www.freelec.co.kr

기획편집 이강인
교정교열 하나래
디자인 이대범

ISBN 978−89−6540−206−0

러시아, 미국을 해킹하다

★★★★★ THE PLOT TO HACK AMERICA ★★★★★

미국 대선을 훔친 보이지 않는 손

말콤 W. 낸스 지음 박동진 옮김

프리렉

차례

　　지피지기백전불태(知彼知己百戰不殆)라는 중국 전국시대의 전략가 손무(孫武)의 말을 생각해 보면 2016년 미국 대통령 선거의 결과가 왜 그렇게 모두의 예상과 반대로 트럼프의 승리로 나왔는지 이해할 수 있다. 트럼프는 대선 과정에서 열세를 면치 못했지만, 손무의 말처럼 상대는 물론 자신의 약점에 대해 충분히 많은 정보를 사전에 알았던 것으로 보인다. 이 책은 2016년 미국 대통령 선거 과정에서 러시아와 관련된 해킹 세력이 미국 민주당의 주요 서버를 해킹하여 결론적으로 트럼프의 당선에 기여했다는 것을 암시하고 있다. 러시아 스캔들 관련 미 정부의 주요 보고서들 또한 그러한 사실을 뒷받침하고 있다.

　　미국 대통령 선거 과정에서의 해킹 공격은 단순한 사건이 아니다. 외부의 해킹 공격에 의해서 미국의 대통령 선거가 영향을 받은, 아니 미국의 민주주의가 위협을 받은 사례이기 때문이다. 미국 국민들의 선택이 아닌 말콤 낸스의 주장처럼 러시아 푸틴의 선택을 받은 후보가 대통령에 선출된 것이라면 이것은 엄청난 정치적 스캔들이라 할 수 있다. 미국의 국민들은 러시아가 선택한 후보가 대통령에 선출되었다는 사실을 어떻게 받아들일 수 있겠는가?

미국 대선 과정에서의 사이버 공격과 그 결과는 강 건너 불구경하듯이 볼 일이 아니다. 이미 우리가 사는 한반도는 북한은 물론 세계 열강의 보이지 않은 사이버 전장(戰場)이 되었다. 지난 2016년 국방통합데이터센터가 해킹을 당해 중요 군사기밀이 대거 유출되었다. 2013년 6월에는 청와대 홈페이지가 해킹되어 북한의 선전 문구가 노출되는 일이 있었다. 청와대는 하루 평균 18건, 월 500건 이상의 외부 해킹 시도가 있는 것으로 알려졌다. 국방통합데이터센터나 청와대와 같은 국가 핵심 보안 전산망뿐 아니라 발전소, 병원, 은행, 철도 등 주요 시스템에 대한 해커의 공격 시도 또한 꾸준히 증가하고 있다. 그러나 우리는 공격의 주체(해커)가 누구인지, 어떤 목적을 가지고 공격을 하는지, 또 언제 공격을 할지, 그리고 그 공격이 어떤 결과를 초래할지 예측하지 못하고 있다. 핵무기나 미사일과 같은 가시적인 물리적 공격에 대한 두려움에 비해 사이버 공격과 같은 보이지 않는, 소리 없는 공격에 대해 우리는 그 심각성을 인식하지 못하고 있다. 첩보전문가인 말콤 낸스의 책 ≪러시아, 미국을 해킹하다(The Plot to Hack America)≫는 왜 우리가 해킹과 같은 사이버 공격에 대한 방어와 예방의 중요성을 인식해야 하는지 2016년 미국 대선 과정에서의 사이버 공격 사건을 통해 보여주고 있다.

이 책의 신속한 출간을 위해 애써주신 프리렉의 최홍석 대표님과 이강인 이사님께 감사드린다.

2017년 12월

베어(러시아를 지칭)들이 드러나기 전에 2016년 대선은 백인 반발(white backlash, 트럼프 당선의 원동력이 된 미국 백인 유권자들의 집단반발)에 힘입어 전 TV 리얼리티쇼 진행자가 공화당에 대한 적대적 인수를 끝마쳤을 때부터 이미 비현실적이었다.

여름 무렵, 선거운동이 격렬해지자 구시퍼 2.0이라 주장하는 자에 의해 운영되는 워드프레스 페이지가 민주당 전국위원회(DNC)에서 훔쳐 낸 당혹스러운 이메일들과 메모들을 쏟아 내고 있었다. 반비밀주의 조직 위키리크스가 똑같은 일을 벌였을 당시, 구시퍼 2.0은 자신이 정보들의 출처라고 주장했으나, 위키리크스는 출처를 밝히지 않았다. 그러나 유출로 인해 민주당의 정치 기구가 옹졸하고 앙심을 품고 있었으며, 유권자들이 도전자 버니 샌더스를 열광적으로 지지함에도 불구하고 힐러리 클린턴을 이미 민주당 후보자로 지명하기로 결정했다는 것이 밝혀졌다. 데비 와서만 슐츠 의장은 사임했다.

그 후 예상치 못했던 일이 발생했다.

전국위원회 네트워크 침입을 분석하던 사이버보안 연구자들은 공격 정보들이 독특한 패턴의 접근 시도를 보인 것을 알아챘는데, 이것은 익숙한 패턴이었다. 그들이 사용한 툴은 하찮은 해커들은 엄두도 못 낼 정도로 비싼 것이었다. 특히 지금까지 알려지지 않은 소프트웨어의 결함들을 이용한 것은 더욱 그랬다. 그래서 연구자들은 이번 해킹을 러시아 정보기관과 연결된 두 개의 유명한 집단의 소행으로 결론지었다. 그 집단들은 팬시 베어와 코지 베어라는 이상한 이름들로 알려져 있다.

정보 전문가들은 사실 디지털 방식으로 DNC를 침투한 것 때문에 러시아인들에게 화를 내지는 않았다. "DNC는 정보적인 측면에서 타당한 타깃이다."라고 한 사이버보안 분석가이자 국방정보국 전문가가 내게 말했다. 그러나 그들은 대개 훔쳐 낸 데이터를 저장할 뿐 인터넷에 뿌리지는 않는다. 갑자기 베어들이 게임 방식을 변경한 것처럼 보였다.

사이버공격의 책임소재를 밝히는 것은 어려운 일이다. 유능한 스파이 요원들이 노력하지만 거의 불가능하다. 그러나 오래지 않아 오바마 행정부와 의회 지도자들이, 물론 오프더레코드이긴 하지만, 러시아가 이번 공격의 배후임을 확신하는 의견을 피력하기 시작했는데, 이는 매우 드문 일이었다. 하나의 이론이 등장했다. 러시아인들이 공교롭게도 공화당 역사상 가장 친러시아 공약을 내

세우며 출마하는 TV 리얼리티 쇼 진행자를 돕기 위해 미국 선거에 관여하고 있다는 것이었다.

이 글을 쓰는 지금, 선거의 결과는 아직 결정되지 않았다. 그리고 러시아의 관여에 대해 회의적인 시각을 가진 사이버보안 연구자들도 있다. 그래서 알려진 것과 의심되는 것, 이 모든 것의 의미를 정리해주기 위해 정보와 대테러, 국가안보에 평생을 바친 말콤 낸스가 나섰다. 《이라크 테러리스트(The Terrorists of Iraq)》와 《ISIS 격파하기(Defeating ISIS)》 같은 책들을 읽었다면 말콤의 전문 분야가 무엇인지 알고 있을 것이다. 2007년 의회에서 자신의 경험담을 바탕으로 물태우기(waterboarding)는 고문이라고 증언해 당시 논란을 일으켰던 것을 봤더라면, 그의 진실성을 알고 있을 것이다. 그리고 말콤의 동료 해군 상사들과 잠깐이라도 함께 지내봤다면, 그의 솔직함도 알게 될 것이다.

미국 정치와 안보에 관련된 이 이상한 사건은 자세히 조사해볼 만한 가치가 있다. 일회성 사건으로 끝날 것 같지가 않기 때문이다. 결국 베어들은 원한다면 어디든지 가려고 할 것이다. 누군가 그들을 막아서지 않는 한 말이다.

스펜서 애커란
〈가디언〉 미국 국가안보 편집인
2016. 9.

2016년 3월과 4월 초, 정체를 알 수 없는 누군가가 민주당 전
국위원회(DNC) 컴퓨터 서버를 해킹했다. 시간이 지남에 따라 해
커들이 DNC 파일들 가운데 매우 구체적인 정보를 노리고 있었음
이 점점 분명해졌다. 해커들이 노린 것은 민주당이 적수인 공화당
의 도널드 트럼프를 파헤친 상대 정치인 뒷조사 파일이었다. 일단
그들이 원했던 정보를 얻자, 사이버스파이들은 이후로 몇 달 동안
민주당 컴퓨터를 헤집고 다니며 개인 이메일, 디지털 음성 메일,
기부자들에 대한 민감한 개인 정보 등과 같은 파일들을 훔쳐 냈
다. 여기에는 기부자들의 은행 계좌, 신용카드, 사회보장번호들도
포함되었다. DNC는 보안체크를 수행하는 과정에서 침입을 발견
하고, 네트워크를 폐쇄하였다. 하지만 피해는 이미 발생한 후였다.

과거 스파이이자 암호해독자였던 나에게 있어, 이 세상에서
우연히 일어나는 일이란 아무것도 없다고 생각한다. 정보 수집관
은 특이한 사람들이다. 현역이든 은퇴하였든, 그들의 뇌는 그들
을 둘러싼 세상을 완전히 다른 방식으로 바라보게 되어 있다. 일

부는 휴민트(HUMINT, Human Intelligence)* 세상 출신인데, 거기서 그들은 자신들에게 아무 것도 알려주고 싶어하지 않는 사람들로부터 "사회 공학적으로" 정보를 수집하기 위해 사람을 읽고, 조종하고, 불신하는 법을 배운다. 다른 이들은 시진트(SIGINT, Signal Intelligence)** 세상 출신인데, 그 세상에서는 모든 데이터는 끊임없이 분석하고, 고민하고, 융합해서 취약점 공격이 가능한 상태로 만들거나 해독 가능한 코드 상태로 만드는 거대한 전자퍼즐과도 같다. 나 같은 사람들은 두 세계를 다 경험했기 때문에 겉으로 보기에 분명한 정보들임에도 분석적이기도 하고 의심하기도 한다. 이처럼 하이브리드적인 관점으로는 세상을 나열된 데이터로 접근하지 않으며, 대신 끊임없이 이어지는 3차원 체스 게임처럼 정보를 분석하려고 한다. 모든 움직임은 기술적으로는 일반 체스와 같으나, 앞뒤로 한 칸씩만, 또는 좌우나 L자 모양으로만 허용되는 전통적인 게임 방식은 적대적인 의도를 알아내도록 훈련받은 자들에게는 너무나 제한적이다. 그래서 우리는 정보를 적절하게 처리할 방

---

* 사람(Human)과 정보(Intelligence)의 합성어로 정보원이나 내부협조자 등 인적 네트워크를 통해 얻은 정보 또는 그러한 정보 수집 방법을 말한다.

** 신호(Signal)와 정보(Intelligence)의 합성어로 레이더나 통신 감청 등 첨단 장비를 활용하여 신호를 포착하여 얻은 정보 또는 그러한 정보 수집 방법을 말한다.

식들이 추가적으로 필요하다. 위로 수직으로, 아래로 나침반의 모든 각도로, 그 다음으로 모든 중앙선과 세로선, 가로선을 가로지르고, 하나 걸러 모든 각도가 해당된다. 그러면 우리는 데이터 포인트라 부르는 각 아이템 사이의 시기와 간격, 깊이, 거리를 알아내는 수차례의 빈도 분석을 추가한다. 사건이 정보 연속체상에서 확인되면, 우리는 사건을 과거 발생했던 사건과 모두 비교해서 그런 과정을 밟은 스파이가 있는지 패턴들 간의 유사성을 살핀다. 그 다음으로 일련의 사건이 우연인지, 아니면 적대적인 의도의 징후가 있는지를 알아내기 위해 관찰한 각 행동에서 맥락과 전례를 상식에 반하여 비교한다. 제임스 본드라는 허구적인 인물을 만들어 낸 과거 영국 비밀 정보기관 요원인 이안 플레밍은 놀라운 사건들을 1959년 《골드핑거(Goldfinger)》라는 책에서 이렇게 묘사했다. "한 번은 해프닝, 두 번은 우연의 일치, 세 번째는 적대적 행위다."

플레밍의 격언 이후 시대는 변했다. 정보산업의 현재 트렌드에 비추어 나는 이 현상을 낸스의 정보운명 법칙이라고 부르고 싶다. "우연은 많은 계획을 필요로 한다."

DNC 해킹에 대해 알았을 때 처음에는 놀라지 않았다. 해커들이 2008년에 이미 오바마와 매케인 캠프에도 침입한 적이 있기 때문이다. DNC 해킹이 뉴스에 나올 만한 일이기는 하지만 두 개의 다른 사건들과 연결될 때까지는 사실 주목할 만한 사건이 아니었다. 해킹이 발생했을 때, 나는 ISIS와 알카에다에 연관된 해커들에 대한 책을 저술하고 있던 때여서 전자데이터절도 관련 정보에도 관심이 많았다. 그러고 나서 2016년 6월 1일 내 군대 해커 동료 중 하나가 자칭 구시퍼 2.0이라 부르는 엔티티가 워드프레스 페이지를 열어 DNC 해킹으로 훔쳐 낸 정보들을 쏟아 내고 있다고 알려주었다.

구시퍼 2.0은 자신이 DNC에서 해킹한 자료들을 가지고 있으며 자신의 웹페이지를 통해 공개할 예정이라고 주장했다. 구시퍼라는 이름이 신경에 거슬렸다. 활동이 활발한 루마니아 해커인 진짜 구시퍼가 미국으로 막 인도되었었기 때문이다. 구시퍼 2.0은 진짜 구시퍼를 흉내 낸 자였다. 하지만 진짜 구시퍼와 달리 구시퍼 2.0은 게을렀다. 나의 극도로 의심 많은 머리가 돌아가기 시작했다. 다차원 체스 게임이 시작된 것이다.

2주 후 상대방을 신랄하게 비난하는 사이트를 모아 놓은 웹 매거진 〈고커〉의 국가안보 분야 필자인 스티브 비들이 DNC 서버에서 나온 도널드 트럼프에 대한 상대 정치인 조사 파일 일체를 게시했을 때, 플레밍의 격언[*]과 낸스의 법칙[**]이 동시에 떠올랐다. DNC 해킹을 통해 얻은 파일 가운데 가장 치명적인(그리고 따분한) 파일 한 개가 공화당 전국위원회 전당대회 몇 주 전에 "우연히" 공개됐을 리가 없다. 그것은 칼 로브의 정치적 각본, 즉 유죄를 시사하는 정보는 초기에 공개하고, 불리한 정보는 적당한 시기가 올 때까지 기다리라는 지시를 그대로 따른 것이었다. 더 놀라운 것은 DNC 해킹과 구시퍼 2.0에게서 러시아의 흔적들이 보였다는 말이 세계 사이버보안 커뮤니티 사이에 퍼지고 있었다는 것이다.

나는 해군 정보국에서 일을 시작했으며, 러시아어 통역가로 DLI(국방언어학교)에 배속되었다. 해군에 자원입대하기 전 몇 년 동안 해당 분야 직업을 준비하면서 소비에트 연방과 KGB의 정치적 음모에 대한 역사를 공부했었다. 2년 동안 러시아어를 독학하고, 넉 달 동안 프레시도 오브 몬터레이(Presidio of Monterey)의 언어학교에 자리가 나기를 기다렸는데, 그때까지만 해도 완전히 다른 언어를 배우게 될 것이라고는 전혀 생각지 못했다. 나는 아랍어를 배우도록 배치되었으며 이후 10년 동안 러시아 의존국인 리비

---

[*] "한 번은 해프닝, 두 번은 우연의 일치, 세 번째는 적대적 행위다."

[**] "우연은 많은 계획을 필요로 한다."

아와 시리아, 이라크를 주시하였을 뿐만 아니라, 이 국가들과 유럽 테러 집단인 독일 적군파(RAF), 악숑 디렉트(AD), 아일랜드공화국군(IRA), 공산주의자 전투팀(CCC)들과의 연계를 주시하였다. 타깃이 무엇이었든, KGB는 내가 수행하는 작전의 모든 영역에 영향을 미쳤다. 시리아 관련 임무를 수행할 때마다 우리는 러시아 순양함과 구축함이 타르투스 항구로 향하는 것을 목격하였으며, IL-38 "메이" 정찰기가 우리를 끈질기게 따라다니며 이집트와 리비아 국경 인근 살룸만에 정박 중인 소비에트 해군부대를 빈틈없이 경계하는 것을 보았다. 러시아 해외 위장 첩보원인 '일리걸'들이 나폴리에 있는 지저분한 스트립 클럽과 마르세유 홍등가에서 거머리처럼 우리에게 달라붙으려고 시도하곤 했다. 우리는 KGB가 어떻게 정보원을 모집하고, 이성애자나 동성애자에게 "미인계"를 이용하여 어떻게 가장 낮은 계급의 젊은 군인, 선원 또는 해군마저도 조종했는지를 설명하는 월례 방첩보고에 갔었다.

지금은 유튜브에 게시되는 유리 베즈메노프의 비밀보고에서 KGB가 어떻게 타깃을 정하고 모집하는지를 알 수 있는데, 소비에트 연방이 붕괴될 때까지 좌우명이 "베어들을 경계하라. 모든 곳에 베어들이 있다."였다.

소비에트 연방의 붕괴 후 KGB는 FSB로 바뀌었다. 지난 10

년 동안 러시아 정보국은 모든 공격적인 기법들을 혼합하여 새로운 종류의 전쟁을 탄생시켰다. 그것은 바로 하이브리드 전쟁으로, 평화 시기이거나, 전쟁 중이거나 상관없이 러시아의 국가목표가 달성되도록 지원하는 적대적인 사이버, 정치, 심리 작전이 혼합된 결과물이다. 그것이 현재 작전 규정(SOP)이다.

해킹이 일어난 지 몇 달 후, 필라델피아의 민주당 전당대회가 열릴 때, 투명하게 정보를 공개하자는 활동가인 줄리안 어산지가 이끄는 위키리크스가 힐러리 클린턴에게 "피해를 입힐" 의도로 훔쳐 낸 서류들을 유출시켰다. 샌더스 캠프를 상대로 자행된 DNC의 비열한 계략이 방송되어, 버니 샌더스의 극성 지지자들 사이에 분열을 초래하였고, 그 결과 DNC 의장 데비 와서만 슐츠가 사임하게 되었다. 정보 유출은 의도했던 결과를 얻어 낸 것이었다.

이메일들이 공개되자, 세계 보안 및 정보 전문가들이 가장 궁금해한 것은 해킹의 출처였다. 이야기는 그야말로 추리소설 그 자체였다. 어떻게 단지 한 정당의 정보가 예측 불가한 공화당 후보인 도널드 트럼프에게 유리하도록 공개되었는가? 민간 보안 전문가들이 대대적인 사이버 추리 작전을 수행하면서 미국과 나토에 합류하였다. FBI와 FBI의 사이버 하청업체들뿐만 아니라 메릴랜드 포트 조지 지 미드(Fort George G. Meade)에 위치한 미국 국가안보국

(NSA)에 본거지를 둔 미국 사이버 사령부도 유출의 출처로 러시아 국가 및 군사 정보 조직인 FSB와 GRU를 추적했다. DNC 컴퓨터로부터 위키리크스로 이어진 경로를 보여주는 이메일에 들어 있는 정보인 메타데이터가 용의선상에 있던 러시아 정보 조직이자 사이버스파이 집합체인 암호명 사이버 베어들(CYBER BEARS)을 지목하고 있었다.

도난당한 DNC 데이터가 공개되자 과거에 배웠던 러시아의 수법임을 확인하는 방법이 모두 생각나기 시작했다. 익숙하면서도 사실상 모든 정보 요원들이 인식할 수 있는 패턴이었다. 그 패턴은 누군가가 우리 민주주의와 3차원 체스 게임을 하고 있었다는 것을 보여주었다.

러시아는 정치적 적수들을 개인적으로 공격하여 무력화시키기 위해 사이버 정보원을 이용함으로써 정치전을 확립했다. 그들은 그것을 콤프로마트(Kompromat)라고 부른다. 그들은 컴퓨터나 전화를 해킹하여 정보를 수집하고, 스캔들을 만들어 내기 위해 수집된 정보(또는 사실무근의 허위 데이터)를 언론을 통해 노출시켜 결국 적수나 국가를 게임에서 쫓아내 버린다. 러시아는 똑같은 사이버 전투 방식으로 에스토니아와 우크라이나, 유럽 국가들을 공격했다. 어느 순간 러시아는 이런 전술들을 미국을 대상으로 사용하기로 결심한 것이 분명했고, 결국 미국의 민주주의 자체를 해킹하기에 이르렀다.

대통령은 위키리크스가 데이터를 대중에게 공개하기 며칠 전 관련 보고를 받았다. 러시아 스파이 기관은 도널드 트럼프를 대통령으로 당선시키기 위해 대담하게 미국의 선거를 해킹하고 정치전을 개시하라는 명령을 받았다. 트럼프가 이에 대해 알고 있었든지 아닌지 상관없이, 트럼프는 정치적 정보원으로 완벽한 후보자였다. 전직 KGB 요원유리 베즈메노프는 "KGB가 도덕적 원칙이 결여된, 즉 지나치게 탐욕스럽거나 자신의 중요성을 과대평가하는 자기중심적인 사람들을 정보원 대상으로 삼는다. 이들이 KGB가 포섭하기 가장 쉬운 사람들이다."라고 말했다.

이와 같은 활동은 러시아 연방의 최고위층, 즉 블라디미르 푸틴만이 지시할 수 있었을 것이다.

이 책에서 나는 미국 유권자들을 상대로 한 최초의 대규모 러시아 사이버전 작전에 대한 이야기와 블라디미르 푸틴이 어떻게 도널드 트럼프를 미국의 대통령으로 당선시키고자 공작했는지를 설명하고자 했다. 여기에서 여러분은 러시아 연방의 전체 사이버 베어 조직, 즉 FSB, GRU, 러시아 군사 정보국, 범죄 사이버전 하청업자들에 대한 꽤 상세한 분석들을 보게 될 것이다. 그들이 크렘린 선전 무기고에 있는 모든 무기를 이용하고 있다는 것이 분명해질 것이다. 2016년 미국 정치 선거운동과 관련하여 알려진 그들의 모든 사이버 및 언론 활동 전체를 분류할 것이다. 각 장에서는 텔레비전과 글로벌 커뮤니케이션, 사이버 기업들이 미국의 선거 시스템에 침입하여 공격하는 데 어떻게 이용됐는지를 밝히고 있다. 그들이 힐러리 클린턴과 민주당을 무너뜨려 도널드 트럼프를 대통령으로 당선시키기 위해 위키리크스와 협력하여 정해진 날짜들에 적극적으로 사건들에 대응한 강력한 증거가 있다.

이 책에서는 사이버 베어 집단이 어떻게 추적되었는지 설명하고자 한다. 어떻게 사이버 베어들이 개인 정보를 적들로부터 해킹하고 그 정보를 이용하여 정치 협력자와 "쓸모 있는 멍청이"를 골라 타깃으로 삼은 국가에서 명령을 수행하도록 만드는지 알아보는 것이다. 그리고 왜 그들이 위키리크스의 데이터 폐기장에 유포했는지, 유포하지 않았는지를 퍼뜨릴 수도, 퍼뜨리지 않을 수도 있다는 것도 설명하고자 한다. 사이버 베어 팀은 종종 미국 유권자로 가장하여 친트럼프 입장과 자료들을 트위터나 페이스북, 도널드 트럼프의 당선을 지지하는 다른 사이트들에 게시한다.

이 책은 어떻게 러시아 정보기관 FSB의 "적극적조치공작" 팀이 전략적 정치전 작전을 만들어 내고 구축했는지, 어떻게 그것이 정치 선전을 매일 내보내는 〈러시아투데이〉를 통해 국제 언론에 전송되어 인터넷에 영향을 끼쳤는지에 대해 상세히 기술할 것이다. 크렘린의 국영 방송 기관인 〈러시아투데이〉는 러시아의 정치적 목표를 강화하기 위해 전략적 선전 작전에 몰두하고 있으며, 신나치주의자, 정부에 반하는 극단적 자유주의자, 음모론자, 녹색당과 같은 비주류 좌파들에 대해서 미국 정당들의 극좌·우파들을 끌어들이고 있다. 〈러시아투데이〉는 미국의 안정을 해치기 위해 주류 언론에서 이 조직들을 인정하도록 이들의 국제 대변인 역할을 한다.

이것은 실제 스파이 스릴러이며, 실시간으로 일어나고 있다. 이 책으로 인해 미국 유권자들이 워터게이트 2.0을 시작으로 도널드 트럼프를 미국의 대통령으로 당선시키기 위해 러시아가 어떻게 미국을 상대로 정치 및 사이버전을 전면적으로 수행하였는지 알게 되기를 바란다.

1

워터게이트 2.0

민주당 중앙 조직의 중추는 국회의사당에서 겨우 몇 블록 떨어진 워싱턴 D.C.의 남동부 커넬가에 위치한 모래색의 현대적 건물에 있다. 2016년 4월 말 민주당 전국위원회(DNC)의 정보기술부 시스템에 누군가 무단으로 접근한 것이 발견되었다.

정보기술부는 곧바로 피해 상황을 평가하기 위해 IT 보안회사인 크라우드스트라이크(CrowdStrike)를 불러들였다. 심각한 피해가 아니길 바랐다. 성가신 해커들의 공격은 꾸준히 있었는데, 그들은 대개 다양한 사적, 정치적 견해들과 더불어 DNC와 빌더버그 회의와의 관계나 9.11 테러 조작설, 상대편인 공화당을 돕기 위해 도스(DoS) 공격을 시도한다는 등 말도 안 되는 이론들을 주장한다.

크라우드스트라이크 기술자들은 분석용 소프트웨어를 DNC 서버에 심은 후, 두 개의 알 수 없는 엔티티가 전국위원회 컴퓨터

---

* 사물의 구조나 상태, 동작 등을 모델로 표현하는 경우 모델의 구성 요소를 엔티티라 한다. 시스템에서는 데이터, 파일, 프로그램 등이 엔티티에 해당한다. 파일 처리 시스템에서는 한 건의 자료를 구성하는 레코드가 하나의 엔티티에 해당한다. 정보 분야에서는 의미 있는 정보의 단위를 말한다.

에 무단으로 침입했다는 것을 발견했다. 그들은 즉각 이번 공격이 장난이 아니라 전문적인 툴과 소프트웨어를 사용하는 전문가들의 공격이라는 것을 알아냈다. 크라우드스트라이크 팀은 침입 방식을 발견하고 해커들이 서버 시스템으로 들어간 경로를 파악하기 위해 일련의 분석 테스트를 시작하였다. 이 테스트를 통해 사이버 탐정들은 해커들이 어디로 갔고, 시스템에서 무엇을 했으며, 어떤 자료를 가져갔는지를 알아내려고 했다. 또 다른 팀은 해커들이 매개변수에서 무엇을 조작했는지 보기 위해 DNC 서버의 로그를 검토하였다. 해킹에서 사용한 모든 매개변수에 대해 공식 보고서가 작성되려면 몇 주는 걸리겠지만, 이것이 아마추어 해커들의 짓이 아니라는 것은 분명해졌다.

일단 권한이 없는 두 사용자가 시스템을 헤집고 다니기 시작했다. 첫 번째 사용자는 시스템 내에 자리를 잡고 수개월 동안 민주당 직원들의 이메일과 채팅을 감시하고, 파일, 이메일, 음성 메시지 등 거의 모든 것을 훔쳐 갔다. 겉으로 보기에 독립적으로 작업하는 것처럼 보이는 두 번째 사용자는 아주 구체적으로 두 개의 파일들을 노렸다.

정치 첩보 활동에서 가장 중요한 것은 당신의 적이 당신에 대해서 알고 있는 것이 무엇인지를 정확히 아는 것이다. 모든 정보기관이 상대편의 내부 현황을 소상히 알아내려고 하지만, 상대편이 실제로 알고 있는 것과 그들이 모르고 있는 것, 그리고 이에 못지 않게 중요한, 그들이 모른다고 알고 있는 것을 요약한 파일을 찾아 내는 것이 첩보에서 가장 중요하다. 2016년 정치 시즌에 DNC 서버에서 가장 중요한 정보는 민주당이 쥐고 있는 열일곱 명의 공화당 후보들에 대한 조사 파일일 것이다.

크라우드스트라이크의 피해대책 팀은 무명의 해커들이 수행한 침투 작전으로 인해 민주당 서버가 심각하게 손상되었다는 것을 알아냈다. 해커들은 온갖 종류의 자료를 복사하거나 가져갔고, 정적에게 유용한 사실상 거의 모든 것, 이를테면 인사 파일 폴더, 공적 채팅 스레드, 디지털 음성 메일, 사실상 모든 사람의 메일박스 내 이메일 등에 침투했다. 해커들은 또, DNC 기부자 명단을 가져갔는데, 아마도 기부자들의 신용카드 정보 때문이었을 것이다. 이번 공격에서 흥미로운 점은 공격이 아주 대담하고 뻔뻔했다는 것이다. 많은 사이버보안 전문가들은 해커들이 마치 발견되길 바라기라도 했던 것처럼 자신들의 흔적을 완벽하게 감추지 않았다는 사실에 조금 놀랐다. 딱 발뺌할 수 있을 정도로만 흔적을 감추었는데, 한 전문가의 말대로, 그것은 그야말로 '사이버상의 대단한 엿먹이기(big cyber F—you)'였다. 마치 범인이 자신이 다녀갔다는 것을 알리기 위해 바닥에 모든 것을 던져 놓고 가는 전자상의 약탈 행위와 같았다.

크라우드스트라이크는 서버 침입이 2015년 여름에 시작되었다는 것을 바로 밝혀냈는데, 2016년의 침입이 성공적이었던 것으로 미루어 볼 때, 2015년의 시도는 서버 네트워크의 보안 설정을 파악하기 위한 탐색전이었던 것으로 보인다. 이 탐색전을 토대로, 2016년 공격이 단호하고 집중적으로 이루어질 수 있었을 것이다. 하지만 한 가지 분명한 점은, DNC 컴퓨터에 대한 2016년 해킹은 시기상, 오직 야당인 공화당에게 유리한 시기에 맞춰 정보 수집과 배포가 일어났다는 것이다. 더구나 이번 해킹이 정말 악의적이라면 사적인 논의, 선호도, 동료들 간의 경쟁의식이나 관계들 같이 상대적으로 덜 악의적인 정보들까지도 왜곡되어 선거 때까지 앞으로 몇 달 동안 전국적인 논쟁거리가 될 수 있다는 것이다. DNC 의장인 데비 와서만 슐츠도 이 점을 간과하지 않았다. 그녀는 공화당이 스캔들이건 아니건 상관없이 해킹된 정보로 민주당을 공격하는 데 이용하리라는 것을 알았다.

그동안 공화당은 무해한 주제들을 가져와 반복해서 추론하고, 노골적으로 허위 주장을 함으로써 겉보기에 별 뜻 없는 말들을 수년간의 험난한 수사거리로 만드는 이상한 성향을 보여 왔다. 민주당 직원들이 백악관 인근 옛 행정빌딩 내의 컴퓨터 키보드 몇 개에서 W자를 떼어 낸 것을 두고, 공화당원들은 민주당원 무리가 백악관을 어떻게 무참히 훼손했는가라는 전국적인 논란거리로 둔갑시켰다. 빌 클린턴 대통령의 취임 직후, 백악관 출장소 직원들이 관례에 따라 교체된 것을 권력 남용으로 보고 의회 차원의 조사를 벌여 영부인 개인을 겨냥한 전국적인 마녀사냥으로 바꾸어 놓기도 하였다. 만일 조지 워싱턴 대통령이 벚나무를 베어 버렸다고 오늘날 자백했다면, 아마도 그는 정부 재산 파손과 권력 남용 혐의로 조사받아 즉시 탄핵을 당하였을 것이다.

하지만 이번과 같은 해킹은 전례가 없었다. 위로는 DNC 의장인 데비 와서만 슐츠로부터 아래로는 단순히 정치적인 관심 때문에 전화로 음성 메일을 남긴 무고한 시민에 이르기까지 DNC 전 직원들의 일 처리 과정, 절차, 전략, 신념과 생각에 따른 내부 논의 전체가 노출된 것은 충격적이었다. 아무런 악의가 없는 말이 정치적 논란의 불씨로 변질될 수 있었다. 모든 논의는 음모론으로 조작될 수 있었다. 이제 DNC가 당면한 문제는 누가 해킹을 했는가가 아니라 해커들이 정보를 가지고 무엇을 할 것인가가 되었다.

워터게이트 1.0

1972년 리차드 닉슨 대통령은 '배관공'이라 불리는 백악관 내 그의 대리인들과 대통령재선위원회와 공조하여 워싱턴 D.C.의 호화로운 워터게이트 호텔에 있는 DNC 사무실로 다섯 남자를 보냈다. 괴한들은 선거를 몇 달 앞두고 야당인 민주당이 닉슨에 대해 조사해 놓은 것이 정확히 무엇인지를 알아내기 위해 도청장치를 설치하고, 금고를 털고, 파일을 복사하라는 지시를 받았다. 닉슨은 대통령 선거에서 승리했지만, 범죄를 은폐한 정치 스캔들로 인해 1973년 8월 불명예 퇴진한 첫 번째 대통령이 되었다.

그로부터 거의 정확히 44년이 지나 감행된 2016년 DNC 해킹 역시 같은 작전이었다. 하지만 이번에는 침입을 감지할 보안요원도 없고, 괴한들은 라텍스 장갑을 끼고 마이크를 숨겼기 때문에 잡히지 않을 것이다. 그들은 단 몇 초 만에 정보를 복사할 것이고, 그들의 디지털 지문은 침입 후 한참이 지나서야 드러날 것이며, 그들이 침입했다는 사실은 힐러리 클린턴의 선거운동에 피해를 입힌 이후에야 발견될 것이다.

이번 침입과 관련된 용의자들은 트럼프 지지자들부터, 숨겨진 비밀을 세상에 드러내려고 하는 실체가 없는 해커 집단인 어나니머스의 블랙 햇 멤버들에 이르기까지 무수히 많다. 비록 민주당 전국위원회가 민주당과 당원들의 선거운동을 관리하는 정치 기구이긴 하지만, 한편으로는 많은 미국 유권자들의 정치적 열망을 표출하기 위한 기구이기도 하다.

버락 오바마 대통령이 2012년 재선에 성공했을 때, 미국 유권자의 51.1퍼센트를 대표하는 6천 5백만 표 이상을 얻었는데, 이를 가능케 한 팀이 바로 DNC였다. 전국위원회는 단순히 후보자를 대변할 뿐만 아니라 일단 후보자가 선출되면 당의 목표를 이루기 위해 후보자를 준비시키고, 자금을 모으고, 지원하는 중요한 기관이 된다. 그런데 내부 비밀이 도난당한 것이었다.

당시 많은 이들이 DNC가 해킹 피해를 입었을 것이라고 생각했으나, 전국위원회는 아무것도 도난당하지 않았다고 주장했다.[1]

공공 영역에 포함되지 않는 한 일반 내부 작업들은 조사가 비교적 순조로웠다. 2016년 6월 DNC 의장 데비 와서만 슐츠는 다음과 같이 말했다.

• • • •

시스템 보안은 우리 작전과 선거캠프 및 우리와 함께 일하는 주 정당들의 신뢰가 달린 대단히 중요한 문제다[...] 침입을 알게 됐을 때 우리는 이를 심각한 사안으로 간주하여, 크라우드

스트라이크에 즉시 연락을 취했다. 우리 팀은 침입자를 몰아내고 네트워크의 안전을 확보하기 위해 가능한 한 빠르게 움직였다.[2]

4월 공격이 발견된 이후, 도난당한 것이 무엇인지에 대한 분석이 행해졌다. 크라우드스트라이크와 DNC 임원들은 이번 공격의 범위가 상당히 넓었으며, 해커들이 서버를 90여일 동안 드나들며 마음에 드는 정보를 열람하고 가져갔다는 것을 이내 알아챘다. 하지만 침입 의도를 파악할 수 있는 초기 징후가 있었다.

만일 공화당 지지자나 민간인 핵티비스트, 악질 "블랙 햇" 해커인 무정부주의자들이 침입한 것이라면, 훨씬 더 엉성한 작전이었을 것이다. 게다가 범인들은 모든 공화당 후보의 정보 일체를 가져가거나 파일들을 모조리 파괴했을 것이다. 핵티비스트는 시스템 운영자들에게 그들이 침입했다는 것을 알려 혼란을 일으키는 것을 좋아한다. 반면 불법으로 시스템에 침입함으로써 가끔 계약을 성사시키기도 하는 인터넷 보안 전문가인 "화이트 햇" 해커들은 대체로 시스템 운영자에게 메모를 남겨 계약이 성사 될 수 있게 하거나 보안상의 약점이 보완되도록 조언한다. 화이트 햇 해커들은 일반적으로 대단히 중요한 파일에 "여기 시스템이 취약하다고 했잖

아요."라는 메시지를 남겨 시스템 운영자에게 알린다. 이 모든 것
은 DNC 컴퓨터 운영자와 크라우드스트라이크의 보호 분석가들
이 이미 다 알고 있는 방법이지만, 두 번째 해킹의 목표는 특이했
다. 이 해킹은 다른 사항과 사람을 모두 무시하고 딱 한 세트의 파
일에만 관심을 가졌는데, 바로 뉴욕시의 억만장자인 도널드 트럼
프에 대한 상대 정치인 조사 폴더였다. 2016년 침입은 워터게이트
2.0으로 충분히 불릴 만한 것이었으나 원래의 워터게이트와는 달
리, 이번에 도난당한 자료들은 정치 프로세스에 이용되어 치명적
인 결과를 가져오게 될 것이다.

트럼프의 복수: 대통령으로서의 오바마 지우기

백악관 출입기자단 만찬은 백악관 출입기자 협회 주최로 매
년 봄에 열리는 연례행사다. 이 만찬은 "너드 프롬"으로 불리기도
하는데, 언론인, 정치인, 유명인사를 한자리에 불러 모으기 때문에
언론과 언론이 비판해야 할 당사자들 간의 친밀한 관계를 조장한
다는 비판을 종종 받는다. 이 자리에서 대통령이 보통 유머러스한
이야기를 들려주고, 이후 코미디언이 공연을 이어 간다. 도널드 트

럼프는 2011년 백악관 출입기자단 만찬에서 〈워싱턴포스트〉의 게스트로 참석했다.

트럼프는 바로 한 달 전에 오바마 대통령이 하와이가 아니라 케냐에서 태어났다는 어처구니없는 비난을 하는 이른바 '대통령자격논란' 운동에 앞장섰다. 트럼프는 오바마 대통령에게 출생증명서를 제출할 것을 공개적으로 반복해서 촉구했다. 〈뉴욕타임스〉는 "트럼프가 오바마의 대통령직의 합법성에 대해 더 많은 의문을 제기할수록, 지지도가 올라가 2012년 공화당 선거 초기 여론조사 5위에서 사실상 공동 1위로 뛰어오르게 되었다."라고 썼다. 노골적이고 인종차별적인 음모론을 이야기하며 호통치는 TV 쇼맨으로 악명 높은 트럼프는 보수 진영에서 스타로 부상하고 있었다. 이와 같은 모욕적인 언행들은 대통령에게는 영향을 미쳐서, 오바마는 19분 연설의 상당 부분을 뉴욕의 비즈니스맨을 한 방 먹이는 데에 할애했다.

••••

도널드 트럼프가 오늘밤 이 자리에 있네요. 그가 최근 상당한 비난을 감수하고 있다는데요, 하지만 출생증명서 문제가 해결되면 아마 도널드가 가장 행복하고 자랑스러워할 겁니다. 왜나하면 그래야 비로소 정말 중요한 이슈들, 가령 우리가 달 착

류을 조작했는가, 로즈웰에서는 정말 무슨 일이 일어났던 걸까, 비기와 투팍은 어디에 있는가와 같은 중요한 문제들로 돌아가 집중할 수 있기 때문이죠. 하지만 농담은 이제 그만하고, 우리 모두는 분명 당신의 자격과 폭넓은 경험에 대해 알고 있습니다. 예를 들어—아니, 진지하게 말하고 있는 겁니다, 셀리브리티 어프렌티스의 최근 에피소드를 보면 스테이크 하우스에서 남자 요리 팀이 오마하 스테이크 심사위원을 실망시켰을 때, 책임 소재에 대한 공방이 일어났는데, 트럼프씨 당신은 리더십 부재가 진짜 문제라는 것을 알아채고는, 최종적으로 릴 존이나 미트 로프를 탓하는 대신, 개리 부시를 해고했었죠. 이러한 결정들이 나를 밤에 깨어 있게 하곤 했습니다. 잘 처리하셨어요, 트럼프씨, 정말 잘 하신 겁니다. 여러분이 트럼프씨에 대해 무슨 말을 하든 간에 그는 분명 백악관에 상당한 변화를 가져올 것입니다.[4]

오바마의 발언 이후 코미디언 세스 마이어스는 트럼프를 그냥 놔두지 않았다. 많은 언론인들이 트럼프가 공연 내내, 특히 오바마와 마이어스의 모욕적 언행에 언짢아하는 것으로 보였다고 말했다. 만찬 때 트럼프 바로 옆에 앉았던 록산느 로버츠는 〈워싱턴포스트〉에 트럼프가 마이어스의 공격에 "미소도 짓지 않았다."라고 썼다. 마이어스는 "도널드 트럼프는 자신이 공화당원으로서 대통령에 출마할 것이라고 말해 왔는데, 이는 굉장히 놀라운 일이다. 왜냐하면 나는 그가 농담 삼아 출마하려는 것이라고 짐작했기 때문이다."라고 농담했다. 마이어스는 계속해서 트럼프를 놀렸는데, 로버츠는 "마치 수류탄처럼 농담을 던졌다."고 말했다.[5] 로버츠는 "돌이켜 생각해보면, 트럼프는, 자신에 대한 농담에 대응하는 유일한 방법은 참석한 어느 누구보다 더 크게 웃는 것이라는 전통적인 정치 유머의 규칙을 깨뜨렸다. 무슨 생각을 하고 있었든, 트럼프는 불만에 가득 차 보였고 지식인들이 덤벼들 이유를 주었다."고 썼다.[6] 트럼프는 애프터 파티에도 참가하지 않고 만찬 후에 전용 제트기로 바로 돌아가 버리면서 상황을 더욱 악화시켰다.

다음 날 트럼프는 폭스뉴스에서 "내가 무슨 상황에 휘말리고 있는지 잘 알고 있었다."면서, "나는 내가 혼자서 주목받게 될 줄은 몰랐다. 아마도 여론조사에서 앞서고 있을 때 그런 일이 생기나 보다. 하지만 나는 다른 면에서 해석하여 들으면서 즐거운 시간을 보내고 있었다는 건 확실하다."라고 말했다.[7]

그러나 트럼프가 정말로 듣고 있었다면, 이야기들이 그를 조금도 기쁘게 하지 않았을 것으로 보인다. 트럼프는 "세스 마이어스는 재능이 없다."며 마이어스를 대놓고 공격했다. 만찬 다음 날 〈뉴욕타임스〉의 마이클 바바로와의 인터뷰에서, "마이어스는 완전히 실패했다. 사실 나는 세스의 공연이 너무 형편없어서 세스 자신이 상처받았을 것이라고 생각했다."고 말했다.[8] 트럼프는 바바로에게 그날 저녁은 "마치 도널드 트럼프 로스트 파티* 같았다."고 말했다. 그렇긴 해도 바바로는 "대화 내용이 아니라면, 자신에게 쏟아진 관심을 한껏 즐기고 있었던 것이 분명하다."고 말했다.[9]

돌이켜 보면 2011년 백악관 출입기자단 만찬 사건은 트럼프가 2016년 선거에 출마하기로 결심하는 데 어느 정도 계기가 되었다. 〈뉴욕타임스〉의 매기 하버만과 알렉산더 번즈는 "공개적으로 굴욕을 당한 그날 저녁은 트럼프를 정계에서 몰아내는 것이 아니라 오히려 정계에서의 입지를 높이려는 그의 맹렬한 노력을 더욱 가속화시켰다. 그날 사건으로 인해 트럼프의 선거운동이 진지하게 받아들여지길 바라는 마음으로 추진되고 있다는 것이 분명해졌다. 출마 열망이 호통과 허풍으로 이따금 가려졌을 뿐이다."[10]라고 말했다.

---

* 어떤 사람의 인생에서 특별한 일을 축하하기 위해 모여 특히 함께 식사를 하면서 그 사람에 얽힌 재미있는 일화들을 나누는 것을 말한다.

만찬에서의 농담으로 트럼프는 기분이 상했을 것이 분명하기 때문에, 트럼프가 어떻게 반격하며 즐기는지 보는 것은 당연한 수순이다. 2016년 대통령 선거에 출마하면서 보수 유권자의 힘을 빌리면 오바마의 유산을 트럼프 자신이 직접 무너뜨리는 것이 가능할 것이다.

트럼프, 정계에 발을 들이다

도널드 트럼프가 2015년 6월 16일에 대통령 선거 출마를 선언했을 때, 백악관 입성을 꿈꾸는 공화당의 주요 후보들은 모두 열한 명으로 유난히 많았다. 7월 말이 되자 주요 후보들의 숫자는 전례 없이 열일곱 명으로 늘어났는데, 아홉 명의 전·현직 주지사를 비롯하여, 상원의원, 은퇴한 신경외과 의사, 휴렛팩커드의 전 CEO 등이 뒤섞여 있었다.[11, 12]

여론조사를 보면 경선 초기에 트럼프가 다른 후보들에 비해 즉각적인 우위를 차지하고 있음을 알 수 있었다. 2015년 6월 26일에서 28일까지 행해진 CNN/ORC 전국 여론조사를 보면 트럼프는 공화당원들로부터 지지율 12퍼센트를 얻어, 19퍼센트를 얻은 전 플로리다 주지사 젭 부시에 이어 2위를 차지하였으며, 2015년 7월 22일에서 25일 사이의 CNN/ORC 여론조사에서는 뉴욕 비즈니스맨이 19퍼센트를 얻어 1등을 했고, 젭 부시는 15퍼센트로 뒤처졌다. 늘 기이하고 성급한 스타일과 "있는 그대로 직설적으로 말하는" 트럼프의 능력은 수많은 추종자를 끌어냈다. 트럼프는 비주류 보수파들 사이에서 즉각 성공을 거뒀으며, 그 비주류파들을 주류로 이끌어 내는 능력이 있었다.

트럼프 선거운동의 특징은 과장된 표현을 하고, 전체주의적이면서 모호한 이중 화법으로 개인을 모욕하는 것이었다. 예를 들어, 한편으로는 참전용사들을 칭송하면서도, 다른 한편으로는 베트남전에서 총에 맞아 수년 동안 전쟁 포로로 잡혀 있던 존 매케인을 모욕하는 모순적인 발언을 하곤 했다. 2015년 7월 18일, 트럼프는 매케인에 대해 대뜸 "그는 전쟁 영웅이 아니다. 그는 포로가 되었기 때문에 전쟁 영웅이 된 것이다. 나는 포로가 아니었던 사람들을 좋아한다."고 말했다. [15] 지나친 발언으로 압박을 받을 때면 그런 말을 한 적이 절대 없다고 주장하고, 발언이 잊히도록 다른 터무니없는 발언을 이어서 하곤 하였다.

높은 여론조사 수치에도 불구하고 언론과 유권자 대부분은 처음에는 그의 선거운동을 진지하게 받아들이지 않았다. 〈허핑턴포스트)는 2015년 7월 트럼프 관련 뉴스를 정치면이 아닌 연예면에 게재하겠다고 발표했을 정도다. 발표문에는 "이유는 간단하다. 트럼프의 선거운동은 사이드쇼이기 때문이다. 우리는 트럼프가 던진 미끼를 물지 않을 것이다. 트럼프가 하는 말에 관심 있는 사람은 카다시안즈와 배철러레트 TV 프로그램 기사 옆에서 찾아보면 될 것이다."라고 적혀 있다.

여론조사 분석 블로그인 fivethirtyeight.com의 개설자이자 2008년과 2012년 선거기간 동안 50개 주의 대통령 경선 승리자를 정확히 예측해 내면서 거의 완벽한 실적을 쌓아 유명해진 통계학자 네이트 실버조차 트럼프의 상승세를 짐작하지 못했다.[17] 2015년 11월, 공화당 경선은 열두 명의 후보로 좁혀졌는데, 트럼프가 투표에서 1위를 차지했다. 실버는 트럼프가 공화당 후보가 될 기회를 20퍼센트 미만으로 보았다. 실버는 "내 생각에, 트럼프의 가능성이 0보다는 높지만 20퍼센트에는 한참 못 미칠 것이다."[18]라고 예상했다.

크리스마스가 다가오면서, 트럼프가 선두자리를 놓치지 않을 가능성이 더 높아지는 것으로 보였는데, 트럼프가 특이한 지지를 받았던 것이 바로 이 무렵이었다. 난데없이 블라디미르 푸틴 러시아 연방 대통령이 미국 선거에서 트럼프를 지지하는 것으로 보이는 일련의 발언들을 한 것이다. 푸틴은 기자회견에서 "트럼프가 총명하고 재능이 있는 사람이라는 데는 의심의 여지가 없다. 그는 대선 경쟁에서 완벽한 리더다[...]."라고 말했다.[19] 트럼프에 대한 푸틴의 지지는 대부분의 사람들에게는 놀라운 일이었으나, 트럼프가 러시아 전제 군주를 굉장히 좋아하고, 김일성과 무아마르 카다피 같은 독재자들을 열렬히 존경하고 있다는 사실을 아는 사람들에게는 그리 놀라운 일이 아니었다.

경쟁자들이 하나둘 떨어져 나가기 시작하면서 트럼프는 계속해서 투표마다 1등을 했다. 전 플로리다 주지사 젭 부시는 한 때 공화당 경선에서 쉽게 이길 것으로 여겨지기도 했으나, 하락을 거듭하더니 2월 사우스캘리포니아 예비선거 후 중도 탈락했다. 트럼프의 대통령 후보 지명이 몇 달 앞으로 다가오면서 전 신경외과 의사 벤 카슨, 텍사스 상원의원 테드 크루즈, 플로리다 상원의원 마르코 루비오, 휴렛팩커드의 전 CEO 칼리 피오리나는 각기 다른 시점에서 자신들이 트럼프 다음으로 2위로 있는 것을 알았지만, 수차례의 CNN/ORC 여론조사는 아무도 트럼프를 따라잡을 수 없다는 것을 보여주었다.[20]

봄이 되자 공화당 대통령 후보 지명자가 되기 위한 경선은 세 명의 후보로 압축되었다. 5월 3일, 테드 크루즈 상원의원이 인디

애나 예비선거에서 패한 후 경선에서 탈락하자 트럼프는 사실상 공화당 대통령 후보가 되었다. 오하이오 주지사 존 카시는 바로 다음 날 선거운동을 중단했다.[21] 경선은 결국 끝났고, 모든 사람의 예상과는 달리 도널드 트럼프는 6월 공화당 전당대회에서 공식적으로 공화당 후보 지명자가 되었다.[22]

2015년 8월과 2016년 3월 사이에, 공화당은 12회, 민주당은 아홉 번의 대통령 예비선거 토론회를 개최했다.[23] 트럼프는 2015년 8월 오하이오주 클리블랜드에 위치한 퀵큰 론 아레나의 군중으로부터 환호와 야유를 동시에 받으며 첫 번째 공화당 예비선거 토론회에서 확실히 돌풍을 일으켰다.

사회자가 무대에 있는 열 명의 공화당 경선 후보자들에게, 최종 후보 지명자에 대한 지지서약을 하고 싶지 않은 사람이 있는지 물었을 때, 트럼프 혼자 손을 들었다. 청중으로부터 야유를 받으면서, 트럼프는 "내가 지명자라면 맹세할 수 있다. 나는 무소속으로는 출마하지 않을 것을 맹세할 것이다. 그 점에 대해 모두와 의논하고 있다. 하지만 나는 많은 영향력에 대해 말하는 것이다. 우리는 승리하길 원하며 승리할 것이다. 그러나 나는 공화당원으로서 승리하고 싶다. 공화당 후보 지명자로 출마하길 원한다."[24]라고 말했다.

트럼프는 또 퉁명스러운 태도와 정치적 공정성에 대한 계속되는 비판으로 명성이 자자했다. 트럼프는 폭스 토론에서 "나는 이 나라가 갖고 있는 큰 문제는 정치적 공정성을 추구하는 것이라고 생각한다."라고 말하여, 사람들로부터 환호를 받으며, 선거운동에서 활용하는 주제로 부각시켰다. "나는 솔직히 정치적으로 완전하게 공정할 시간이 없다. 솔직히 이 나라도 마찬가지다."[25]라고도 말했다.

트럼프는 일부 보수 성향의 유권자들을 열광시켰다. 그는 전례 없이 그들을 흥분시켰고, 집회에 지나치게 많은 시위자가 몰려와 폭력적인 언쟁으로 빠져들 때 감도는 강렬한 흥분을 즐겼다. 트럼프는 폭력을 조장한다고 계속해서 비난받았다. 케빈 시릴리는 〈블룸버그〉에 다음과 같이 썼다.

• • • •

트럼프는 자신의 집회를 방해하려는 시위자들을 자주 꾸짖는데, 관계자들에게 "그들을 끌어내라."고 소리치며, 때로는 "엄마한테나 가라."고 덧붙이기도 한다. 사실 매 집회마다 심지어 후보자가 연설을 시작하기도 전, "시위자들을 다치게 하지 말고", 대신 "트럼프, 트럼프, 트럼프"를 연호하며, 관계자들이 그 위치를 알 수 있도록 진행을 방해하려는 자들을 손가락으

로 가리킬 것을 집회 참가자들에게 지시하는 조롱조의 오디오 녹음을 틀어준다.[26]

폭력은 군중 속에 있는 시위자들에게 국한되지 않았다. 트럼프의 선거운동원은 후보의 공격적인 태도를 그대로 흉내 냈다. 트럼프의 선대본부장 코리 르완도스키는 플로리다 선거 집회에서 보수 온라인 매체인 〈브레이트바트뉴스〉 기자 미셸 필즈의 팔에 멍이 생길 정도로 강하게 붙잡아 고소당했다. 르완도스키는 경범죄에 해당하는 구타 행위로 기소되었으나, 결국 취하되었다. 하지만 염려스러운 것은 그 사건에 대한 트럼프의 반응이었다. 뉴스 웹사이트 복스(Vox)는 다음과 같이 썼다.

••••
사실 트럼프는 르완도스키에 대한 비난이 처음으로 표면화됐을 때부터 줄곧 그를 지지했다. 처음에는 그런 일이 일어났다는 사실 자체를 부정했다. 그 다음에는 사건 영상의 존재를 부인했다. 다음에는 영상을 통해 알 수 있는 것은 아무것도 없다고 말했다. 그러고는 필즈가 먼저 손에 (트럼프에 따르면 비밀경호 기관이 작은 폭탄으로 착각할 수 있는) 펜을 쥐고 트럼프를 붙잡았기 때문에 이 모든 사건이 시작된 것이라고 주장했다.

선거 운동에서 발생할 수 있는 경범죄에 대해 의문이 제기되었다. 트럼프의 핵심 전략가 폴 매너포트는 4월 공화당 전국위원회(RNC)의 비공개 회의에서 이런 문제들을 다뤘다. 애슐리 파커는 〈뉴욕타임스〉에 다음과 같이 썼다.

••••

슬라이드에서 매너포트는 트럼프가 '진화하고' 있고, 자극적인 선거운동 스타일로 자신의 역할을 하고 있는데, 그런 식으로 그가 경선에서 앞서 나갈 수는 있었겠지만 당 지도부는 그것 때문에 공화당이 11월 대선에서 실패하게 될지도 모른다는 우려를 하고 있다고 회의 참석자들에게 말했다.[28]

트럼프도 아내 멜라니아와 딸 이방카마저 자신에게 좀 더 대통령답게 행동할 것을 요구했다고 말했다. 매너포트가 RNC에서 연설하고 이틀 후, 트럼프는 코네티컷에서 열린 선거운동 집회에서 그와 같은 요구들에 대해 "좀 더 부드럽게 할" 생각이 없다고 말했다. 파커는 다음과 같이 썼다.

••••

트럼프는 "대통령답게 행동하는 것은 쉽다. 내가 해야 하는 것들에 비하면 훨씬 더 쉬운 일이다."라고 말하고는, 정치인으

로 변신한 엔터테이너라는 흥미로운 캐릭터가 너무 예의 바르게 행동하면 청중들이 지루해할 것이라고 재빨리 덧붙였다.[29]

트럼프의 입보다 더 문제는 스마트폰으로 트위터에 트윗하는 그의 손가락이었다. 신나치와 백인 우월주의자의 논평을 리트윗하는 등 모욕적, 선정적, 부적절한 논평을 하며 140자의 글자로 그의 후보직을 위태롭게 만들고 있었다. 어프렌티스의 전 호스트인 트럼프는 자신에 대해 비판적으로 이야기하는 사람들을 맹비난하기 위해 종종 트위터를 활용했다. 〈뉴욕타임스〉는 심지어 "도널드 트럼프가 트위터에서 모욕했던 사람과 장소, 상황들"[30]을 일일이 열거하기도 했다.

폭발 직전의 민주당

공화당이 후보 지명 과정에서 상당수의 후보(아이오와 코커스까지 두 자릿수의 후보가 남아 있었다)가 경쟁하는 것과 비교할 때, 민주당은 일찍이 전 국무장관이자 상원의원이며 영부인인 힐러리 클린턴과 버몬트 상원의원 버니 샌더스, 두 명의 주요 후보가 경쟁을 벌이고 있었다.

2015년 6월 26일에서 28일 사이의 초기 CNN/ORC 여론조
사에서는 샌더스가 15퍼센트, 힐러리가 58퍼센트로 힐러리가 샌
더스를 크게 앞질렀었다. 다른 후보 지망자들인 짐 웹, 링컨 채프,
전 메릴랜드 주지사 마틴 오말리는 3퍼센트를 넘지 못했다.[31] 오
말리는 2016년 2월 1일 아이오와 코커스 이후 선거운동을 중단
했다.

버몬트 출신의 자칭 민주사회주의자인 샌더스는 2016년 후보
경선에서 괜찮은 성과를 거뒀다. 3월 17일에서 20일 사이의 여론
조사에서 힐러리가 51퍼센트였을 때 샌더스는 44퍼센트에 달하는
높은 지지율을 보였다.[32] 힐러리와 민주당 조직에 대한 불신으로
샌더스 추종자들은 대단히 열정적이었고, 민주당 ㅓ의 권력 구조가
새로운 진보 혁신의 시대에서 뒤바뀔 수 있다고 굳게 믿었다. 부
정 투표, 선심 공세, 대리인 조작에 대한 비난들이 선거에 만연했
다. 힐러리가 확실한 지명자가 됐을 즈음, 힐러리와 샌더스 지지자
들 사이에는 상당한 불신이 자리 잡았다. 힐러리 지지자들은 샌더
스의 선거운동원들이 어리고, 순진해서 인터넷에서 읽은 것은 무
엇이든지 믿으려 한다고 보았다. 샌더스 지지자들은 힐러리 세력
을 트럼프와 공화당원이 좋아할 만한 관점에서 바라보았다. 25년

이 넘도록 공화당은 힐러리를 늘 야심만만하고, 부패하고, 정직하지 못하며, 교활한 거짓말쟁이의 이미지로 조장해 왔다. 물론 공화당 의회가 수십 년 동안 조사했음에도 불구하고 힐러리의 부패나 범죄와의 공모에 대한 증거는 단 하나도 밝히지 못했다.

벵가지 작전과 이메일 논란

샌더스는 벵가지 스캔들과 관련된 힐러리의 이메일들에 대해 비판하며 선제 공격을 했다. 그러나 2015년 11월 공화당이 주도한 논란을 거부하며, 샌더스는 갑자기 입장을 바꿔 벵가지와 관련된 모든 이메일이 타당했다고 주장하였다.

2012년 9월 11일 리비아 벵가지 소재 미국 영사관에 대한 테러 공격은 네 명의 미국인이 사망한 안타까운 사건이었으나, 공화당에 의해 오바마 대통령과 힐러리 클린턴이 내린 "비행중지 명령"으로 인해 크리스토퍼 스티븐슨 리비아 주재 미국 대사와 직원들이 죽었다는 음모론으로 변질되었다. 공화당은 힐러리가 국무장관으로서 벵가지 공격을 처리한 방식을 놓고 끈질기게 공격했다. 비평가들은 정부가 공격을 개시하기 전에 정보국의 경고를 듣지 않았고, 나중에는 그들의 행동을 은폐했다고 비난했다. 아홉 개의 의회 조직들이 각기 조사에 나섰고, 〈폭스〉는, "각 조직들은 그 사건이 처리된 방식에 문제가 있음을 밝혀냈으나, 정부가 은폐하려 했다거나 공격에 대해 적절히 대응하지 못했다는 증거를 밝혀내지는 못했다." 라고 보도했다. 2015년 10월, 힐러리는 미국 하원 벵가지 특별조사위원회에서 11시간이 넘게 증언했다. 〈뉴욕타임스〉의 데이비드 헤르첸혼은, "힐러리가 공화당원들의 질문에 대해 답하고 공격을 태연하게 막아 내면서, 청문회는 공화당에게 오히려 역효과를 낳았다는 것이 전반적인 인식이었다."라고 썼다. 특별위원회는 예비선거 선거운동이 끝나감에 따라 2016년 6월에 최종 보고서를 발표했다. 〈타임스〉는 "힐러리의 과실이나 범법 행위에 대한 어떤 새로운 증거도 없었다."[35]고 보도했다. 그럼에도 불구하고 보고서 발표 몇 시간 후, 트럼프는 트위터에 "벵가지는 힐러리 클린턴의 또 다른 실패일 뿐이다. 다만 힐러리에게는 그저 모든 것이 제대로 돌아가지 않는 것처럼 보인다."[36]라고 올렸다.

결국 아무것도 샌더스의 선거운동에 도움이 되지 않았다. 힐러리는 3백만 표 이상을 더 얻었고, 6월까지 슈퍼대의원 수에서 샌더스를 누르며 후보 지명을 확정지을 수 있는 충분한 수의 대의원들을 확보했다.[37] 7월 12일, 민주당 전당대회를 불과 2주 앞두고 샌더스는 힐러리 클린턴에 대해 공식 지지를 선언했다. 공식적으로 지지한 날 발행된 엽서에서 샌더스는 "양심상" 도널드 트럼프가 대통령이 되도록 내버려 둘 수가 없었다며, "나는 이 순간에도 우리 나라, 우리 가치, 변화된 미국을 향한 우리의 공통된 비전은 도널드 트럼프가 패배하고 힐러리 클린턴이 당선됐을 때 가장 잘 실현될 수 있다고 믿는다."[38]고 밝혔다.

2016년 선거운동의 특징은 힐러리가 국무장관 시절 그녀의 집에 있는 개인 이메일 서버와 관련된 정보들을 이용해 힐러리 클린턴에게 타격을 입히려고 했던 것으로, 2015년 3월에 처음으로 표면화되었다. 공화당원뿐만 아니라 버니 샌더스 선거캠프의 일부 인사들도 힐러리가 개인 이메일을 공식 업무에 이용한 데 대하여 형사 책임이 있음을 필사적으로 밝혀내고 싶어 했다. 샌더스가 이메일에 대한 얘기는 이제 "질렸다."라고 말했음에도 불구하고, 그의 선거 사무장 제프 위버는 폭스뉴스에서 "클린턴이 만일 기소된다면, 경선에 계속 참여하는 것이 어려워질 것이다."라고 노골적으로 말했다.[39]

이 발언으로 샌더스 지지자들은 트럼프 지지자들만큼이나 흥분했고, FBI가 조사를 마치고 힐러리에게 불리한 판정을 내려서 샌더스가 후보 지명자가 될 수 있기를 기대하기 시작했다. 또한,

이메일 논란은 이제 공화당 전략의 핵심이 되었다. 트럼프 지지자들은 만일 힐러리가 기소되면 그녀의 선거운동과 정치인생이 끝날 것이고, 그렇게 되면 트럼프는 샌더스를 쉽게 누르고 승리하게 될 것으로 생각했다.

하지만 생각대로 되지 않았다. FBI는 조사를 마무리 지으며 힐러리 클린턴이 어떤 범죄도 고의로 저지른 바가 없다고 결론지었으며, 아무런 기소도 하지 않았다. FBI는 힐러리가 당초 넘겨준 3만 개의 이메일들 가운데 110개가 그녀가 수신했을 당시 기밀 사항이었으나, 나머지 대부분의 이메일들은 기밀이 해제된 것이었음을 확인하였다. 힐러리는 어느 누구도 고의로 속이지 않았으며, FBI에게도 거짓말을 하지 않았다. FBI 국장 제임스 코미는 FBI가 전 국무장관에 대해 아무런 고발도 하지 않을 것을 권고하긴 했으나, 그녀의 행동은 "대단히 경솔했다."고 말했다.[40]

힐러리를 후보 경선에서 몰아낼 수 있는 방법은 아무것도 없어 보였다. 필라델피아에서 열릴 민주당 전당대회가 얼마 남지 않았고, 힐러리를 비방하는 자들이 이메일을 문제 삼아 그녀를 선거에서 끌어내리려는 마지막 기회는 사라져 버린 것 같았다.

2

더 불길한 의혹들

트럼프 뒷조사 파일

예비선거 막바지(도널드 트럼프와 힐러리 클린턴이 각자의 전당대회로 가기 두 달 전)에 DNC 해킹의 심각성이 인식되기 시작했다. 첫 번째 해킹이 성공하여, DNC 컴퓨터로부터 상당량을 훔쳐 갔다는 것이 분명해졌다. 해커들은 온갖 종류의 전자 정보, 특히 직원 개개인들의 내부 대화와 관련된 이메일과 고위 임원들의 심의 내용, 내부 서신들을 가져갔다. 또한, 기부자의 정보가 담긴 엑셀 스프레드시트와 연락처 목록, 심지어 분노한 유권자들의 음성 메일까지 복사해 갔다. 하지만 이번 해킹에서 진짜 노렸던 것은 미국 대선에서 공화당 경쟁자가 될 가능성이 있는 도널드 트럼프 같은 상대 정치인에 대한 뒷조사 파일 폴더 한 개였다.

"트럼프 상대 정치인 뒷조사"에 대한 서류 일체는 DNC 직원 알렉산드라 찰루파가 준비한 것이었다. 6월 15일, 고커 웹사이트는 찰루파의 트럼프 조사 파일 일체를 공개했다.[1] 파일은 앞으로 다가올 험난한 정치판에서 사용될 수 있는 스캔들을 수집해 놓은 것이었다. DNC와 힐러리 캠프에게 파일은 트럼프의 특징을 묘사하기 위해 온라인상에 공개된 정보들을 분석해 놓은 상당히 흔한 정보였다. 일반 해커들에게 그 파일은 재미를 목적으로 하지 않는 한 관심이 없는 내용인 것이다. 하지만 공화당이 그 파일을 얻게 될 때, 내용이 일상적인 정보라면, 힐러리 캠프가 무엇을 준비하고 있건 간에 대응할 수 있는 이야기를 만들어 낼 수 있을 것이다. 만일 폴더에 파괴력이 큰 내용이 들어 있다면, 그것을 미리 유출시켜 영향력을 약화시키거나, 서버 보안이 취약하다는 것을 근거로 내용이 모두 거짓이라고 주장할 수 있는 것이다. 트럼프 캠프 입장에서는 DNC와 힐러리 팀이 알고 있는 것을 미리 파악할 수 있다면 힐러리의 공격을 방어하거나 반격하는 데 대단히 유용할 것이다. 게다가 이런 상황은 예전에도 있었던 일이다. 집착이 심한 미국 대통령—닉슨—이 DNC가 자신에 대해 어떤 비밀들을 쥐고 있는지 너무나 염려가 된 나머지 이번 해킹과 똑같은 작전을 수행했었다.

이 뉴스가 보도되기 전, 다른 나라가 뒷조사 조사 파일을 노리고 있음을 암시하는 초기 징후들이 있었다. 2013년 5월 3일, 찰루파가 루이스 미란다 DNC 공보담당 수석에게 DNC 계정으로 보낸 이메일에서 자신이 트럼프를 조사하고 있다는 것을 우크라니아 저널리스트에게 말한 적이 있다고 적었다. 또 찰루파는 자신이 트럼프의 새로운 선대본부장 폴 매너포트와 우크라이나와의 유착

관계에 대한 정보를 모으기 시작했을 때, 야후 보안 부서가 자신의 이메일이 "국가가 후원하는 해커들"의 타깃이 되었다는 수많은 경고 메시지를 보내기 시작했다고 적었다. 야후는 타국 정부가 야후 계정에 영향을 미치고 있는 것을 포착했을 때 사용자들에게 경고 메시지를 보내는 보안 프로토콜을 2015년 12월에 시작했다.[2] 야후의 CIO는 블로그에서 "우리는 우리 사용자들의 보안과 안전을 보호하는 데 전념하고 있으며, 제삼자들이 사용자의 계정에 무단으로 접속하는 것을 추적하고 방지하기 위해 노력하고 있다."고 말했다.[3] 이 조기 경보 시스템에서 핵심 요소는 다음과 같이 쓰여진 팝업 배너다.

중요한 조치가 필요함. 당신의 계정이 국가가 후원하는 해커들의 타깃이 된 것으로 의심됩니다. 더 잘 보호할 수 있는 방법을 강구하세요.

찰루파는 미란다에게 보낸 이메일 말미에 "내가 트럼프 선대본부장 폴 매너포트를 파기 시작한 이후로 비밀번호를 자주 변경하는데도 불구하고 이 메시지들이 야후 계정에 매일 뜬다."고 적었다. 폴 매너포트는 '고문자의 로비'[4]를 이끈 변호사로 잘 알려져 있다. 매너포트의 포트폴리오에는 우크라이나의 친모스크바 독재자 빅토르 야누코비치를 포함해서 여러 독재자의 사진이 들어 있었다.

트럼프 캠프의 비밀 병기를 공개하다?

DNC 해킹에 대한 발표 몇 주 뒤 가장 놀라운 사건들 중 하나는 보수 매체에서 발생했다. 2016년 5월 9일 폭스뉴스의 '메간 파일'에서 토론자 앤드류 나폴리타노는 사회자 메간 켈리에게 해킹들에 관한 놀라운 발언을 했다. 나폴리타노는 크렘린과 러시아 해외정보국 SVR, 푸틴의 최측근 집단과 같은 의사결정의 최고 단계에서 벌어지고 있는 사항에 대한 비밀 정보를 갖고 있다고 주장하며, "크렘린에서는 외무부와 정보국이 해킹을 통해 보관하고 있는 이만 개의 힐러리 이메일들을 공개할 것인지를 고민하고 있다. 이 모든 일이 한꺼번에 벌어지고 있다."고 말했다.[5]

우리가 지금 알고 있는 맥락에서 보면 의문이 든다. 어떻게 나폴리타노가 이토록 놀라울 정도로 구체적인 정보를 얻을 수 있었을까? 미국 정보국에서 전달받은 정보였나? 러시아 정보원이었나?

그의 희망 사항이었나? 아니면 그냥 완전히 조작된 것이었나? 푸틴을 포함한 러시아 정보국의 내실에서 이루어진 논의들을 묘사하고 있는 걸로 보면, 오직 러시아 외무부와 정보기관의 최고위급 간부들만이 알고 있는 사실이다.

만일 나폴리타노가 주장하고 있는 정보원이 미국인이라면 아마도 FBI 국장과, 절대적으로 꼭 필요한 때, 꼭 필요한 것만 알려주는 방식으로 대통령과 국가정보국 국장, CIA 국장, NSA 국장만이 이 정보를 공유하고 있을 것이다. 그런 정보원에 접근할 수 있다는 것은 모든 정보기관이 가장 원하는 바일 것이다. 만일 나폴리타노의 이야기가 조금이라도 사실에 근거하고 있고 미국으로부터 정보를 받은 것이라면, 러시아 스파이 알드리히 에임즈나 로버트 한센을 추적하여 체포했던 것과 마찬가지로 FBI가 국가 보안과 관련된 스파이 색출 작전을 펼쳤을 것이다.

그 이야기는 가공의 인물인 소르차 팔이라는 이름의 저널리스트로부터 나왔던 것으로 보인다. 소르차 팔은 데이비드 부스의 필명인 것으로 여겨지고 있다. 부스는 왓더즈잇민닷컴(Whatdoesitmean.com)이라는 극단적인 음모론 웹사이트를 관리하고 있다. 이 웹사이트보다 더 인기 많고 이상한 인포워즈닷컴(Infowars.com)은 곳곳에 정부의 음모가 도사리고 있다고 보는 망

상가 무리들로 치부되고 쉽게 무시되었다. 하지만 이번 경우 "소르차 팔"은 크렘린과 대단히 밀접한 관계가 있는 것으로 보여 이 웹사이트에서 "그녀"의 글을 러시아 인사이더의 스보보드나야 프레사(자유 언론)와 같은 주류 러시아 정보 선전기관이 종종 복사해 갔다. 왓더즈잇민닷컴에서는 미국이 ISIS를 훈련시키고 지휘한다는 주장처럼 황당한 음모론을 밀고 있으며, 유럽의 다문화주의의 위험성에 대한 논평을 싣고 있는데, 이런 것들이 러시아 선전 시스템의 핵심 요소여서 〈렌 TV〉(규모가 큰 친푸틴 러시아 민영 TV 채널)와 〈스푸트니크뉴스〉(러시아 정부의 다국적 선전기관)는 이 웹사이트를 출처로 종종 인용하고 있다.

DNC를 해킹한 후 러시아인들이 이 이야기를 왓더즈잇민닷컴을 통해 서방으로 다시 보낸걸까? 출처가 어디였든 나폴리타노와 폭스뉴스는 이 문제를 주류로 끌어낸 것 같다. 러시아 정보전 전략가가 매체의 거짓 스토리를 세계적으로 영향을 끼치는 활동들에 끼워 넣는 것은 드문 일이 아니다. 소비에트 연방이었을 당시 그들은 한세기 동안의 경험이 있다. 앤드류 나폴리타노는 폭스뉴스를 이용하여 트럼프 캠프가 비밀리에 준비한 강력한 한 방을 부지불식간에 방송했을지도 모른다. 이런 생각은 보수 매체로부터 나왔지만, 러시아 스스로 선전을 목적으로 꾸며냈을지도 모른다.

외국의 장난

타국이 미국 선거에 영향력을 행사하려고 시도했던 것이 이번이 처음은 아니었다. 이번 해킹 사건도 처음에는 늘 있었던 성가신 해킹들과 달라 보이지 않았다. 하지만 겉으로 보기에만 평온할 뿐, 미국 정보기관 내에서는 심각한 동요가 일고 있었다. 2015년 여름, 미국 국가안보국은 러시아 연방보안국(FSB)을 비롯한 다른 기관들이 선거와 관련해서 캐묻고 다닌다는 것을 알았다. 공개적으로는 절대로 인정하지 않겠지만, 미국 사이버부대의 본거지 NSA는 민주당에 대한 사이버공격이 이루어지고 있다는 어떤 징후라도 포착했다면 FBI에게 바로 제보할 주요 기관이다. 따라서 그들은 분명 어떤 식으로든 경고를 보냈을 것이다. FBI는 DNC에게 힌트를 주긴 했지만 위협에 대한 지침이나 심각성에 대한 정보를 제공하지는 않았다. 왜냐하면 정보를 제공하기 위해서는 출처를 밝혀야만 하는데 그러다 보면 NSA까지 추적할 수 있을 것이기 때문이다.

2016년 5월 18일 미국 국가정보국(ODNI) 국장 제임스 클래퍼는 의회에서 2016년 대통령 선거에 영향을 줄 수 있는 사이버공격과 활동들에 대해 보고했다. 클래퍼는 2008년 선거와 관련하여 외국의 정보기관들이 "캠프 직원들과 만났고, 정치적 식견을 얻으려 인적자원 네트워크를 이용했고, 테크놀로지를 활용하여 민감한 데이터를 획득하였으며, 정책에 영향을 미치기 위해 인식 조정에 관여했다[...] 이런 행위들은 전통적인 로비와 공공외교를 넘어서는 것이었다."[7]라고 하였다. 클래퍼는 외국 정보기관들의 명칭은 언급하지 않았다. 그는 미국 정보기관은 지난 두 번의 대통령 선거에서 스파이 활동을 목격한 바 있는데, 외국 스파이들의 관심은 이전 선거 때보다 훨씬 더 높았다고 진술했다. 〈워싱턴포스트〉에 해킹에 대한 기사를 여러 번 게재했던 엘렌 나카시마에 의하면, DNI의 공보국장 데이비드 헤일은 "선거캠프 및 캠프와 연관된 조직들과 개인들이 철학적인 차이부터 스파이 활동까지 다양한 동기를 지니고, 파괴에서 침투에 이르기까지 다양한 능력들을 보유한 자들의 타깃이 되고 있다는 사실을 알고 있다."[8]고 진술했다고 한다.

2008년 선거기간 동안 중국 정부 해커들이 오바마와 매케인 캠프의 컴퓨터에 침투해 중국 관련 정책 자료들을 훔쳐 달아났다.[9] 당시 국가안보국장이었던 데니스 블레어는 "내가 아는 한 이것은 중국 정부가 미국의 두 정당을 상대로 정치적 사이버스파이 활동을 한 것이다."[10]고 말했다.

하지만 그와 같은 해킹들의 특징은 전통적인 정보 수집 작전들과 유사했다. 과거 작전들에는 중국 군대의 해커들이 타이완을 지지하는 존 매케인 상원의원이 작성한 편지를 훔쳤던 것도 포함된다. 중국 정부의 고위 관리는 도난당한 편지가 그의 사무실 컴퓨터에 그대로 남아 있다는 것을 모른 채 불만을 제기하기 위해 매케인 사무실로 연락을 취했다. 이처럼 의도하지 않은 정보 수집 활동이었는지 공격의 전조였는지 헷갈릴 상황은 잘 짜여진 정보전에서는 드문 일이며, 선전 활동에서 중국의 그와 같은 시도는 엉성하고 상당히 아마추어 같은 행동이었다.

오바마 대통령은 2009년 5월 29일 발생한 중국의 해킹에 대해 다음과 같이 말했다. "해커들은 이메일들과 정책성명서로부터 이동 계획에 이르기까지 다양한 선거 파일들에 접근했다."[11] 이후 오바마는 이와 같은 공격을 억제하도록 설계된 새로운 사이버보안 정책을 제시하였다. 이 모든 보안 조치와 새로운 법령에도 불구하고 2016년 DNC는 여전히 공격에 노출돼 있었다.

2016년 8월 마지막 주 쯤이면 누군가가 민주당 시스템 내 거의 모든 것을 훔쳐서 원하는 것을 가져갔고, 매체에서는 이를 부인하기 위해 조직적으로 운동을 시작했다는 것이 명백해질 것이다. 간단히 말하자면 민주당은 폭탄이 없는 테러리스트의 공격을 당한

것이었다. 이번 해킹은 오직 미국의 한 정당에만 전략적으로 도움
이 되고, 간접적으로는 서구에 대항하는 외국 행위자의 전략적인
정책에 도움이 되는 결과를 가져왔다. 이처럼 엄청난 규모의 해킹
은 민주당 내의 분열을 조장하고자 굳게 결심한 적, 그리고 정확히
선거 100일 전인 결정적인 순간에 발생한 혼란으로부터 트럼프가
반드시 이익을 얻기를 바라는 첨단 사이버 기술을 가진 적만이 자
행할 수 있는 것이다.

그 적은 미국에게 타격을 줄 수 있는 완벽한 기회를 참을성 있
게 기다려 왔다. 그리고 기회는 모스크바에서 열리는 2013 미스유
니버스대회에서 황금접시에 담겨 그에게 오게 될 것이다.

3

최고 스파이대장

The
Spymaster
in Chief

공식 크렘린 전기에 따르면, 푸틴은 어려서부터 정보 분야에 관심이 많았다. 푸틴이 10대에 KGB가 대중을 상대로 개최한 이벤트에 참가했을 때, 그는 어떻게 하면 수집관이 될 수 있는지 요원에게 물었다. 요원들은 푸틴에게 군대에 입대하던가, 법학공부를 하라고 했고, 푸틴은 법을 공부하려고 레닌그라드 대학에 입학, 1975년에 졸업했다. 졸업 후 그는 KGB 101 정보학교에 초급 정보 요원으로 들어가 교육을 받았고, 이후 유리 안드로포프 적기(赤旗) 학교(KGB 101 정보학교가 개편, 개명)에 다녔다. 푸틴이 참가한 스파이 기술 프로그램은 요원에게 기본 훈련과 함께 외국어와 감시, 전문 사진술, 도청, 무단 침입, 소총을 이용한 암살, 사람들을 조종해서 조국을 배신하고 스파이 활동을 하게 만드는 방법을 훈련받도록 설계되었다. 그 학교의 커리큘럼은 마르크스-레닌 철학의 주입과 국가에 대한 봉사를 최우선에 둘 것을 강조한다.[1] 그곳에서 푸틴은 정보기관의 비공식 모토인 "한 번 KGB는 영원히 KGB"를 배웠을 것이다.

푸틴은 "나는 상당히 이르게 특별 훈련을 받으러 모스크바로 갔고, 그곳에서 1년을 보낸 후 레닌그라드로 돌아와 해외 정보부

인 제1총국에서 근무했다."라고 말했다.[2]

1985년부터 1990년까지 푸틴은 동독에 속해있던 KGB 드레스덴 사무소(안젤리카스트라스 4번지)에 배치되었다. 거기서 그는 동독 학자들과 사업가들을 철의 장막 너머로 보내 그들의 스파이 활동을 돕거나, 그들이 KGB에 동조하는 서독인들을 포섭하도록 지원하였다. 흥미로운 것은 요원들이 동독 비밀경찰 슈타지의 도움으로 서독의 컴퓨터 테크놀로지 기밀을 훔친 사실을 숨기기 위해 동독의 컴퓨터 회사인 로보트론을 이용했던 것이었다. 이와 같이 첨단 정보 시스템을 이용한 푸틴의 절도 패턴은 앞으로도 반복될 것이다. 이 임무로 KGB는 푸틴 소령에게 동메달을 수여했다.

1989년 베를린 장벽이 무너지는 동안 동독의 시위 군중이 푸틴이 근무하는 사무실 밖에 모여서 건물을 습격하겠다고 위협했다. 푸틴은 현장 서류들을 긴급히 파괴하라는 명령을 받았다. 독일 내 공산주의가 종말을 고하는 시기라, KGB는 많은 지국을 떠나기 전에 자료들을 모두 없애야만 했다.[3] 짧은 기간 동안 푸틴은 KGB의 방첩 부서인, K국에도 배치되었었다. 이 부서는 스파이 추적을 담당하는 곳이었는데, 이곳에서의 경험으로 푸틴은 기본적으로 사람을 불신하게 되었고, 이는 장래에도 계속 이어졌다. 푸틴은 KGB 보수파들이 쿠데타를 시도한 후, 1991년 KGB를 공식적으로 사직했으며, 지금은 상트페테르부르크로 불리는 레닌그라드 대학으로 갔다.

상트페테르부르크 시장인 아나톨리 소브체크의 도움으로 푸틴은 정치 경력을 쌓기 시작했다. 푸틴은 부시장이 되었으며, 해외경제관계위원회 위원장 등을 역임하였다. 소비에트 시대가 막을 내린 직후에 이와 같이 무해하고 건전한 조직에 있다는 것은 대단히 운이 좋은 것이었다. 70년 만에 처음으로 자유를 느끼고 있는 대중들을 위해 상트페테르부르크에 있는 소비에트의 자산과 부동산을 청산하고 식품과 자산을 구입하는 것을 관리하는 것이 푸틴이 하는 일이었다. 이 일을 맡고 있는 동안 러시아에서 두 번째로 큰 도시의 시장과 그의 친구들에게 수십억 달러를 벌어다 주었다. 이런 일을 하는 데 전직 스파이로서의 강인함과 교활함이 꽤 유용했을 것임은 두말할 필요가 없겠지만, 푸틴은 이 일을 통해 일확천금을 벌어들인 신흥 계급 올리가르히를 다루는 방법도 터득하게 되었다.

포스트 소비에트(1991년 소련 붕괴 이후) 시기에 상트페테르부르크는 "갱스터 수도"로 알려졌다. 보리스 옐친 대통령이 통치하던 시기 동안 푸틴은 식품을 빼돌리고 자산 매각과 재건으로 생긴 자금을 빼돌렸다는 혐의를 받았었다. 하지만 소브체크 시장과 옐친

이 부패 혐의를 받았을 때, 푸틴은 자신이 부상할 수 있도록 뒤를 봐주었던 그들에게 충성심을 보이며 지지하였다. 개혁가인 소브체크는 훗날 2000년 2월 푸틴을 지지하기 위해 상트페테르부르크로 돌아온 후 독살로 의심되는 미심쩍은 상황에서 사망했다.[4]

병마와 알코올 중독에 시달린 옐친은 러시아의 심각한 부패 문제로 파면의 위협을 받고 있는 상황에서 강하고 젊은 푸틴을 그의 옆에 두었다. 이때 푸틴은 유도와 정치에 통달한 뻔뻔한 KGB 요원이라는 대중적 이미지를 구축하였다. 푸틴은 심지어 자신의 홍보 영상도 제작하였다. 1998년 그는 국내외의 모든 권력이 집결되어 있는 러시아 연방보안국(FSB)의 국장이 되었다. 1999년 8월, 보리스 옐친은 푸틴을 총리로 지명하였고, 러시아 하원은 곧바로 승인했다.

총리로 임명되자 푸틴은 테러를 명분으로 체첸공화국을 상대로 두 번째 참혹한 전쟁을 벌여, 오만 명 이상이 사망했다. 정치 선거운동이 시작되자 테러리스트들은 러시아와 다게스탄에 있는 아파트 단지 네 개를 폭파시켰으며, 그 결과 삼백 명 이상의 민간인들이 사망하였다. 푸틴이 유세장을 돌며 테러리즘에 대항하는 러시아 민족주의의 투사를 자처하자, 그의 인기가 상승했고, 옐친이 대통령직에서 물러나면서, 푸틴은 러시아 헌법에 따라 대통령이 되었다.

아파트 폭발사고를 조사했던 미국 저널리스트 데이비드 새터는 라잔에서 발견된 첨단 군사 기폭 장치를 장착한 RDX(폭발물의 일종) 불발탄은 오직 러시아 군대만이 보유하고 있는 기술과 재료들로 제작된 것이라고 믿는다. 폭발물을 설치하려다 체포된 사람들은 바로 FSB 요원들이었다.[5] 푸틴이 권력을 얻는 과정에 대한 책, 《새벽의 어둠(Darkness at Dawn)》의 저자 새터는 결국 2014년 1월 러시아에서 추방되었으며, 이 테러를 조사했던 다른 유명한 활동가들은 사실상 모두 암살되었다. 전직 KGB 요원 알렉산드르 리트비넨코도 굉장히 희귀한 방사성 핵종인 폴로늄-210이 들어간 홍차를 마시고 중독되었다. 그 물질은 러시아 핵 원자로에서만 얻어지는 것이었다. 그는 중독 후 3주 만에 사망하였다.

제 2의 직업을 위한 학교

푸틴이 KGB에 몸담고 있던 시기에 수행하던 직접적 스파이 활동의 약칭인 "적극적 공작(active operations)"은 역사가 깊다. 유럽의 왕국들 가운데 러시아는 왕실의 스파이 활동과 음모에 대한 오랜 전통을 갖고 있다. 이 시대 고대 스파이 방식은 러시아 황제의 모든 생각과 행동을 위한 토대가 되었다. 어떤 면에서는 스파이 활동이 오늘날보다 훨씬 더 정교했다. 왜냐하면 걷거나 말을 탈 수밖에 없는 세상에서 스파이 활동은 탄탄한 지식과 감시 기술에만 의지할 수밖에 없었기 때문이다. KGB는 요원들에게 전통 방식의 수동식 부호와 암호 사용법, 장시간 감시하는 방법, 독극물 제조, 은현 잉크로 작성된 문서 해독, 필적 위조 등의 기술을 숙달하고 중요시하도록 가르쳤다.

가장 중요한 것은 사람들이 원하고, 꿈꾸고, 좋아하고, 싫어하고, 욕망하는 것을 읽어내어 조국을 배신하도록 만드는 방법을 익히는 것인데, 이는 러시아 정보활동의 근간이 되는 가장 기본적인 내용이다.

러시아의 황제들은 모두 비밀 정보 수집을 위한 기관을 세웠다. 왕실의 영향력을 유지하려면 살인뿐만 아니라 음모와 배신에 대한 정보를 미리 알아야만 했기 때문이다. 1565년 이반 4세가 설립한 '오프리치니나'가 러시아 최초의 정보국으로 알려져 있다. 그들은 검은색의 기사 유니폼을 입은 6,000명의 기마 근위대였으며, 그들의 문장은 "빗자루와 개"로, 이반에 반기를 드는 사람은 누구든 냄새로 찾아내 쓸어버리겠다는 의미를 담고 있다.[6] 오프리치니나의 임무는 간단했다. 경찰이었고 호위대였으며, 이반의 적들을 색출하고, 추적하여 죽이는 임무를 맡은 스파이였다. 오프리치니나가 더 이상 제 역할을 못하자, 이반은 1572년 조직을 와해시켰다. 그러나 7년 동안 그들은 국가 테러와 스파이 활동의 기틀을 다졌다.

1697년 표트르 대제는 '프레오브라젠스키 부서'를 설립했으며, 안느 여제는 1731년, '비밀 조사 사무국'을, 표트르 3세는 '비밀 부서'라고 불리는 조직을 설립했다. 이 모든 국가 기관들은 편지를 뜯어보고, 열쇠구멍으로 속삭이는 소리를 엿듣고, 적을 암살했으며, 밀사들을 중간에서 납치했다. 황제 니콜라스 1세는 '제3부서'를 설치하였는데, 이 조직은 과거 어떤 아마추어 같은 헌병대보다도 훨씬 더 많은 역할을 수행했다. 그저 정부가 보낸 편지들을 뜯어보는 것과 같은 단순한 일만 하지 않았다. '제3부서'는 외국을 겨냥한 임무를 수행하기 위해 전문적으로 러시아 해외정보요원들을 훈련시키고, 유지하며, 배속시키는 역할을 담당했던 최초의 기관이었다.

통치자가 권력을 얻으면서 그때마다 점점 더 잔혹하고 은밀한 정치적 책략을 사용했다. 니콜라스 1세의 후계자 알렉산더 2세는 왕국을 보호하는 일을 한다면 어떠한 법에도 적용받지 않는다는 선례를 남긴 기관인 '오크라나'를 세웠다. 그들은 대규모 감시 활동을 하고, 영장 없이 체포를 하고, 옳다고 판단되면 즉결 처형을 하였는데, 황제의 이름으로 이 모든 일을 수행하였다. 오크라나는 유럽의 궁중에서 위장 스파이로 활동했으며, 프랑스와 스위스, 영국에서 스파이망을 운영했다. 오크라나는 혁명가와 여러 유형의 반정부 모의자들을 감시하고 죽였지만, 특기는 외국에 거주하는 반체제 인사들에게로 잠입해, 그들을 진압하는 것이었다. 하지만 이들 기관들도 이데올로기의 전파를 막을 수는 없었으며 다가오는 공산주의자들의 부상에 아무런 영향력을 행사하지 못했다. 니콜라스 2세는 군대 내에 존재하는 공산주의자의 동요를 잘 알고 있었지만, 비밀경찰은 러시아 혁명을, 볼셰비키가 황제와 가족들을 죽이는 것을 막지도, 그럴 의지도 없었다.

1917년 2월 사십만 명 이상의 상트페테르부르크의 산업 노동자들이 봉기했으며, 러시아 군대의 도움으로 니콜라스 2세를 끌어내렸다. 혁명을 일으킨 블라디미르 일리치 레닌은 1917년 왕정주의자의 반동혁명을 방지하기 위해 비밀기관이 필요하다는 것을 다른 누구보다 잘 알고 있었다. 레닌의 첫 번째 조치들 중 하나가 반혁명과 파괴 행위를 처리하는 전러시아비상위원회, 키릴어 약어로 '체카'를 만드는 것이었다.[7]

체카의 초대 위원장은 펠릭스 제르진스키였다. 체카의 문장은 '방패 위의 검'이었다. 제르진스키는 이 기관을 완전히 무자비한 치안 도구가 되도록 조직했다. 제르진스키에게 "체카는 조직적 공포를 상징한다[...] 공포는 혁명의 시기에 절대적으로 필요하다[...] 우리는 초기 단계에 범죄를 막기 위해 소비에트 연방의 적들을 공포에 떨게 한다."였다. 오늘날까지 러시아 정보국 요원들의 신념 체계에는 이와 같은 철학이 스며들어 있다. 제르진스키는 너무 유명해서 '철의 펠릭스'로 알려진 그의 동상이 KGB의 모스크바 본거지 앞에 있는, 루반카 광장(제르진스키 광장으로도 알려짐)에 거의 70년 동안 서 있었다. 1991년 쿠데타가 실패한 후 동상이 사라졌지만 KGB를 계승한 조직인 FSB가 여전히 그 자리에 있는 사무실을 사용하고 있다.

1924년 레닌의 사망 이후, 이오시프 브로즈 스탈린이 권력을 장악했다. 이 시기에 스탈린은 질서 유지를 위해 비밀경찰을 동원하여 오천만 명을 체포하고 처형했다. 1930년에 내무인민위원회(NKVD)가 등장했으며, 이후에 '특수임무 부서'를 창설했다. 이 부서의 임무는 잠재적인 NKVD 반동분자들 사이에서 나오는 반대 의견들을 근절시키는 것과 함께 요원들을 서구와 파시스트 국가에 침투시켜, 이들 국가에서 벌어진 혁명을 지지하는 사회주의자들을 개조시키는 것이었다. 1930년대 영국과 미국 대학에서 스파이들을 포섭하고 영국정보기관 M16 요원인 킴 필비를 비롯해, 가이 버지스, 돈 맥클린을 포함한 캠브리지 5인방을 포섭한 것이 그들의 큰 성과였다.

라브렌티 베리야는 주도권을 두고 십여 년의 격동기를 보낸 후, NKVD를 원래 소속인 연방국가정치보안부(OGPU)로부터 분리하여 독립 기관화할 필요성이 제기될 만큼 확장시켰다. 이렇게 해서 만들어진 NKGB는 국내 안보, 스파이, 제2차 세계대전에서의 게릴라 활동 등을 담당하였다. 1953년 스탈린이 사망하자 베리야가 스탈린의 권력을 차지하려고 했으나 정치국에게 체포당해 재판에 넘겨진 후 1953년에 처형되었다. 니키타 흐루시초프가 소비에트 연방의 새로운 수장이 되어 1954년 3월 13일 국가보안위원회, 즉 KGB를 공식적으로 설립하였다. KGB는 국내 안보, 경찰, 국경 경계를 아우르는 모든 형태의 국가 보안을 담당하게 되었으며, 이후 사십 년 동안 소비에트 연방의 시민들뿐 아니라 서구를 상대로 무자비한 작전을 수행하게 되었다.

이반 세로프가 KGB의 초대 의장으로 임명되었고, 베리야의 지지자들을 뿌리 뽑는 것이 KGB에서 해야 하는 첫 번째 임무가 되었다. 흐루시초프에 의해 소비에트 연방이 재편되면서 검열을 완화하고, 교도소의 규모를 줄이고, 국제관계에 보다 집중했다. 1958년 알렉산드르 셸레핀이 KGB 의장이 되었다. 일명 "셸리"는 미국과 영국, 일본 등 이른바 "적대국"의 안정을 위협함으로써 소련의 위상을 높이고자 하였는데, 소련 주도하에 중동과 유럽, 아프리카, 라틴 아메리카 등에서 30년간 반식민주의 테러가 이어졌다.

1967년에 KGB 의장에 취임, 15년 동안 재직한 유리 안드로포프는 KGB의 최장수 의장이었다. 안드로포프는 정보 수집과 해외 스파이 활동에 박차를 가하는 한편, 흐루시초프와 셸핀이 진행했던 조직의 재건을 지속하며 KGB의 황금시대를 이끌었다. 안드로포프는 반체제 인사에 대한 진압을 활발하게 수행하는 한편, 러시아 방위에 필요한 기술 발전에 자금을 투자하고 관리할 수 있도록 KGB 조직의 체계를 만들었다. 안드로포프는 1982년 의장직에서 물러나 소련 공산당 중앙위원회를 이끌었다.

몇몇 의장들이 단기간 동안 의장직을 거친 후, 블라디미르 크류츠코프가 1988년 KGB의 마지막 의장이 되었으며, 1991년 8월 18일 미하일 고르바초프 정권을 전복시키고 쿠데타를 일으켰으나 실패하였다. 공산당은 피로 얼룩진 70년 역사를 마무리하며, 1991년 12월 25일 실질적으로 와해되었다. 후기 공산주의 국가인 러시아가 새로 생겨났고, 모든 국가에는 정보기관이 필요하므로,

KGB는 소비에트 연방이 사라진 후에도 존속되었다.

푸틴의 신귀족층

소비에트 연방이 무너진 후, KGB는 연방방첩본부, 즉 FSK가 되었다. FSK는 영국의 M15와 유사한 기관으로 설계되었다. 1995년 FSK는 다시 방첩을 뜻하는 K가 보안을 뜻하는 키릴어의 B로 바뀌면서 FSB, 즉 연방보안국으로 변경되었다.

2000년 12월, 블라디미르 푸틴의 후임자인 니콜라이 파트루쉐프 FSB 국장은 체카 비밀경찰 창립기념일에 러시아 일간 타블로이드지 〈콤소몰스카야 프라우다〉와 대담을 했다. 그는 새로운 FSB의 역할과 위상에 대해 다음과 같이 말했다.

••••

말을 멋지게 꾸며 내고 싶지는 않지만, 우리의 가장 훌륭한 동료들은 돈을 위해 일하지 않는다. 이것이 곧 FSB의 명예와 자긍심이다. 정부의 표창을 그들에게 수여할 때, 나는 그들의 얼굴을 세심히 살핀다. 교양 있고 지적인 분석가, 어깨가 넓고 햇볕에 피부가 그을린 특수부대원들, 과묵한 폭발 전문가들, 까다로운 조사관들, 신중한 방첩관들[...] 그들은 모두 다르게 생겼지만, 모두에게 공통되는 하나의 대단히 특별한 특징이 있다. 이것은 대단히 중요한 자질인데, 바로 그들의 봉사 정신이다. 그들이 우리의 새로운 "귀족층"이라고 할 수 있다.[8]

소비에트 연방과 지금의 러시아를 세운 사람들은 유구한 역사를 지닌 어둠의 마법을 이용하여, 필요한 곳에 그것들을 정확하고도 무자비하게 적용했다. 전자 장비로 정보를 수집하고, 도청장치를 심고, 침투를 위해 컴퓨터를 이용하는 현대 기술들은 수 세기에 이르는 스파이 역사에 걸맞은 것이다. 사실 푸틴의 평생에 걸친 세계관은 스파이 활동과 암살, 정치적 영향력 행사에 전념한 러시아 정보기관들의 오랜 전통에 대한 믿음을 지키려는 데에 근거한다. 현재 러시아의 리더로서 푸틴은 스파이 활동에 정통한 사람일 뿐만 아니라 스파이 활동으로 초래된 결과의 수혜자이다.

일리걸, 맨하탄을 접수하다

FSB가 미국에서 반복적으로 수행하는 업무는 바로 부동산 투자다. 소비에트 연방이 몰락해서 올리가르히가 등장할 때까지 러시아는 미국 전역에 걸쳐 자산을 사들이며 부동산 거래를 해오고 있었다. 미국은 러시아인들이 돈을 마음껏 쓸 수 있는 시장이었고, 검은 돈을 숨기기 좋은 나라였다. 부동산은 FSB가 미국으로 자신들의 요원을 투입시킬 수 있는 완벽한 수단이었다.

구KGB에서 제1총국은 해외국 혹은 INU로도 알려져 있다. 이 부서는 정보원 포섭 및 유지뿐 아니라 스파이들을 외국으로 침투시키는 KGB의 능력을 배양하며, KGB 요원들의 해외 정보 수집과 적극적 조치 공작에 연관된 해외 작전을 담당하였다.[9] 푸틴이 미국에 대한 정보 작전을 지휘했을 것 같지는 않지만, 분명히 자신의 경험에 비추어 의견은 제시했을 것이다. 전직 KGB 요원 알렉산드르 리트비넨코 살인 사건에 대한 영국 정부의 조사 과정에서 로버트 오웬경은 다음과 같이 진술했다.

••••

모든 학계, 미디어 평론가, 기자들이 푸틴의 KGB와 FSB의 경력을 중요시 여기지만, 첫 번째 대통령 임기를 시작한 이후로

정보기관과 관계된 푸틴의 업무에 대해서 실질적으로 드러난 것은 아무것도 없는 것 같다. 푸틴이 정보기관들의 활동을 주시하며 전략적 지침을 하달한다는 것이 일반적인 가정이다. 그러나 수행 중인 작전에 대해 푸틴이 감독하는 범위가 정확히 어느 정도인지는 베일에 가려져 있는데, 그동안 아무도 밝혀내지 못했던 중요한 문제들 가운데 하나다.[10]

이 의문에 대한 해답은 미국 법무부가 미국에서 작전 수행 중인 열 명의 러시아 스파이를 체포했던 2010년에 밝혀졌다. 그들은 모두 신분 위장 요원들(NOC), 즉 '일리걸*'들이었다.

소비에트 연방이 몰락하고 푸틴이 부상하며 기관에는 몇 가지 구조적 변화가 생겼다. INU의 기능이 분리되어 해외정보국(SVR)이 되었으며 해외 정보 활동을 담당하였다.[11] 제1국 아래 일리걸들의 본거지 S국이 있었다. 이 부서에 속한 일리걸들은 외국에 잠입할 위장 스파이들 가운데 핵심적인 요원들로, 다른 적극적 공작을 대비해서 예비 작전을 수행하였다.

법무부 서류에 따르면 연방 법집행 기관들은 2010년 1월, 뉴

---

* 해외에서 신분을 위장하여 활동하는 첩보원이다.

욕시의 곳곳에서 안나 채프먼이라는 핵심 러시아 SVR 요원을 감시하기 시작했는데, 이를 통해 채프먼과 러시아 관료가 정기적으로 접촉하며 러시아 미션에서부터 맨해튼의 UN에 이르기까지 광범위하게 작전을 수행했다는 것이 드러났다. 연방 요원들은 네트워크 감시 장비를 이용하여 러시아 관리와 채프먼이 동일한 개인 무선망(ad hoc)에 연결하여 은밀히 소통하고 있었다는 것을 밝혀낼 수 있었다.

그들은 직접 만나 이야기하기보다는 길 건너나 가까이에 있는 커피숍이나 서점, 공공장소에서 비밀리에 교신했다. 연방 요원들은 네트워크 감시 장비를 통해 둘 사이에 자료가 오고 가는 것을 여러 차례 목격하였다. 뉴욕시에 있는 러시아 영사관 관리로 위장한 미국 연방 요원은 채프먼과 함께 역시 뉴욕에서 일하는 가명을 사용하는 러시아 비밀 첩보원에게 위조 여권을 전달하도록 되어 있었다.[12]

미국 연방의 비밀 요원과 만난 후 채프먼은 브루클린에 있는 버라이즌 가게에서 임시 휴대폰을 구입한 것이 목격되었다. 채프먼은 구입한 휴대폰으로 모스크바에 있는 러시아 정보 요원인 아버지에게 전화를 하였다. 훗날 채프먼의 변호사는 여권 임무에 대해 미심쩍은 부분이 있어 아버지에게 조언을 얻고자 전화했던 것이라고 밝혔다. 채프먼의 아버지는 딸에게 여권을 경찰서에 제출하라고 지시했는데, 경찰서에서 채프먼은 아홉 명의 다른 스파이들과 함께 스파이 활동을 이유로 FBI에 의해 전격 체포되었다.[13, 14] 법무부는 그들을 미국 내에서 러시아 연방의 불법 요원으로 활동하는 것을 공모한 혐의로 기소하였다.[15]

안나 채프먼은 1982년 2월 23일 러시아의 공업도시 볼고그라드에서 수학교사인 어머니 이레나와 러시아 외교관인 아버지 바실리 사이에서 태어나 안나 쿠셴코라는 이름으로 살았다. 안나는 어린 시절 척추측만증으로 고생하였으며, 아버지가 케냐 주재 러시아 대사관으로 발령받아 떠나면서 할머니와 함께 살았다. 안나는 볼고그라드에 있는 예술학교를 1996년에서 1997년까지 짧은 기간 동안 다녔다. 그녀는 모스크바에 있는 러시아민족우호대학교에서 경제학을 공부, 2004년 수석으로 졸업하였다.

2001년과 2002년 안나는 런던에서 여름을 보냈는데, 그곳에서 당시 19살이었던 그녀는 역시 학생이었던 스물한 살의 알렉스 채프먼을 만나게 되었다. 둘은 2002년에 모스크바에서 결혼식을 올렸으며, 오래지 않아 안나는 영국 국적을 취득하게 되었다. 알렉스는 안나의 아버지가 자기를 전혀 좋아하지 않았으며, 아무도 신뢰하지 않는 것 같았다고 말했다. 알렉스는 안나가 자신의 아버지가 전직 KGB 요원이라고 말한 적이 있다고 했다.

런던에 정착한 후, 안나는 넷제츠(Net Jets)라는 회사를 대표하여 러시아에 개인 제트기를 판매했고, 워렌 버핏과 아주 친밀하게 일했다면서 자신의 경력에 대해 거짓말을 일삼기 시작했다. 알렉스는 그즈음 안나가 러시아인들과 은밀히 만나기도 하고, 자신이 대단히 영향력 있는 인물들을 만나고 다닌다며 자랑하고, 갑자기 많은 돈을 쓰는 등 점점 비밀이 많아지고 있는 것을 알았다. 둘은 결국 2006년 이혼했다.[16]

뉴욕으로 온 안나는 뉴욕 증권 거래소로부터 남쪽으로 한 블록 떨어진 곳에 위치한 아파트로 이사했다. 안나는 링크드인 페이지에 2백만 달러 가치의 인터넷 부동산 회사를 운영하고 있다고 올렸다.[17] 〈데일리뉴스〉는 안나가 외식산업과 부동산, 청바지 생산, 의약품으로 돈을 번 당시 예순 살의 백만장자 마이클 비탄과 사귀는 것 같다고 보도했다.[18]

안나가 2010년 6월 미국 연방 요원에게 체포된 후 미국과 러시아 정부는 같은 해 7월, 미국에서 체포된 열 명의 스파이와 미국을 도왔다는 명목으로 러시아에 구금 중인 네 명의 전직 러시아 스파이를 교환하기로 결정하였다. 러시아에 구금 중인 네 명의 러시아 스파이 가운데 한 명은 수년 동안 러시아에 정보를 제공한 전직

FBI 요원 로버트 한센을 체포하는 데에 중요한 역할을 했었다.[19]

러시아로 귀국한 후 안나는 국가 유명 인사 대접을 받으며, 러시아판 〈맥심〉 잡지의 주인공이 되었고 각종 패션쇼에서 모델로 등장했다. 또한, 안나는 푸틴과 만나고 칭찬을 받으며, 러시아 군대 모병과 선전 비디오에도 출연했다. 영국 타블로이드 잡지 〈데일리메일〉은 2016년 4월 안나가 자신의 인스타그램에서 2016 공화당 대통령 후보인 도널드 트럼프에 대해 지지를 표했다고 보도했다. 인스타그램에서 안나는 "트럼프는 푸틴과 잘 지낼 것이다. 트럼프는 러시아의 시리아 작전에 찬성하며, 왜 미국이 우크라이나를 지원하는지에 대해 놀라움을 금할 수 없다고 한다. 미국의 변화가 좀 더 가까워진 걸까? 어떻게 생각하십니까?"라고 썼다. 다른 포스트에서는 트럼프의 민주당 경쟁자인 힐러리 클린턴을 조롱했다.

안나가 실패한 스파이였음에도 불구하고 귀국 후 승리한 영웅처럼 대접받은 것은 푸틴 치하의 러시아에서는 놀라운 일이 아니다. 푸틴은 무엇보다도 국가에 대한 충성심을 중요시 여긴다. 그리고 매력적이고 충성심 높은 FSB 요원은 최고의 선전 모델이다. 푸틴은 스파이가 국가에 봉사하며 보여주는 충성심을 중요시 여기면서 옐친 치하에서 국가적 명성을 얻게 되었으며 오늘날까지 그의 권좌를 안전하게 지킬 수 있게 되었다. 실제로 푸틴의 그늘 아래 들어가려면 KGB나 FSB와 연관되어 있어야만 한다는 것이 거의 정설이다. 러시아의 고위 정치인 1,000명 가운데 78퍼센트가 FSB 나 KGB, GRU에서 근무한 경력을 가지고 있다.[20] 한 반체제 인사 가 쓴 책에 대해 물었을 때 푸틴은 "나는 조국을 배신한 사람들이 쓴 책을 읽지 않는다."[21]고 말했다.

스파이 활동과 음모와 살인으로 점철된 오래된 경험담은 푸 틴이 갖고 있는 서구에 대한 세계관을 형성했다. 수십 년 동안의 가난에 허덕이던 소비에트에서 단련되고, 미국의 부와 유럽의 경 제적 우위로 인해 괴롭힘을 당한 푸틴이기에, 그의 행동이나 대중 을 향한 연설들을 보면, 그와 그의 나라가 마땅히 받아야 할 존경 을 받고, 우위를 점하는 세상을 암시하고 있다. 분명 푸틴은 미국 이 수조 달러의 손해를 입은 두 번의 전쟁으로 인해 능력 이상으 로 무리하였기 때문에 미국과 나토의 세력이 점점 약해지고 있다 고 여기는 듯하다.

러시아는 자국의 이미지를 바꾸려 하고 있다. 그러나 그것이 민주주의를 지향하지는 않는다. 카렌 다위샤, 마이애미 대학 교수 는 〈PBS〉 프론트라인에서 "러시아를 실패한 민주주의가 아닌, 성 공하고 있는 독재주의 체제로 보라."[22]고 말했다. 독재주의 체제의 수장이 바로 푸틴이다. 미국에 손해를 입히기 위해 푸틴은 동맹을 맺는 것과 같은 러시아의 모든 국정운영기술을 이용할 것이지만 아울러 협박과 선전, 사이버전도 수행할 것이다.

푸틴이 꿈꾸는 완벽한 세상은 경제적으로 무능력한 미국, 군사모험주의를 중단하고 나토에서 탈퇴한 미국, 러시아에 우호적인 리더가 있는 미국일 것이다. 이 목적에 부합하는 사람을 지지하면 푸틴이 이런 미국을 만들어 내는 것이 가능할까? 전직 KGB 국장이며, 현재 러시아의 경제와 첩보, 핵무기 통제권을 쥐고 있는 사람으로서, 푸틴은 분명 시도해 볼만한 것이다.

4

트럼프의 대리인들은
푸틴의 정보원?

정치에 도덕성이란 존재하지 않는다.
오직 정치적 편의만이 있을 뿐이다.
악당은 그저 악당이라서
우리에게 유용할 것이다.

블라디미르 레닌

silence

=

ILLEGITIMATE

도널드 트럼프는 오랫동안 러시아의 부유한 엘리트층과 부동산 거래를 트고 싶어 했고, 2013년 드디어 기회가 왔다. 러시아에서 가장 부유한 가문 중 하나가 모스크바에서 열리는 2013년 미스유니버스대회의 공동주최자로서 트럼프를 초대한 것이다.

그러나 그것이 트럼프의 첫 번째 러시아 방문은 아니었다. 트럼프는 소비에트 연방이 몰락하기 전부터 러시아에 관심을 갖고 있었다. 미인대회보다 훨씬 오래전인 1987년, 유리 두비닌 소련 대사는 트럼프에게 러시아에 트럼프 타워를 건설하기 위해 모스크바와 상트페테르부르크를 방문할 것을 요청하였다. 이후 트럼프가 탐색차 방문을 했으나 사업 및 건설 환경이 소비에트 연방을 이용하거나 수익을 내기에 적당하지 않았고, 트럼프는 아무런 성과 없이 귀국했다.[1]

하지만 상황은 이내 바뀌었다. 1991년 소비에트 연방의 몰락으로 러시아의 부가 한 곳에 극단적으로 집중되었던 것이다. 배의 키를 쥐고 있는 푸틴과 그의 친구들에게로 돈이 흘러가, 푸틴의 충신들로 이루어진 최고 계층인 올리가르히를 출현시켰다.

러시아의 올리가르히들은 원하는 것을 성취하고 싶거나 그들의 부를 유지하기 위해 러시아의 독재자 푸틴과 대단히 끈끈한 개인적 유대관계를 맺고 있는 것이 분명하다. 머리 위에 지붕 얹기란, 정치적 영향력이 막강한 사람으로부터의 후원을 뜻하는 러시아식 표현으로, 러시아의 역사만큼이나 오래된 것이다.

트럼프의 첫 러시아 방문으로부터 20년이 지난 후 러시아에서는 보다 화려하고 고품질인 브랜드에 대한 수요가 엄청났었다. 트럼프의 아들 도널드 주니어는 트럼프 부동산 브랜드를 미국을 넘어 유럽과 중동으로 확장시킬 수 있기를 기대하면서 2008년 모스크바를 방문했다. 러시아 신문 〈코메르산트〉에 따르면 트럼프는 모스크바에 있는 모스크바 호텔과 로시야 호텔의 재건축을 도와주는 것을 고려했었다.[2, 3]

그러나 러시아인들을 사로잡은 것은 호텔이나 호텔에 새겨진 금빛의 트럼프라는 이름이 아니라, NBC 텔레비전 쇼 어프렌티스에서 손가락질하고, 바로 해고시켜 버리는 사장으로 나와 얻게 된 트럼프의 대중성이었다. TV 쇼를 통해 얻은 유명세 덕분에 부유한 아갈라로프 가문과 만나게 된 트럼프는 그들의 재력과 낭비 성향과, 입에 발린 말들에 마음을 빼앗겼다. 러시아 부동산 거물인 아라스 아갈라로프와 부유한 대중 가수인 아들 에민은 트럼프의 대단한 팬이었다. 에민은 심지어 "또 다른 생애에"라는 자신의 뮤직 비디오에 트럼프를 출연시켜, 비디오의 끝부분에 에민이 섹시한 여성들로 가득한 화려한 저택을 상상하고 있을 때 트럼프가 등장해 에민을 해고해 버리는 장면을 찍었다. 에민은 대중적 인기와 재력과 푸틴과의 유대관계로 인해 러시아의 도널드 트럼프로 불리고 있었다.[4]

아라스는 1956년 아제르바이젠에서 태어났다. 〈포브스〉가 추정한 아라스의 자산은 부동산 개발에서 대략 십삼억 삼천만 달러에 달한다. 그의 회사인 크로커스 집단은 크렘린으로부터 2018년 월드컵 경기장 2개의 건설 계약을 따냈다. 게다가 푸틴은 2013년 아라스에게 명예 메달을 수여하였다. 푸틴과의 모든 일이 다 그렇겠지만, 메달 자체는 중요하지도 그렇다고 값이 나가는 것도 아니었다. 중요한 것은 푸틴이 국민들 앞에서 대통령의 개인 후원자로서 아라스의 위상을 보증했다는 것이다.

트럼프는 2013년 모스크바로부터 귀국한 후 가진 〈뉴욕포스트〉와의 인터뷰에서 "러시아의 건축사업에 늘 관심이 있었다."고 말하는 한편 "거의 모든 올리가르히가 그 방에 모여 있었다."며 굉장히 뿌듯해 했다.[5]

트럼프는 아갈라로프 가문의 적극적인 후원으로 미스유니버스대회를 모스크바에서 개최하는 거래를 성사시켰다. 에민은 〈포브스)와의 인터뷰에서 "트럼프와 방금 미팅을 했다[...] 우리 둘 다 서로에게 호감이 있었으며, 악수를 하고 일주일 만에 계약에 서명했다."고 말하며, 미인대회를 주최하는 데에 이천만 달러가 들 것이라고 덧붙였다. 트럼프는 2013년 6월 모스크바 대회를 처음으로 발표했는데, "모스크바는 현재 세계에서 대단히, 대단히 중요한 곳이다. 우리는 늘 모스크바를 원했다."라고 말했다.[6]

트럼프는 파산 신청으로 인해 미국 은행들로부터 거부당한 후 러시아 쪽으로부터 상당한 투자를 받아 오고 있었는데 그 가운데는 악명 높은 범죄인들과 연계되어 있는 경우도 많았다. 한때 그는 심지어 무아마르 카다피에게도 손을 벌렸었다. 카다피는 테러에 미친 리비아 독재자로, 독일 클럽에 있는 미군들을 폭발로 날려 버리고, 아일랜드 공화국군(IRA)에 자금을 대고, 스코틀랜드 락커비 상공에서 팬암 103편을, 사하라 상공에서는 프랑스 UTA 772편을 폭파해 모두 413명의 승객과 승무원을 죽게 만든 인물이다.[7]

트럼프는 분명 모스크바 신흥 초부유층의 출현에 굉장히 기뻤을 것이다. 모스크바에서는 메르세데스 벤츠가 세계 어느 곳보다 많이 팔리고 있었다. KGB 출신으로 이루어진 푸틴의 개인 공격대응 팀은 심지어 무기를 장착한 고급 승용차인 메르세데스 G 웨건을 탔다. 러시아로부터 돈이 쏟아져 내리고 있었고, 트럼프는 이제 동반구에서 가장 영향력 있는 사람들 중 몇몇과 어울리게 되었다.

미인대회는 지은 지 이제 막 4년 된, 7천 5백 명을 수용할 수 있는 크로커스 시티홀에서 개최하게 되었다. 이에 트럼프는 너무나 감동 받았으며, 가장 중요한 올리가르히인 푸틴의 주목을 끌 수 있기를 희망했다. 트럼프는 설렘과 기대로 "푸틴이 모스크바에서 11월에 열리는 미스유니버스대회에 참석할까? 참석한다면 나의 새로운 단짝이 되어 줄까?"라고 트위터에 트윗했다.[8]

트럼프가 2013년 11월, 아갈라로프 가문 사람들과 회동했을 때, 알렉스 사피르와 로템 로센도 참석했는데, 이들 두 러시아 개발업자들은 맨해튼에 있는 트럼프 소호 호텔과 콘도미니엄 건설에 도움을 준 적이 있었다.[9] 사피르의 부친은 전직 KGB 요원들과 친밀한 관계를 맺고 있는 것으로 알려져 있었다. 이는 전혀 놀라운 일이 아닌데, 왜냐하면 KGB(지금의 FSB)가 새로운 러시아에 깊숙이 자리 잡고 있으면서, 푸틴의 정권에 이익이 되는 곳이라면 어디든지 가서 거래를 하고 이득을 취하고 있었기 때문이다.

사피르는 뉴욕의 〈리얼에스테이트위클리〉에서 트럼프 소호 호텔을 방문한 러시아인들이 "모스크바에도 이 호텔처럼 현대적이고 멋진 건물이 있으면 좋겠다고 우리에게 꾸준히 말해 왔다[...]

석유와 가스 사업가들이 많이 찾아와 트럼프 소호 같은 건물을 짓는 데 우리보고 동업자가 되어 달라고 요청했다."고 말했다. 러시아의 돈이면 트럼프에게 충분할 것이다. "러시아 시장은 나에게 반했다."라고 트럼프는 말했다. 미국으로 귀국하자마자 트럼프는 러시아에서의 경험에 대해 극찬했다. "나는 러시아로부터 지금 막 돌아왔는데, 너무나 많은 것들을 배웠다." 트럼프는 귀국 후 트위터에서, "모스크바는 대단히 흥미롭고 멋진 곳이다. 미국은 굉장히 명민하고 전략적으로 행동해야만 할 것이다."라며 흥분했다.[10]

트럼프는 푸틴을 만났는지에 대해서는 언급하지 않았으나 푸틴이 러시아에서 얻고 있는 명성에 대해서는 아주 만족해했다. "푸틴은 러시아에서 엄청난 인기를 누리고 있다. 러시아 사람들은 푸틴이 하는 일에 열광하고, 푸틴이 대변하는 것에 열광한다."라고 트럼프는 폭스뉴스에서 말했다.[11]

미인대회는 트럼프가 러시아 사회를 새롭게 이해하는 계기가 되었다. 트럼프는 2016년 5월 6일 폭스뉴스와의 인터뷰에서 다음과 같이 설명했다. "나는 러시아를 잘 알고 있다. 나는 2, 3년 전에 러시아에서 주요 이벤트를 개최한 바 있었는데, 그야말로 어마어마한 행사였다." 그 행사에서 푸틴을 만났는지를 묻는 질문에 대해 트럼프는 답변을 거부하며 이렇게 말했다. "많은 사람들을 만났다.

뿐만 아니라 그들은 미국과 친해지고 싶어 한다. 우리가 누군가와 정말 잘 지내게 된다면 좋은 일이 아니겠는가?"[12]

트럼프가 마음을 뺏긴 사람, 트럼프가 그토록 만나고 싶어 하고 주목을 끌고 싶어 하는 그 사람은 평범한 러시아의 통치자가 아니었다. 가장 위험한 상황들의 한복판에 서 있던 사람이었다. 그는 스파이 활동에 정통한 사람이었으며, 또한 조작과 착취에 있어서도 전문가였다. 트럼프에게도 러시아의 올리가르히에게 했던 것처럼 할 수 있다. 즉, 인정하거나 모욕하는 한 개의 문장만으로 살릴 수도, 죽일 수도 있는 것이다. 트럼프는 핵무기와 미녀들을 손에 쥐고 있는 강한 남자의 호감을 얻고 있다는 것을 알자 그런 스파이의 왕이 기뻐할 만한 아첨으로 응답했다. 푸틴은 분명 이 쇼맨을 장차 러시아에 우호적인 정치 자산이 될 수 있는 타깃으로 인식했을 것이다.

푸틴의 후보자 개발 전략

만일 푸틴이 FSB의 스파이 전문가에게 자문을 구하거나 유리 안드로포프 정보학교 시절 받았던 수업을 기억한다면, 자신의 가치를 공유하면서 "미국을 다시 위대하게" 만들 수 있는 보다 적당한 후보자를 찾는 것은 그리 어려운 일이 아닐 것이다.

푸틴은 초급 스파이 시절부터 사람들을 조종하는 데에 대단히 능했으며, 이를 통해 러시아의 총리에 오를 수 있었다. FSB의 새로운 방식들은 푸틴이 배웠던 구KGB의 방식과 똑같은 것이었으나 작전 속도를 높일 수 있는 테크놀로지들을 활용하고 있다. 푸틴은 휴민트와 스파이 자산을 효과적으로 이용하였을 뿐만 아니라, 1980년대에 훔쳐 오라는 지시를 받았었던 컴퓨터 정보시스템 기술을 이용하는 데에도 앞장섰다. 선전을 통해 새로운 인식을 창출하는 일은 소련 체제에서 핵심으로 국가를 안전하게 보호하는 역할을 해왔다. 그러나 지금은 그저 올리가르히의 자산과 입지를 보호할 뿐이다. 러시아는 인식을 형성하고 자신만의 현실을 만들어내는 데에 인터넷이 지닌 잠재력을 잘 이해하고 있으며, 정보전은 러시아의 정치, 외교, 군사 작전에서 가장 핵심이다. 인터넷 시대는 악의가 있든 없든 간에 둘 다 선전 활동을 통해 세계의 정보 흐름에 침투해 푸틴이 정한 어떠한 타깃이든 변질시킬 수 있는 시간을 앞당겼다.

KGB 출신 망명자인 유리 베즈메노프는 KGB의 포섭 전략과 KGB 요원들이 포섭 대상으로 삼는 사람이 정확히 누구인지에 대해 일련의 강의를 하였다. 베즈메노프가 밝힌 내용은 외국에서, 특히 서구에서 스파이 포섭에 사용하는 표준 방식으로 다른 전직 러시아 요원들도 이를 확인하였다.

KGB가 극단적 좌파나 공산주의자를, KGB가 원하는 비밀을 폭로하게 하거나 최고 수준의 정부 허가를 얻어 내기에는, 부적당한 인물들로 보고 있다는 사실에 놀랄지도 모른다. 1950년대 이후부터 KGB는 의외의 사회계층에서 최고 수준의 스파이들을 포섭하려고 시도하는 정책을 펼쳤다. 구체적으로 KGB는 보수 이데올로기 성향을 가진 서구인들을 목표로 삼았다. 베즈메노프는 다음과 같이 말했다.

••••

나의 KGB 교관들은 구체적으로 강조했다. 좌파주의자와 가까이하지 마라. 이런 정치적 매춘부들에 대해서는 신경 꺼라. 목표를 좀 더 높게 잡아라. 발행부수가 막대한 기존 보수 언론 속으로 들어가도록 해라. 부자, 추잡하고 부유한 영화 제작자, 지식인, 각종 학계, 천사 같은 얼굴로 너의 눈을 바라보며 거짓말을 할 수 있는 냉소적이고 자기중심적인 사람이 포섭 대상이다.[13]

만약 적의 정보기관이 포섭 대상으로 삼은 후보자가 있다면, 아마도 목록의 맨 위에 트럼프가 있을 것이다. 트럼프가 정치무대에 들어왔을 때, FSB 요원들은 부자, 병적인 자기중심주의자, 거짓말쟁이를 포섭하라는 베즈메노프의 강의를 떠올렸을 것이 분명하다. 트럼프가 처벌받지 않은 채로 오도하고 기만하고 있는 것은 분명하다. 부정하고, 기만하고, 오도하고, 암묵적으로 피해자에게 책임을 전가하며 노골적으로 조작하는 트럼프의 방식은 그의 선거운동의 모든 면에 스며들어 있다.

트럼프가 명망 있는 상류층 친구들이 있다는 것을 자랑하지만, 실상은 그렇지 않다는 것이 계속해서 드러나고 있다. 러시아 대통령 미하일 고르바초프가 미국을 공식 방문하는 동안 트럼프는 고르바초프가 트럼프 타워를 방문할 때 천 9백만 달러의 아파트를 보여줄 것이라고 주장했다. 하지만 이것은 트럼프가 언론에 뿌린 수많은 가짜 기사 중 하나였다. 더 굴욕적이었던 것은 고르바초프를 흉내 내는 연예인이 트럼프 타워로 가 트럼프의 안내를 받은 것인데, 트럼프가 완전히 속았었다. 물론 나중에 부정은 했지만.[14]

그해 말, 정치적 사실을 검증하는 집단인 폴리팩트는 트럼프 캠프가 2015년에 언급한 사실상 모든 것을 "올해의 거짓말"로 분류하였다. 거짓과 빈정거림, 날조를 후보가 되기 위한 주요 선거 방식으로 삼은 것은 뻔뻔하고 대담한 전략이었으나, 그것은 크렘린의 스파이들이 좋아할 만한 전략이었다. 그들에게 트럼프는 잠재적 정보원 목록에 딱 들어맞을 뿐만 아니라, '부정하고, 기만하고, 무너뜨려라.'라는 러시아 심리전 및 정보전의 "적극적 조치 공작"의 근본 원리를 채택하였거나 배웠던 것처럼 보였다.

협력자의 자의식을 속이고 조종하라

비밀 정보원과의 대화를 통해, 나는 FSB가 자기도 모르게 무의식적으로 정보를 제공하는 요원들을 포섭하는 데에 한 세기가 넘는 시간 동안 사용해 온 정책과 기술을 여전히 유지하고 있다는 것을 알았다. FSB는 사적, 경제적, 이데올로기적 이유로 자진해서 협력하는 자발적 정보원을 찾거나, 적당한 후보자를 찾아내 유용한 정보원으로 키울 것이다. 그 정보원이 자신의 역할을 알게 될지는 모르겠지만. 이런 정보원을 일컬어 "무의식" 정보원 또는 공작원이라 한다.

스파이나 여러 형태의 유용한 선전 정보원들(옹호자들, 동조자들, 심지어 반대자들)을 포섭할 때, 요원은 사적이고 심리적인 결함이나 정보원을 취약하게 만들 약점들을 관찰하고 그것에 집중하도록 훈련 받는다. 이를테면 허영심에 들뜬 사람에게는 아첨을, 빚이 많은 도박사에게는 현금을, 스릴광에게는 모험을, 추악한 사람에게는 섹스를 제공하는 것이다. 이렇게 잠재적 포섭 대상을 평가하여 그가 기꺼이 협력하도록 만드는 것이 요원의 임무다.

노련한 정보 요원은 트럼프와 같은 잠재적인 포섭 대상에게 일반적인 정보원 포섭 평가 수단 중 하나를 적용했을 것이다. 미국 정부는 MICE 시스템을 이용하는데, CIA가 사용하는 돈(Money), 이데올로기(Ideology), 강압/협박(Coercion 또는 Compromise), 자의식/흥분(Ego 또는 Excitement)을 뜻하는 단어의 약어다.[15] 이 시스템보다 좀 더 심층적인 RASCLS(보답, 권위, 희소성, 헌신/일관성, 호감, 사회적 검증)이 있긴 하지만, 우리는 이번 평가에서는 MICE를 사용하려고 한다.

러시아 해외정보국 SVR(군사 첩보 작전인 경우는 GRU)에 배치된 FSB의 스파이 포섭 담당 고위 요원들은 그들이 눈여겨보고 있는 잠재적 정보원들의 욕망에 맞춰 행동하도록 훈련 받는다. 요원들은 접근 하기 전부터 포섭 대상을 세심하게 지켜본다. 만일 포섭 대상이 중요한 사람이라고 느끼길 원한다면, 그렇게 느끼게 만드는 것이 모든 대화에서 초점이 된다.

돈은 잠재적인 포섭 대상을 끌어들이는 훌륭한 유인책이 된다. 만일 대상이 부와 기회를 보장받고 싶어 하면, 올리가르히가 나타나 그가 마치 올리가르히의 일부이거나 그렇게 될 수 있을 것처럼 느끼게 만든다. 트럼프의 경우, 사실은 자신도 모르게 러시아에 동조하는 쪽으로 가게 된 것일지도 모르지만, 지금은 올리가르히가 되어 세계 무대에서 푸틴과 동등하게 활약하고 싶어 하는 그의 간절한 염원에 관심을 갖고 지지를 보내는 러시아 친구들과 직원들의 아첨 덕분에 확고하게 믿음이 생긴 것 같다.

개인의 이데올로기는 외국 정부를 위해 봉사할 수 있는 사람들이나 자신들의 운명이 굉장히 닮아 있다고 생각하는 사람들에게 스스로 동기 부여가 될 수 있다. SVR에 배치된 FSB 포섭 담당자는 늘 포섭 대상의 위신을 세워 주고자 할 것이다. 그것이 그에게 개인적인 동기를 계속해서 부여하기 위해 필요한 것이라면 말이다. 포섭 대상으로 하여금 모국의 이익에 반하는 정치 입장을 지지하는 쪽으로 조금씩 몰고 가는 기술은 포섭 대상의 이데올로기적 신념 체계를 읽어 내어, 지지하는 쪽으로 미묘하게 조종하거나, 아니면 덜 만족스럽지만 결국 반역으로 이르게 되는 신념 체계에 대해 적어도 중립적인 입장을 취하게 만드는 요원의 능력이 필요하다.

협박(혹은 강압)은 일반적으로 바람직한 절차는 아니나, 잠재적인 포섭 대상이 자신들에게 불리하게 악용될 수 있는 비밀―은밀히 정부 돈을 횡령한다거나 불륜관계에 있다거나―을 갖고 있는 상황에서, 협박의 수단으로 이용될 수 있다. 이런 의미에서 협박이란 적대적인 정보기관에서 미인계를 이용하는 것을 뜻하는 "허니팟" 사진이나 비디오가 필요하다. 그런 다음 마지못해 모국을 배신하도록 포섭대상을 협박하는 것을 의미할 것이다. 어느 누구도 트럼프가 협박에 쉽게 넘어갔다고 공개적으로 비난한 적은 없다. 하지만 정보기관이 미인계를 일상적으로 이용하는 나라에서 열린 미인대회에서라면 개인적으로 굴복하거나 협박받는 상황에 처했을 가능성이 있다. 은퇴한 KGB 장군 올레그 칼루긴은 과거 "미국에서 또는 서구에서는 종종 남자들에게 나라를 위해 싸워줄 것을 요구한다. 그것과 별 차이가 없다. 러시아에서는 젊은 여성들에게 누워 달라고 요구할 뿐이다."라고 말한 것으로 유명하다.

자의식 또는 흥분(또는 둘 다)은 기본 포섭 방식의 마지막에 해당한다. 베즈메노프는 서구에는 정보기관이 무엇보다도 가장 원하는 잠재적 정보원의 전형인, 트럼프처럼 자기중심적인 나르시스트들이 있다고 강조했다.

"도덕적 기분이 결여된, 지나치게 탐욕적이거나 자신의 중요성을 과대평가하는 자기중심적인 사람들. 바로 이들이 KGB가 찾기를 바라고 가장 포섭하기 쉬운 사람들이다."[16]

만일 푸틴이 트럼프를 정보원으로 만들기로 했다면, 최고위급 국가 요원들이 트럼프를 러시아 이익의 대변자로 만드는 일에 관여했을 것이다. 푸틴 자신도 FSB와 SVR의 휴민트 전문가들의 조언을 받아, 후보자의 적합성과 러시아를 도울 가능성에 대해 평가해야만 했을 것이다. 이때 후보자가 그 사실을 알았는지 몰랐는지는 중요하지 않다. 트럼프의 경우는 평가하기가 대단히 쉬울 것 같다. 거의 모든 순간에 보인 푸틴을 향한 트럼프의 "브로맨스*"는 어쩌면 러시아의 부유층을 향한 욕망과 재력과 명성을 지닌 사람으로 널리 인정받길 원하는 욕망에 기초했을 것이다.

푸틴처럼 노련한 독재자는 트럼프의 자의식을 이용하고 조종하는 방법을 쉽게 파악할 것이다. 푸틴은 미국의 트럼프 비방자들이 트럼프가 대통령 자격과는 거리가 먼 사람이라고 조롱하는 것과는 반대로, 트럼프 자신이 대통령이 되기에 충분한 자격을 갖춘 사람이라고 느끼기를 바랄 것이다. 푸틴은 트럼프의 이미지를 만

---

* 형제(Brother)와 연애(Romance)를 합친 신조어로 남자들끼리 갖는 매우 두텁고 친밀한 관계를 말한다.

들어 내고, 쉽게 상처 입는 자의식을 달래려면 전략적으로 계획된 적당한 때에 트럼프를 칭찬해야 한다는 것을 정보 수집 기구를 통해 들었을 것이다.

푸틴이 2015년 12월 트럼프를 공개적으로 지지한 것 역시 전략적으로 계획된 것으로, 정보원이 자신이 특별한 사람으로 느낄 수 있도록 만드는 지지 발언이며, "간섭하지는 않지만 사실은 간섭하는" 전략의 전형적인 사례다. 트럼프에 대해 푸틴은 다음과 같이 발언했다. "그는 러시아와 보다 친밀하고 깊은 유대를 맺길 원하고 있다[...] 어떻게 이것을 환영하지 않을 수 있나? 당연히 우리는 환영한다."[17]

"그가 총명하며 재능이 있는 사람이라는 데는 의심의 여지가 없다. 그는 대선 경쟁에서 완벽한 리더다[...]"[18]

이 발언을 포함하여 다른 많은 발언들은, 러시아 시민들의 열광적인 관심과 지지와 더불어 트럼프로 하여금 푸틴에게 빚을 진 것처럼 느끼게 만들었을 것이며, 이로 인해 트럼프는 미국의 정부 시스템을 불신하게 되었을 수도 있다. 푸틴의 우호적인 발언들 덕분에 트럼프가 세계 무대에서 인정받을 수 있었다는 의견이 있는데 아마 그래서 트럼프가 관련 주제가 나올 때마다 러시아를 향해 끝없이 찬양을 했는지도 모른다. 물론 그럴 때마다 트럼프의 참모들은 경악했지만. 푸틴이 칭찬했을 때, 트럼프는 속으로 "내 친구 푸틴이 나를 좋아한다."고 생각하며, 자신이 속한 공화당에서보다 모스크바로부터 보다 많은 지지를 받는다고 느꼈을지 모른다. 이 정도면 적극 조치 담당자와 무의식 정보원 사이의 유대관계를 유지하는 데 충분하고도 남는다.

크렘린 무리

러시아로부터 후원을 받는 한 무리의 친구들이 트럼프 주위를 맴돌고 있는데, "크렘린 무리"로 알려져 있다. 트럼프가 돈으로 그들과 교감하는 것은 문제가 안 된다. 문제는 그들이 맺은 러시아 올리가르히와 KGB/FSB 요원들과의 걱정스런 관계들이다. 현명한 사업가라면 세계의 신흥 부유층으로부터 자금을 구할 것이다. 하지만 FSB 스파이가 준비한 러시아 올리가르히의 돈을 받게 된다면, FBI 방첩 부서가 냉전기간 동안 꾸준히 잡아들였던 사람들, 즉 스파이 정보원이 된다는 것을 뜻한다.

베이록 집단

트럼프에게 있어 첩보와 관련된 연계 중 가장 문제가 되는 것은 베이록 집단이었다. 트럼프는 2005년 모스크바에 호텔을 짓기 위해 그들과 처음으로 손을 잡았다. 그러다 호텔 건설이 불발되자, 트럼프는 그들과 제휴를 맺고 트럼프 소호 호텔을 짓기로 했다. 베이록은 원래 카자흐스탄 출신의 소비에트 연방 통상 관료인 테브피크 아리프가 회장을 맡고 있었다. 아리프는 트럼프를 러시아 투자자들에게 소개하려고 노력했다. 트럼프는 이를 모스크바와 키예프, 바르샤바, 이스탄불 등에 트럼프 호텔과 타워를 지을 수 있는 기회로 보았다.[19]

펠릭스 새터 역시 베이록에서 근무했는데, 새터는 러시아 마피아에 연루되어 있었다. 새터는 "목적을 달성하기 위해 폭력배나 사용하는 술수를 이용하는" 것으로 알려져 있으며, 증권 사기로 유죄선고를 받았다. 새터는 러시아와 미국에서 프로젝트를 진행하기로 트럼프와 합의를 했다. 그는 2008년 증언에서 "나는 트럼프 타워를 지을 수 있다. 트럼프와의 관계가 돈독하니까."라고 떠벌렸다.[20] 트럼프는 새터를 모른다고 했다. 하지만 둘의 관계는 트럼프 인터내셔널 호텔과 타워의 콘도 구매자들이 건축 소송에서 증언했을 만큼 의미가 있는 것이었다.[21] 트럼프는 단지 자신의 이름을 빌려주었을 뿐, 새터는 알지 못한다고 주장하면서 프로젝트와의 관계를 끊고자 하였다. 법정 진술에서 트럼프는 아리프도 새터도 모른다고 말했다.[22]

새터는 베이록 직원들을 폭력으로 협박해 온 것으로 알려져 있다. 심지어 베이록을 떠난 뒤에도 사무실을 사용하는 등 트럼프와의 관계를 유지하고 있었다. 〈AP 통신〉은 새터가 도널드 트럼프의 수석고문임을 나타내는 명함을 사용했다고 보도했다.[23]

트럼프는 어프렌티스 2006년 방송편에서 뉴욕에 46층짜리 콘도미니엄 호텔인 트럼프 소호를 건설할 계획임을 발표했다. 소호 프로젝트를 위해 트럼프는 부동산 개발업체인 사피르 오거니제이션 및 베이록 집단과 합작하기로 하였다. 사피르 오거니제이션은 구소비에트 조지아공화국 출신의 망명자인 고 타미르 사피르가 창립한 것으로 타미르는 1990년대에 뉴욕에서 부동산 사업으로 수백만 달러를 벌어였다. 2006년에 그의 아들 알렉스가 회사의 경영권을 이어받았다. 타미르 사피르에 대해 찰스 배글리는 〈뉴욕타임스〉에 다음과 같이 썼다.

••••
그는 1976년에 뉴욕에 처음으로 발을 내딛었다. 거기서 3년

동안 택시를 몰았으며, 이후 택시를 담보로 만 달러를 빌려 작은 전자제품 가게를 열었다. 플랫아이언 지역 5번가 200번지에 있는 가게는 소비에트 외교관들과 KGB 요원들, 중앙위원회 멤버들이 주요 고객이었다.[24]

타미르 사피르의 사위인 로템 로젠도 소호 프로젝트에 관련되어 있었다. 벤 슈렉킹어는 〈폴리티코〉에 다음과 같이 썼다.

● ● ● ●

냉전기간 동안 소비에트 망명자인 타미르 사피르는 맨해튼에 있는 가게 앞 공터에서 KGB 요원들에게 전자제품을 팔았다. 알렉스 사피르의 동업자 로템 로젠은 소비에트 태생 이스라엘인 억만장자 레브 레비에프의 전직 부관으로, 레비에프는 푸틴을 "진정한 친구"라 부르며 오랫동안 관계를 맺고 있는 올리가르히다.[25]

시작 단계부터 트럼프 소호 호텔은 구매자를 끌어들이는 데 어려움을 겪었는데, 소유주들이 1년에 120일 동안 한 가구에서 생활해야 한다고 규정해 놓은 토지이용규제법 때문이기도 했다. 소유주가 부재중이면 가구는 호텔 룸으로 이용될 것이며 소유주는 이익의 일부를 나누어 주게 되어 있다. 하지만 가계약 구매자들이 판매 가구의 추산이 부풀려졌다는 사실을 알게 되었다. 개관 후 몇 달 지나지 않아서 일부 콘도 구매자들이 트럼프와 베이록 집단, 사피르 오가니제이션을 상대로 사기를 주장하며 소송을 제기했다. 〈로이터〉 통신에 따르면, 원고의 소장에는 피고가 처음 18개월의 마케팅 기간 동안 언론에 건물이 "30, 40, 50, 60퍼센트 이상 팔렸다."고 광고했다고 적혀 있다. 그러나 계획안의 효력이 발휘되자, 구매자들은 391가구 가운데 62가구, 즉 16퍼센트 만이 팔렸다는 것을 알게 되었다고 원고측은 말했다. 그 계획안이 시행되기 위해서는 최소 15퍼센트가 충족되어야 했다.[26] 그 다음 2011년 11월에 트럼프는 합의하기로 하였으나, 불법 행위는 인정하지 않았다. 구매자들은 보증금의 90퍼센트를 돌려받았다. 〈뉴욕타임스〉의 마이크 맥킨타이어는 다음과 같이 적었다.

• • • •

사건의 비정상적인 결말의 배경에는 트럼프의 사업 방식에 대해 집중적으로 파헤쳐 보겠다고 위협한 법조계의 심상치 않은 움직임이 있었다. 사기 혐의 외에, 별개의 소송에서 트럼프 소호 호텔이 유죄선고를 받은 중죄인들의 은밀한 참여와 러시아와 카자흐스탄에 있는 미심쩍은 출처로부터 재원을 조달받아 개발되었다고 주장했다. 이 모든 것에 대해 이전에는 보고되지 않았지만 맨해튼의 지방 검사가 범죄 수사를 벌이고 있었는데, 검사는 서류와 함께 문제를 잘 아는 다섯 사람과의 인터뷰에 따라 콘도 구매자들이 주장하는 사기 행위가 혹시 위법은 아니었는지 조사하고 있었다. 구매자들은 초기에는 조사에 협조적이었으나 트럼프와의 소송 합의에 따라 검사에게 더 이상의 소송을 원하지 않음을 공지해야만 했다. 범죄 사건은 결국 그렇게 덮였다.[27]

그 건물은 2014년 압류되어, 경매에 나왔다.[28]

러시아의 손 안에 있는 미국인들

트럼프가 대통령 캠프를 구성했을 때, 푸틴과 관련된 인물 중 가장 논란이 많은 사람인 폴 매너포트를 영입했다.

트럼프 캠프의 선대본부장이 되기 전, 매너포트는 "블랙, 매너포트 앤 스톤, 켈리"라는 법률회사에서 일하며, "고문자의 로비"를 이끈 사람으로 알려졌다.[29] 이 법률회사는 세계에서 가장 악명이 높은 독재자들 가운데, 자이레의 모부투 세세 세코와 필리핀 대통령 페르디난드 마르코스, 잔혹했던 앙골라 반군 지도자 조나스 사빔비 등의 변호를 맡은 바 있다. 매너포트는 1980년대 중반 이후부터 트럼프 왕국의 고문을 맡아 왔다.

매너포트의 수상쩍은 거래는 이른바 "카라치 스캔들"로 알려진 프랑스에서의 뇌물수수 행위로 잘 설명될 수 있다. 매너포트는 레바논 무기상인 인터스테이트 엔지니어링의 사장 압둘 라만 알 아씨르로부터 돈을 받으면서, 전 프랑스 수상 니콜라스 사르코지의 멘토인 에두아르 발라뒤르의 고문으로 고용되었다.[30]

이 사건은 실패한 1995년 프랑스 대선의 한 부분이었다.[31] 알 아씨르는 매너포트에게 돈을 주고 프랑스 선거에서 발라뒤르를 돕도록 하였다. 논란의 핵심은 프랑스 아고스타 90급 잠수함 3대의 판매였는데, 이때 알 아씨르가 파키스탄에게 9억 5천만 달러에 팔 수 있도록 도움을 주었다. 프랑스 측은 발라뒤르의 선거 캠프가 잠수함 판매로 받은 뇌물의 일부분을 선거자금으로 받았을 것으로 짐작했다. 발라뒤르는 중동 무기상으로부터 25만 달러의 대출도 받았다.[32] 매너포트에게 이 같은 방식의 거래, 즉 부도덕하지만 합법적인 거래는 대단히 전형적인 것이었다.

매너포트는 코리 르완도스키를 대신해야 하는 탐탁지 않은 업무를 맡았다. 매너포트가 수석고문에서 해임되기 전까지는 초기에 모든 것이 매너포트에게는 순조롭게 진행되었다. 그러던 중 우크라이나 거래에 대한 폭로가 수면으로 떠올랐다. 매너포트는 과거 우크라이나 고객들을 위해 일했던 전력—이를 테면 2010년 우크라이나 선거에서 빅토르 야누코비치를 도왔던 것과 같은—때문에 비난을 받고 있었다.[33] 매너포트가 야누코비치를 위해 했던 일 중에는 대중 연설시 러시아어로 말하지 못하게 했던 것도 있었다. 매너포트는 야누코비치의 전직 사무장인 세르비 료보치킨을 위해서도 일했다. 매너포트에 대해 주목되는 점 가운데에는 이익이 나는 쉘컴퍼니(Shell Company)에 참여한 것도 관련되어 있다.

2005년 매너포트는 동업자인 릭 게이트와 콘스탄틴 킬림니크, 모스크바의 "국제공화당학회"와 함께 광산업계의 거물인 리나트 아케메토프를 위해 일하고 있었다.[34] 매너포트는 미국이 수배를 내린 가스업계 거물 드미트로 피르타쉬의 변호를 맡았다. 매너포트는 오렌지 혁명의 리더인 율리아 티모스첸코가 기소한 민사 공갈 사건의 피고로도 함께 이름을 올렸다 미국 대사 윌리엄 테일러에 의하면, 위키리크스가 공개한 전문에서 피르타시는 러시아 조직 폭력배의 우두머리인 세미온 모길레비치와의 관계를 인정한 바 있다.[35,36]

매너포트는 투자금 남용에 대한 혐의로 케이맨 제도 법정에서 피소된 적도 있다. 고소인은 세계 최대 알루미늄 회사의 사장인 올리그 데리파스카로, 그는 매너포트가 자금에 대한 이용 내역을 설명하지 않았으며, 투자금을 돌려받지도 못했다고 말했다.[37] 러시아 투자자들은 자신들이 2천 6백만 달러를 투자하여 우크라이나 케이블 회사를 사들였다고 주장하는 탄원서를 제출했다. 서프 호리즌은 페리클래스로부터 투자금을 되찾으려고 하고 있었다. 매너포트는 2015년 그 사건으로 면직 명령을 받았다.[38] 미국 정부는 2006년 7월 데리파스카의 미국 비자를 취소하였고, 데리파스카는 비자를 회복시키려고 하였다. 2007년 매너포트와 데리파스카는 러시아와 우크라이나에 투자하기 위해 "페리클래스 이머징 마켓 인베스터"를 설립하고자 하였다. 매너포트는 존 매케인 상원의원과 데리파스카와의 미팅을 주선했다.

매너포트는 트럼프의 가까운 유급 고문이었다. 2016년 8월 14일 〈뉴욕타임스〉는 "우크라이나 비밀장부에는 도널드 트럼프의 선대본부장에게로 흘러 들어간 현금 내역이 기록되어 있다."는 기사를 실었다. 그 기사는 매너포트와 우크라이나의 쫓겨난 대통령이자 숨겨진 푸틴의 충신인 빅토르 야누코비치와의 관계에 대해 자세히 설명했다. 야누코비치가 돌연 우크라이나에서 러시아로 망명하기 전까지 그는 우크라니아 정치를 능수능란하게 조종했었다. 그는 그렇게 하기 위해 매너포트의 도움이 필요해 그를 고용했다. 야누코비치가 정권에 항거하는 대중 봉기로부터 도주한 것은 러시아에 심각한 타격이 되었다. 왜냐하면 우크라이나 국민들은 유럽과 나토와 더 친밀한 관계를 유지하라고 요구했기 때문이다.

약 400페이지에 달하는 장부의 폭로 다음으로 매너포트가 가진 딜레마는 그가 러시아 정부나 우크라이나 정부 어느 쪽을 위해서도 결코 일한 적이 없다고 주장했다는 것이다. 손으로 작성된 장부에는 페리클래스하에서 우크라이나 케이블 회사를 매각한 것과 같은 대규모의 프로젝트들에 관한 내용이 들어 있다.[39] 장부에는 2007년부터 2012년에 걸쳐서 매너포트에게 지불된 현금내역이 기록되어 있다. 그 기사에서는 또한 매너포트가 미국 법무부가 요구한 대로 그의 직업을 "외국 대리인"으로 등록한 적이 전혀 없었다고 주장한다.

수사관에 따르면 매너포트의 이름은 스물두 번에 걸쳐 나타난다. 매너포트는 5년 동안 현금이나 추적이 불가능한 투자금으로 1천 2백 7십만 달러를 지급받은 것으로 알려졌다. 수사관은 장부에 매너포트가 지급액을 받았는지를 알려주는 내용은 아무것도 없으며, 다만 돈이 지급되었다는 것만을 알 수 있다고 강조했다.[40]

이 모든 것은 쉽게 간과될 수 있을 만큼 사소한 일이었다 .하지만 2016년 8월 17일 런던의 〈타임스〉는 매너포트가 우크라이나의 친러시아 당으로부터 돈을 받아 크림반도에서 반나토 시위를 조직하여 결국 예정되어 있던 나토 훈련을 준비하던 군대를 철수하도록 만들었다는 우크라이나 검사의 충격적인 보고서를 게재하였다. 우크라이나 검사는 다음과 같이 썼다.

••••

야누코비치와 그의 당의 명성을 높인 것은 매너포트의 정치적 노력이었다 .—매너포트는 앙골라와 필리핀 선거에서 사용한 전략을 적용하여, 인종과 언어로 사회를 대립시키고 분열시켰다. 크림반도에 머무른 동안 나는 매너포트가 야누코비치의 평판을 높여, 지방 선거에서 승리하기 위한 전략으로 우크라이나로부터의 자치를 고려했다는 것을 암시하는 증거들을 계속해서 목격했다.[41]

2년 뒤 크림반도는 러시아의 침입을 받아 점령당했다.

하워드 로버는 트럼프 캠프의 경제 고문이다. 벡터 집단의 사장인 로버는 트럼프 캠프의 기부자이자 러시아 투자자다.[42] 그는

"트럼프 승리 펀드"에 십만 달러를 내어놓았다. 트럼프가 1996년 모스크바에 갔을 때, 모스크바에 건물을 지을 수 있도록 도왔으나 실패했다. 1996년 11월에도 함께 방문했는데, 그때는 두카트궁과 같이 모스크바에서 진행 중인 프로젝트와 관련된 출장이었다.

카터 페이지는 2016년 3월에 트럼프 캠프에 합류했다. 2016년 7월 페이지는 모스크바로 가서 러시아와의 우의를 향상시키기 위한 일련의 연설들을 통해, 2014년 크림반도 침공 후 시행되었던 경제 제재 완화를 제시하였다. 트럼프 캠프가 TPP와 다른 무역 종식을 언급함에 따라, 선출되지 않은 후보자의 대변인들이 나서서 러시아 파트너와의 사업, 특히 범죄 두목과 러시아 마피아와 관련되어 있는 것으로 알려진 산업에서의 제휴까지도 주선하고 있다.

상원의원 존 매케인과 린지 그레이엄은 러시아 분리주의자와 푸틴과의 분쟁에서 우크라이나 정부가 무장하는 것을 지지했다. 공화당 전국전당대회 동안 정당강령위원회는 오랫동안 견지해 온 공화당의 입장을 지지하며, 우크라이나가 자주적으로 방어하기 위해서는 미국의 무기와 나토의 지지가 필요하다는 취지의 표현을 제안하였다. 현재 트럼프 캠프에 있는 페이지는 메릴린치의 모스크바 사무소에서 일한 적이 있으며 러시아 국영기업인 가스프롬[*]에 개인적으로 투자를 한 적이 있다. 페이지는 〈블룸버그〉에게 자신의 투자가 우크라이나를 침공한 러시아에 대한 제재 정책 때문에 손해를 봤다고 말했다.[43] 그는 러시아에 대한 미국의 정책을 일컬어 노예를 재산시하는 제도라고 묘사하였다.[44]

페이지는 정당강령위원회에서 트럼프 캠프의 대표였다. 트럼프는 보다 친러시아적인 강령을 원했으며, 페이지가 이끄는 그의 팀은 우크라이나의 무장을 지지하는 표현을 모두 삭제할 것을 강력히 요구하였다. 페이지가 위원회를 방문한 직후, 강령은 요구 대로 수정되었다. 즉, 우크라이나 무장을 지지하는 모든 표현이 삭제된 것이다. 공화당전국위원회 임원들은 〈허핑턴포스트〉에 "그것이 트럼프 캠프의 요구대로 대폭 수정한 유일한 부분"이었다고 말했다.[45]

리차드 버트는 1985년부터 1989년까지 로널드 레이건 대통령 시절 전직 주독 미국대사를 지냈다. 버트는 국익 자문위 의장이다. 버트는 매너포트의 요청으로 트럼프 캠프에 합류했다. 버트

---

[*] 전 세계 천연가스 매장량의 20퍼센트를 보유한 세계 최대의 가스 생산업체이다.

4장 | 트럼프의 대리인들은 푸틴의 정보원? **121**

는 러시아에서 최대 상업은행인 알파뱅크의 이사로 재직 중이다. 또한, 카터 페이지가 상당 규모로 투자를 한 가스프롬을 지배하는 투자펀드에서도 역할을 맡고 있다. 버트는 나토의 필요성에 대해 강력히 비난하는 인물로, 러시아와 우크라이나의 미래 관계에 대한 성명서를 작성한 바 있다.[46] 〈네이션〉은 리차드 버트가 트럼프의 2016년 4월 27일 외국 정책에 대한 친러시아적인 연설문을 작성한 것으로 추측했다.[47]

드미트리 콘스탄티노비치 심스는 1947년 10월 모스크바에서 태어났으며 1973년 미국으로 이주했다. 그는 국제전략문제연구소의 전 소련 연구 책임자였으며 카네기국제평화재단 러시아 및 유라시아 프로그램 센터의 전직 위원장이다. 그는 유명한 외교 정책 잡지 〈내셔널인터레스트〉의 발행인기도 하다.[48]

국가이익센터는 안드라니크 미그란얀이 이끌고 러시아의 민간인들이 기부해 만들어진 비정부 기구인 "민주주의와 협력 연구소"와 밀접한 제휴를 맺고 있다. 위키리크스가 유출한 국무부 서류에서 미그란얀이 러시아 외무부 장관 세르게이 라프로프로부터 직책을 부여받았다는 것이 드러났다.[49] 미그란얀은 러시아 대통령 푸틴을 "러시아의 레이건"으로 불렀으며, 러시아에 대한 제재 완화를 옹호하였다.

　마이클 카푸토는 1990년대 포스트 소비에트 시기에 러시아에
서 살았다. 카푸토는 가스프롬 미디어에서 일했으며 블라디미르
푸틴의 이미지 개선과 관련하여 계약을 맺고 작업했다. 그는 2016
년 뉴욕 예비선거에서 트럼프의 자문 역할을 맡았다.

트럼프의 스파이인가, 푸틴의 협력자인가

　마이클 플린 장군. 2015년, 퇴역 장군이자 전직 국방정보국
국장인 마이클 플린은 〈러시아투데이〉 기념 행사에 참석하여 푸틴
과 같은 테이블에 앉았다. 국방부에서 은퇴한 이후 플린은 국가가
후원하고, 크렘린 통제를 받는 뉴스 매체인 〈러시아투데이〉의 고
정 토론자가 되었다. 플린은 최근 몇 년 동안 오바마 대통령의 대
외 정책에 대해 비판적 입장이었는데, 힐러리 클린턴이 국무부장
관으로 있는 동안 특히 더 비판적이었다. 국방정보국에 대한 플린
의 비전을 두고 정보기관 간에 의견 충돌이 있은 후 강제로 퇴역
하게 되었다.

놀랍게도 플린은 러시아와 보다 밀접한 유대관계를 맺기를 바라는 마음을 드러내 왔으며, 국가 안보 문제에 관해 트럼프와 그의 2016년 대선 캠프에서 자문 역할을 해왔다는 것이다. 플린은 선거 전 트럼프가 CIA 정보 브리핑에 갈 때 동행하였다.

플린의 저서에 의하면, 러시아는 이란과 베네수엘라, 북한, ISIS 등 "적들의 연합"에 대항하는 잠재적 동맹국이다. 그의 저서 어디에도 러시아가 시리아 내전을 촉발하거나 그 밖의 사건에 관여한 것을 밝히는 내용은 찾을 수 없다. 사실 플린 장군은 러시아와의 유대를 자랑스럽게 여기고 있다. 〈워싱턴포스트〉의 국가안보 분야 기자인 다나 프리스트와의 인터뷰에서 플린은 러시아 군사정보국의 본거지 GRU에 들어간 유일한 미국 정보요원이라는 점을 자랑하였다.

플린은 러시아를 적대적 관계로 보지 않으나, 이슬람 극단주의자들과의 싸움은 필요하다고 주장한다.

프리스트　당신은 러시아와의 관계가 미국에게 잠재적으로 이로운 것으로 보았나요?

플린　　아뇨, 아닙니다. 나는 러시아와의 관계가 미국에게, 미국의 이익을 위해 필요하다고 보았습니다. 우리는 소치 올림픽에서 그들과 함께 대단히 밀접하게 일했습니다. 이란 핵문제와 관련해서도 긴밀히 협력하고 있었습니다. 러시아와의 관계 때문에 히틀러를 이길 수 있었습니다. 따라서 나는 ISIS 문제를 포함하여 단순히 쌍방의 이익을 지원하기 위해 필요한 관계 이상으로 러시아를 보고 있습니다[...] 그게 내가 러시아와 함께하는 이유입니다. 우리는 급진적 이슬람주의 때문에 어려움을 겪고 있습니다. 그래서 나는 정말로 이러한 적들을 상대로 미국과 러시아가 협력할 수 있다고 생각합니다. 적들이야 말로 더 심각한 문제를 겪고 있습니다.[50]

화제가 전직 군사정보국 국장이 러시아 국영 TV에서 전문가로 돈을 받고 출연하는 것으로 넘어 가자, 그는 책임을 회피하는 태도를 취했는데, 대리인의 실수였을 뿐, 자신은 잘못이 없었다는 것이다.

프리스트 국영 러시아 텔레비전 〈러시아투데이〉와의 관계에 대해 말씀해 주시죠.
플린 내 강연기획사, LAI로부터 요청을 받았습니다. 나는 대중을 상대로 강연을 하는 사람입니다. 그 대중이 러시아였을 뿐입니다. 돈을 받고 강연을 하는 기회였을 뿐입니다. 돈을 제법 받았고, 덕분에 강연기획사도 돈을 제법 벌었습니다.

프리스트 얼마나 받으셨는지 말씀해 주실 수 있나요?

플린 싫습니다.[51]

프리스트가 크렘린의 선전기관인 러시아 텔레비전에 나간 이유에 대해 물었다.

프리스트 〈러시아투데이〉에 정기적으로 출연했습니까?

플린 나는 알자지라, 스카이뉴스아라비아, 〈러시아투데이〉에 출연합니다. 돈을 한 푼도 받지 않아요. 어떤 언론사와도 계약한 적이 없습니다. CNN, 폭스와도 인터뷰를 합니다.

프리스트 〈러시아투데이〉는 국가가 운영하는 곳인데 왜 가신 겁니까?

플린 글쎄요, 그럼 CNN은 뭔데요?

프리스트 CNN은 국가에 의해 운영되는 것이 아닙니다. 어

이없어 하시는군요.

플린　그러면, MSNBC는 뭡니까? 알자지라는요? 스카
이뉴스아라비아는요? 나는 여러 기관들로부터 돈을 받고
토론자가 되어 달라고 요청 받았지만 거절했어요.

<u>프리스트</u>　돈 때문에 부담감을 느낄까 봐서요?

플린　맞아요. 나는 내가 믿는 것에 대해 자유롭게 이야
기할 수 있기를 바랍니다. 그렇게 할 수 있기를 바라는 사
람은 많아요. 하지만 여러 가지 이유로, 그렇게 할 수 없어
요[...] 나는 나라에서 일어나고 있는 것에 대해 굉장히 관
심이 많을 뿐이에요.[52]

플린을 가장 불온하게 바라보는 시각은 그가 어떻게 모스크바
에서 열린 〈러시아투데이〉 십주년 기념 행사에 초대될 수 있었는
가이다. 플린은 푸틴의 오른편에 앉아 있었다. 푸틴 바로 옆, 총애
를 받는 자리에 앉게 된 소감을 물었을 때, 플린은 핵무장한 독재
자 옆에 앉는 것은 아무 문제가 안 된다고 말했는데, 이야말로 그
가 돈을 받았다는 증거였다.

플린이 〈러시아투데이〉로부터 돈을 받은 것을 인정하고, 포럼
에서 MSNBC와 CNN보다 국가의 통제를 덜 받는 것 같다는 자

신의 생각을 말하고, 그와 푸틴과의 관계가 시각적으로 드러남으로써, 미국의 국가 보안을 담당하는 고위층은 물론 미국 정보기관의 종사자들로부터 비난이 쏟아졌다. 일부는 플린이 비난을 막기 위해 전직 공산주의 독재자의 국가 강령을 이용하면서, 에드워드 스노든처럼 폭로 방식을 택하지는 않을지 궁금해했다.

방첩 관계자들은 이십 년 전이라면 그의 "뒤가 더러운지", 즉 플린이 자신도 모르게 돈의 유혹에 넘어가 조종당하고 있는지를 캐내기 위해 광범위하게 조사했을 것이라고 말했다. 오바마 대통령을 철저하게 모욕하고 푸틴을 찬양하는 플린의 행동을 보면 누구나 쉽게 MICE 포섭 원칙을 떠올리며, GRU가 플린에게 단순히 호의를 베푸는 것 이상을 해주고 싶어 한다는 것을 알 수 있을 것이다.

비록 플린이 미국의 원칙을 지지한다고 러시아 대중 앞에서 말하긴 했지만 국방정보국 국장이 가장 영향력 있는 전직 KGB 국장의 오른편에 앉아 있다는 것은 전직 스파이대장이 플린을 푸틴의 "지붕" 아래에 두었음을 의미한 것이며, 이는 미국식으로 "그는 나의 개다."라고 옮길 수 있을 것이다.

미국 선거를 위태롭게 할 푸틴의 전략

크렘린 무리가 푸틴과 모스크바와 밀접하다고 밝혀진 것은 정말로 충격적인 것이다. 그들로 인해 일부 미국인들이 얼마나 쉽게 돈을 받고 자기 나라의 이익에 반하는 일들—사업이든, 정부 관련이든, 아니면 선전이든 간에—을 하는지 알려졌다. 이와 같은 미국인들의 행동은 KGB가 70년 전에 파악해 놓았던 것과 정확히 일치한다. 크렘린 무리로 인해 또한 돈과 비즈니스 관계가 얼마나 쉽게 전직과 현직의 러시아 정보 요원들에게 재원이 되는지를 보여주었다. 그런 재물은 눈에 보이지 않는 끈으로부터 제공받은 것이 확실하다. 그렇게 해서 FSB가 새로운 미국 행정부 내의 최고위층 협력자들에게 접근할 수 있게 된 것이다.

분명한 것은 친러시아 협력자들이 트럼프와 매우 친밀한 관계를 유지하고 나아가 트럼프의 선대본부장으로 선택됨으로써 잠재적인 대통령과 지근거리에 있게 되었다는 것이다. 물론 그들의 유대관계는 기껏해야 가볍고 문제의 소지가 많을 수도, 최악의 경우 FBI 스파이 조사의 근거가 될 수도 있다. 앞으로 두고 볼 일이다.

트럼프 측근들이 러시아 권력의 중심과 정말로 이어져 있다면, 그리고 그들이 트럼프가 대통령으로 당선되도록 만든다면, 그들은 잠재적 대통령의 가장 은밀한 비밀을 손에 쥐고 있는 위치에 서게 될 것이다. 그들은 자신의 개인적인 번영과 함께 러시아의 목표, 바람, 활동 등을 모두 미국의 이익보다 우선순위에 두고 대통령이 가진 모든 힘을 이용해 나아갈 수 있을 것이다.

조지아와 시리아, 우크라이나와의 전쟁과 크림반도의 무력 장악, 나토동맹국인 라트비아, 에스토니아, 리투아니아에 대한 압력에 미국이 끼어들어 화가 난 러시아 대통령 블라디미르 푸틴과 전직 국무장관 힐러리 클린턴 사이의 갈등 속에서, 푸틴은 미국에 대한 확실한 보복 방법으로 트럼프의 도전을 지지하고 있는 것인지도 모른다. 푸틴의 전기 작가이며, 《얼굴 없는 남자: 블라디미르 푸틴의 믿기 힘든 성공(Man Without a Face: The Unlikely Rise of Vladimir Putin)》의 저자 마샤 게센은 CNN에서 "두 남자에게는 정말로 공격적인 태도가 있다. 푸틴은 굴복하지 않는 사람을 존경하며, 공격성을 소중히 여긴다. 그리고 차분하고, 심사숙고하는 성격은 별로 좋아하지 않는다[...] 그는 남자다운 맞수를 원한다. 푸틴은 자신이 이해할 수 있는 사람을 원한다."라고 말했다. 푸틴은 자신과 더불어 러시아의 목표를 최우선으로 달성할 수 있도록 협력할 수 있는 미국의 대통령을 원할 것이다. 트럼프의 호통과 허세는 너무 뻔하다. 그는 KGB 학교에서 가르쳤던 바로 그 자체다. 즉,

이기주의자이며, 거짓말쟁이긴 하지만 능력 있는. 트럼프는 레슬링에 열광하고, 학력이 낮으며, 독재자를 선망하는 백인 남자들의 마음을 잘 알고 있다. 이것이 푸틴이 이용할 수 있는 소재다. 트럼프는 그저 귀하게 다뤄 주고, 지지해 주고, 아첨해주기만 하면 되며, 러시아를 미국 권위주의의 본보기로 보는 보수층 미국인들과 함께 올리가르히의 일을 간접적으로 맡아 주기만 하면 될 것이다. 분명 트럼프는 자신이 미-러 관계를 재정립할 수 있다고 확신할 수 있게 될 것이다. 물론 푸틴에게 유리한 방향이긴 하겠지만. 트럼프는 돈이 필요하며, 러시아에는 돈과 명성과 트럼프 취향의 여자들이 있다. 우크라이나와 라트비아, 에스토니아, 리투아니아 같은 이전 점령국들에 대한 불간섭주의라던가, 나토를 지지하지 않는다거나 하는 트럼프의 세계관은 러시아의 마음에 쏙 든다. 이것들은 모두 트럼프 선거운동의 특징인데, 거의 마치 푸틴이 직접 이런 목표들을 적어 주기라도 한 것 같다. 하지만 물론 푸틴은 그럴 필요조차 없다. 푸틴을 위해 일하고자 하는 사람이라면, 그리고 러시아의 돈을 원하는 사람이라면 누구나 이런 것들이 러시아와 협의를 논하기 전에 정치적으로 보여줘야 할 최소한의 조건들이라는 것을 잘 알고 있다.

푸틴이 그저 미소와 의견 제시만으로 이런 것을 할 수 있는 것은 아니다. 그는 미국 선거를 관리할 작전 기관을 세울 필요가 있었다. 그것은 하이브리드 정치전이라는 러시아의 새로운 전략을 이용하여 발트 3국의 품위를 떨어뜨렸던 것과 똑같은 방식의 정보전을 이용한 선거운동에 기반을 둔 것이다. 하이브리드 전쟁이란 미디어 선전과 사이버전, 약간의 군사 모험주의를 혼합하여 상황에 따라 언제든지 변형할 수 있는 방식으로, 트럼프의 당선을 도와 유럽연합과 나토의 해체를 이끌 수 있을 것이다. 푸틴의 비전은 아첨꾼인 트럼프를 대통령으로 이용하여, 미국을 부상하는 러시아의 하급사원 역할로 종속시켜 버리는 것이다.

트럼프를 그와 같은 일을 할 정치 선두주자로 만드는 방법이 뭘까? 간단하다. 러시아는 이 분야에 경험이 아주 많다.

"콤프로마트" 마스터 클래스

1948년 미국의 외교관 조지 케넌은 "정치전 조직화에 대하여"라는 보고서를 작성했는데, 그 보고서에서 정치전을 다음과 같이 정의했다.

••••

정치전이란, 전쟁이 일어나지 않는 상황에서 국가의 목표를 달
성하기 위해 국가의 명령으로 모든 수단을 동원하는 것을 말
한다. 그런 작전은 공개적이기도 비공개적이기도 하다. 정치
연합, ERP와 같은 경제 조치, "백색" 선전과 같은 공개적인 작
전으로부터, "우호적인" 외국인이나 국가들에 대한 은밀한 지
지와 "흑색" 심리전, 심지어 적대국 내의 지하 저항세력에 대한
격려와 같은 비공개 작전까지 모두 포함된다.[54]

케넌의 보고서는 국방 분야와 학계에서 많은 이들에게 진지
하게 받아들여졌으나, 소비에트 연방의 KGB는 훨씬 더 진지하게
받아들였다. KGB는 정치전에 대단히 정통해서 러시아인들은 블
랙메일*이 적용되고, 당혹감이 행동을 억누르고, 단어나 이미지로
권력자의 명예를 훼손하여 위협이나 전쟁에 대응할 능력을 제한
할 수 있는 상황을 설명하기 위한 용어를 사용했다. 그 용어가 바
로 콤프로마트(Kompromat)로, "협박을 위한 소재"라고 옮길 수 있
다. 콤프로마트에는 진짜와 조작된 정보 둘 다 포함될 수는 있으

---

* 비밀 보장에 대한 대가로 돈을 요구하는 협박이다. 이 행위는 범죄로 간주된다.

나, 모두 늘 편파적이고 악의적으로 활용된다. 콤프로마트 공격을 받았다면, 당신에 대한 푸틴의 적대감이 극도로 표현된 것이라고 보면 된다.

크렘린은 국내외의 적을 물리치기 위해 콤프로마트의 힘을 활용해 왔다. 아만다 타웁은 〈뉴욕타임스〉에 이 주제에 관련하여 뛰어난 글을 실었다. 타웁은 커다란 영향을 미칠 수 있는 과정을 설명했다.

••••

먼저 크렘린의 내부 인물이나 다른 권력자가 반대편이나, 적, 엄청난 이익에 대해 위협이 되는 모든 사람과 관련하여 죄가 될 만한 정보를 사거나, 훔치거나, 만들어 낸다. 다음으로, 그 정보를 공개하여 공개적으로 보복하거나 공적인 사건을 조작해서 대상으로 삼은 사람의 평판을 해친다.[55]

타웁은 DNC 이메일 유출 이후에-정말 러시아가 이 사건에 책임이 있다면-"우리는 아마도 러시아가 국내 정치에 사용하는 가장 추악한 도구들 중 하나가 외교 정책에서 적대적인 무기로 배치된 것을 보고 있는 건지도 모른다."라고 썼다. 타웁은 미국 정보 기관과 정확히 같은 입장이다. DNC 해킹은 미국이 경험했던 다른 해킹들과는 질적으로 다르다는 것이다. 그녀는 "해커들은 수집한 정보를 첩보 목적으로 이용하기보다는 훔친 데이터로부터 상대방에게 불리할 만한 핵심 정보들만을 선택한 다음, 그것들을 대통령 선거에서 중요한 순간에 유출시켰다."고 적었다.[57] 다른 말로 표현하자면, 이것이 바로 콤프로마트의 대표적인 사례다.

정치전에서 정보를 수집하고 활용하는 것은 러시아 정치인들 사이에서는 너무나 일상적인 일이어서 그 사건들을 추적하는 웹사이트들이 있을 정도다. kompromat.ru도 그중 하나인데, 러시아 블로거가 운영하며, 러시아인들이 자신의 이익 때문에 자기 지역 내에서 사용하려고 정치적으로 약점이 될 만한 추잡하고 선정적인 이야기들을 판다.

데이비드 렘닉 〈뉴요커〉 편집장은 DNC 해킹과 이어서 위키리크스로가 유출한 것에 대해 러시아의 책임이 있는지에 관계없이, "반박의 여지가 없는 것은 콤프로마트, 즉 타협을 위한 소재를 모으는 것이 푸틴의 무기고에서는 친숙한 전략이라는 것이다. 수년 동안 러시아 정보국은 정적들이 섹스나 마약에 탐닉하는 장면을 찍어 흐릿한 이미지로 온라인에 배포해 왔다.[58]

〈뉴요커〉의 과거 기사에서 렘닉은 악명 높은 콤프로마트 사례에 대해 설명했다.

••••

1999년 전국 선거 전날 유리 스쿠라토프라는 이름의 검사는 크렘린과 올리가르히 연합 내 부패를 조사하고 있었다. 지금 사람들이 스쿠라토프에 대해 기억하는 것은 그가 두 명의 창녀와 섹스를 하려는 장면이 담긴 거친 흑백 영상뿐이다. 영상은 국영 텔레비전에서 전국적으로 방송되었으며, 그것으로 스쿠라토프와 그가 하던 조사는 끝이 났다(당시 비밀기관의 수장이 블라디미르 푸틴이었다).[59]

프랭클린 포이어는 〈슬레이트〉에 "분명한 패턴이 있다. 푸틴이 유럽연합을 욕하고, 나토를 떠나길 원하는 정치인들을 대표하여 은밀히 움직인다."고 썼다.[60] 〈슬레이트〉의 팟캐스트인 "트럼프캐스트"와의 인터뷰에서 〈워싱턴포스트〉 칼럼니스트 안느 애플바움도 러시아가 프랑스 극우 정당인 국민전선 대표 마린 르 펜에게 자금을 대고 있는 것을 예로 들며, 서구 민주주의들의 선거에 간섭하는 러시아의 "패턴"을 언급했다.[61] 컴퓨터 해킹은 콤프로마트의 또 다른 차원이 되었다. 애플바움은 2016년 대선에서 드러나고 있는 사건들이 러시아가 영향력을 발휘한 다른 유럽 나라들이 경험했던 패턴과 일치하는 것처럼 보인다고 말했다.

••••

그러나 나는 물론 그들이 대단히 능하다고 알려진 해킹을 통해 선거를 망치려고 시도할 수 있다는 것에 대해 속속들이 생각해 본 적은 없다. 그리고 물론 이 패턴은 이전에 봤던 것이다. 즉, 유출이 심각하게 발생하는데, 하필이면 정치적으로 중요한 시기여서, 결국 사람들이 선거에 대해 생각하는 방식에 영향을 미친다. 물론 누가 유출했고, 유출로 인해 유리한 사람은 누구인지에 대해 관심을 보이지 않고, 사람들은 이메일 내용이 무엇인지, 12월 27일에 무엇을 했는지와 같은 세부적인 내용들에만 관심을 가지며 매체는 그런 것들만 보도한다.[62]

폴 로데릭 그레고리는 〈포브스〉의 한 기고문에서 푸틴 같은 전직 KGB 요원라면, 힐러리가 국무장관 시절 개인 이메일 주소와 서버를 사용한 것을 이용하여 그녀가 대선을 포기하라고 협박하거나 "힐러리 대통령 임기 중 세계 정세에 대한 미국의 영향력을 약화시킬 수 있는" 정보를 유출할 수 있다고 주장했다.[63] 나아가 그레고리는 크렘린이 영향력을 행사하기 위해 해킹을 할 필요도, 힐러리의 이메일을 수중에 넣을 필요도 없다는 것을 강조하며 다음과 같이 적었다. "크렘린의 선전 방식에 해박한 사람이라면 힐러리의 대통령 자격에 심각한 손상을 입히기 위해 푸틴이 힐러리의 이메일을 손에 넣을 필요가 없다는 말이 무슨 말인지 이해할 것이다." 푸틴이 필요한 것은 단지 많은 사람들이 푸틴이 힐러리의 이메일을 가지고 있다고 믿게 하는 것이다.[64] 그는 계속해서 다음과 같이 주장했다.

••••

크렘린은 거짓이지만 약간의 진실이 있을지도 모르는 이야기, 예를 들면 '미국이 시베리아를 훔칠 작정이다.'와 같은 이야기를 지어내는 데 선수다. 푸틴의 "정보 기술자"(선전원) 군대는 전 세계의 수많은 비밀 정보원들에게 날조된 이야기들을 배포할 수 있다. 힐러리는 (출처가 크렘린이란 걸 추적할 수 없는) 이런 이야기들을 무시하거나 부정할지도 모른다. 하지만 푸틴이 힐러리의 이메일을 가지고 있다는 단순한 생각만으로도 이야기에 필요한 신뢰성은 부여될 것이다.

푸틴의 포섭 방식에 대한 전문적 평가

푸틴의 콤프로마트 전략과 포섭 전략은 너무나도 잘 짜여져 있고 너무나 분명한 FSB/KGB 스타일의 정치전 작전이어서 미국 정보국 요원들은 그것을 금방 알아챘다. 국가정보국 국장 제임스 클래퍼와 CIA 국장 존 브레넌을 포함한 현직 요원들은 출처와 정보원에 대해 비밀유지 서약을 했기 때문에 DNC 해킹에 대한 직접적인 논의는 하고 있지 않다.

전직 CIA 부국장이자 국장 대리 마이클 모렐은 여섯 명(각 당으로부터 세 명씩)의 대통령을 위해 일했으며, 민주당과 공화당 둘 다에게 투표했다. 모렐은 33년 정보원 경력을 통틀어 정치 성향을 겉으로 드러내지 않았으며, 지금까지도 그렇게 유지하고 있다. 모렐은 트럼프 주위에서 벌어지는 러시아의 모든 "우연들"에 대해 비판적인 시각을 갖고 있다. 미국 정보기관의 "우연은 많은 계획을 필요로 한다."라는 발언을 되새겨 봐도 좋다. 트럼프의 우연들은 FSB의 칼과 방패의 흔적이 있는 것 같았다.

2016년 8월 모렐은 〈뉴욕타임스〉에 자신이 왜 이번 선거 동안에 더 이상 정치적으로 침묵하지 않을 것인지를 설명하는 논평을 실었는데, 트럼프와는 거의 관계가 없었으며 미국을 위협하는 첩보와 관련해서 전문적으로 평가하고 있었다.

••••

러시아의 푸틴 대통령은 개인의 약점을 파악하여 이용하도록 훈련된 정보 요원 이력이 있다. 푸틴이 예비선거 초기에 했던 것이 바로 그것이다. 푸틴은 트럼프를 칭찬함으로써 그의 약점을 이용했다. 트럼프는 푸틴이 계산한 그대로 반응했다[...] 첩보 분야에서는 푸틴이 트럼프를 러시아 연방의 무의식 공작원으로 포섭한 것이라고 말한다.[66]

5

럭키 7 작전:
대통령 당선을 위한
크렘린의 계획

어떻게 선거를 훔치는가?

도널드 트럼프를 미국 대통령으로 당선시키려면 러시아는 콤 프로마트 전략을 통해, 영향력을 미치거나 저지하고자 하는, 선택 된 사람이나 정당의 정당성을 약화시킬 필요가 있을 것이다. 만일 푸틴과 러시아 정보기관, 정보기관 소속 비밀 글로벌 해킹 집단 이 서구를 와해시키고, 나토를 해체시키고, 세계 질서를 재편하고 자 한다면 그들은 전략적 하이브리드전 계획을 마련할 필요가 있 을 것이다.

하이브리드전은 새로운 러시아 모델로 테러나 특수 작전, 전 면전을 수행하기 전에 전장 분석을 뒷받침하려는 러시아의 정보와 선전, 사이버 작전, 콤프로마트의 장점을 활용한 것이다. 이번 사 례에서 FSB는 민주당의 이메일과 자료들을 훔쳐 내어 미국 선거 에 영향을 미치고, 자료 출처가 FSB인 것을 알지 못하거나 관심도 없는 컷아웃[*]이라 불리는 제3의 대리인을 통해 선별적으로 자료를 공개하기 위해 사이버공간을 근거지로 한 전략적인 정치전 작전을 계획하는 임무를 맡았을 것이다.

전직 러시아 정보기관 국장인 푸틴은 이번 선거에서 도널드 트럼프를 당선시키는 것이 유럽연합과 나토의 분열은 물론이고, 미국을 와해시켜 경제에 타격을 줄 수 있는 가장 빠른 길이라 보고 있다. 트럼프의 당선을 시작으로 이런 일들이 발생하게 되면 러시아는 세계 3대 강국 중 가장 강한 나라가 되고 세상은 러시아가 주도하는 세계로 재편될 것이다.

럭키 7 작전 계획

이번 분석을 위해 러시아 작전을 럭키 7이라 칭하려고 한다. 7은 러시아의 국가 코드이다. 그처럼 거대한 정치전 작전을 성공적으로 이끌어 내려면 적어도 일곱 단계가 필요할 것이다. 그 숫

---

[*] 첩보 용어로 비밀 작전을 중개하는 대리인이다. 이 책에서는 비밀 정보를 훔쳐 낸 다음 실제 출처를 보호하기 위해 제삼자를 통해 노출하는 과정에서, 제삼자를 컷아웃이라고 했다.

자는 전 세계적으로 행운의 상징일 뿐만 아니라 러시아의 미신과
도 일치하며 러시아 정교회의 7가지 성사에 대한 도해 체계를 활
용한 것이기도 하다.

이 정도 수준의 작전을 수행하기 위해서는 과거 세계 어디에
서 행해졌던 것보다도 훨씬 더 큰 수준의 준비가 필요하다. 이 정
도로 거대한 정치적 사이버 임무는 러시아가 보유한 모든 사이버
와 첩보 무기가 필요하다. 이 임무는 처음에는 상당히 위압적인 것
처럼 보이겠지만, 훨씬 더 정교할 뿐 콤프로마트 스타일의 정치전
작전과 유사하다는 것을 곧 알 수 있다.

2011년 오바마 대통령은 백악관 출입기자단 만찬에서 트럼프
에게 굴욕감을 안겨 주었다. 트럼프처럼 강한 남자는 푸틴이 서독
에 침투시키려고 포섭했던 구동독의 학자들처럼 조심스럽게 다룰
필요가 있다. 그들은 모두 자기밖에 모르며 인정과 부를 갈망하고
있다는 공통점이 있다. 최고의 스파이대장인 푸틴의 머릿속에는
이 남자가 포섭되고, 다듬어지고, 조종될 수 있는 협력자가 될 것
이라는 생각이 번뜩였을 것이다. 포섭 대상으로 삼은 당초 목적이
무엇이었는지는 알 수 없다. 하지만 영향력 있고, 부유하며, 대중
에게 영감을 줄 수 있는 미국 허풍쟁이를 손에 넣어 나쁠 건 없을
것이다. 트럼프는 레슬링 엔터테인먼트계의 쇼맨이 되는 것을 즐

기는 인물로, 대중적으로 인기가 있는 쇼에서 러시아의 올리가르히처럼 행동하였다. FSB 스파이들이 푸틴을 위해 자신들의 기술로 이런 인간을 호감형으로 바꾸어 놓는 것은 특히 매력적인 일이었을 것이다. 이런 사람이 백악관에 있다면 그야말로 대단히 유용할 것이다. 그러나 그렇게 되려면 상당히 많은 작업과 관심, 먹이가 필요하다. 우선 트럼프가 러시아를 편안하게 느낄 필요가 있을 것이다. 이를 위해 MICE 포섭 전략의 첫 번째 단어이자, 트럼프가 특히 약한 그것이 눈앞에서 어른거리도록 해야 하는데, 바로 돈이다. FSB가 러시아에서 돈을 벌고 싶어 하는 억만장자를 크렘린 내의 억만장자와 만날 수 있도록 주선해 주는 것은 아주 쉬운 일이다. 모든 첩보 작전과 마찬가지로, 최고 스파이가 작전 진행 여부를 결정하게 되는데, 이번 일은 너무나 쉬울 것으로 예상되어 푸틴은 "해보지 뭐."라고 생각했을 것이다.

럭키 7 작전을 위한 크렘린의 전략적 목표

푸틴이 제시한 목적을 달성하기 위해 FSB의 SVR 비밀 작전 요원들이 할 첫 번째 목표는 선택된 후보자를 미국 언론들이 좋아하는 위치로 올려놓는 것이다. 러시아는 상대방 정책의 결점을 미리 파악하기 위해 국가 소유의 글로벌 매체를 활용하여 전략적 정보들을 손쉽게 수집할 수 있다. 게다가 힐러리 측의 상대편 정치인 뒷조사 자료를 확보하는 것이 최우선으로 해야 할 일이 될 것이다. 이 조사 자료는 상대방의 관점에서 후보자를 바라볼 수 있도록 해줄 뿐만 아니라 선호하는 후보자가 모스크바의 목표에 적합한지를 전반적으로 평가하는 데에 도움이 될 수 있을 것이다. 전직 스파이에게, 모든 정보는 좋은 정보이다. 다른 공화당이나 민주당으로부터 얻은 정보는 럭키 7 작전의 전략을 수정하고 필요하다면 새로운 책략들을 효율적으로 이용하는 데 도움이 될 수 있다. 러시아와 이해관계가 매우 높을 때는 크렘린의 목표를 달성하는 데 도움이 되는 모든 차원의 정치적, 첩보적 지식은 가치가 있을 것이다. 트럼프가 푸틴과 크렘린에 대해 입에 침이 마르도록 칭찬을 퍼부은 것이 겉으로 보기에 순수해 보일지 모르지만 그의 모든 발언과 긍정적인 논평은 스파이대장과 럭키 7 작전 팀에게 러시아의 목표를 현재는 물론, 잠재적으로 미래까지 미국 정책을 지배하는 방향으로 설정하도록 해줄 것이다.

목표: 힐러리 클린턴과 오바마에게 해를 입혀라. 그리고 가능하다면 힐러리가 선거에서 패배하도록 하라

푸틴은 트럼프가 그들의 공통의 적인 힐러리 클린턴과 더 나아가 버락 오바마 대통령의 정책을 공격하는 사람이 되도록 밀어붙일 분명한 동기를 가지고 있을 것이다. 트럼프의 스파이인 플린 장군은 푸틴이 미국의 지도자를 존경하지 않으며, 그런 무시하는 태도에 걸맞게 정책을 변경했던 것으로 인식했다고 하였다. 푸틴은 트럼프를 조종하기 위해 잘 연마된 정치전과 정보전 조직을 이용할 것이고 이는 잘 될 것이다.

트럼프 캠프를 비난하는 사람들을 공격하기 위해 러시아 글로벌 매체와 정보전 조직을 활용하는 것이 첫 번째 단계가 될 것이며, 푸틴의 정책에 있어 힐러리 클린턴보다 더 큰 위협적인 존재는 없다. 럭키 7 작전의 목표는 힐러리의 내부 정보를 가능한 한 많이 훔치고 전면적인 콤프로마트 작전으로 힐러리를 쳐서 그녀의 선거운동에 피해를 주는 데 있다. 따라서 러시아 사이버전 정보 작전국은 모든 노력을 집중할 것이다. 만일 자료가 존재한다면 신중하게 배포될 것이고, 없다면 FSB의 위조 전문가가 무엇이든 만들어 낼 것이다.

힐러리와 푸틴 사이의 뿌리 깊은 사적 적대감은 오래되고 지저분하지만 그들 사이에 있었던 몇몇 사건들은 주목할 만하다. 2014년 3월 전직 국무장관 힐러리는 "소년·소녀 클럽(Boys and Girls Club)" 연례 모금행사에서 푸틴의 크림반도 점령 행위를 히틀러와 나치의 행위와 비교하는 연설을 하였다.

••••

자, 이것이 왠지 익숙하게 들린다면, 그것이 과거 30년대에 히틀러가 저질렀던 것이기 때문입니다[...] 히틀러는 독일인, 체코슬로바키아와 루마니아 등지에서 살았던 조상을 둔 독일인 등 모든 독일인이 정당하게 대접받지 못한다고 말해 왔습니다. 내가 가서 내 민족을 보호해야 한다는 그의 말, 바로 그것이 모두를 불안하게 만든 것입니다.[1]

푸틴은 힐러리의 발언에 대해 2014년 3월 4일 프랑스 TV에서 응수했다. 성차별주의와 경멸을 담아 힐러리의 비판이 여성스럽지 않았다고 주장했다.

••••

여성과는 언쟁을 안 하는 편이 낫습니다[...] 하지만 힐러리는 연설할 때 한 번도 우아했던 적이 없습니다. 그래도 그 후에 우리는 늘 만났고 다양한 국제 사건에 대해 친밀하게 대화를 나누었죠. 우리는 이번 일에서도 합의에 도달할 수 있을 거라 생각합니다. 사람들이 지나치게 밀어붙일 때는 자신들이 강하기 때문이 아니라 약하기 때문입니다. 그러나 그렇다고 연약함이 여성이 지닌 최악의 자질은 아닐 겁니다.[2]

힐러리는 이에 대해 아무런 대응을 하지 않았다. 힐러리는 분명 푸틴의 번호를 가지고 있었으며, CNN의 마샤 게센이 "푸틴은 스스로 말을 노골적으로 하며 칼싸움뿐만 아니라 말싸움도 하는 사람이라고 본다. 그리고 사실 러시아 사람들도 푸틴을 그런 사람으로 보고 있다."라고 말했을 때 게센이 강조한 것이 무엇인지 잘 알고 있었다.[3]

그래서 힐러리는 러시아 여성들도 이해할 수 있는 말장난으로 싸움을 걸었다.

"그는 개인적으로 무슨 생각을 하고 있는지 읽어 내기가 쉽지 않은 사람이에요. 그는 늘 자신에게 득이 될 만한 것들을 찾고 있어요. 그래서 그는 당신을 불편하게 만들려고 할 겁니다. 심지어 당신을 모욕할 수도 있어요. 따분하고 오만해 보이기도 할 거예요. 그는 이 모든 걸 다 할 겁니다."

"나는 이렇게 행동하는 사람들을 많이 만나 봤어요. 초등학교에 가보세요. 난 이런 모든 행동을 보아 왔기 때문에 별로 놀랍지가 않네요."[4]

목표: 후보자는 나토동맹을 깨고 재정비하도록 밀어붙여야 한다

〈포린어페어〉에 기고하는 리온 아론은 푸틴 독트린은 공산주의 독트린이 아닌 현대적인 러시아 규범을 지닌 소비에트 연방을 재설립하는 것이라고 믿는다.[5] 아론은 2000년 푸틴이 선출된 이후의 러시아 연방이 동부 유럽에서의 헤게모니와 우위를 유지하기 위해 군사적, 정치적, 경제적인 힘을 모든 면에서 활용하는 세계적 초강국으로서 계속 남아 있겠다는 목표를 설정했다고 본다.

러시아는 6년마다 전략적 정책을 평가하고 이끌기 위한 전략문서를 작성한다. 2015년 말에 러시아는 2020년까지의 러시아 연방의 국가 보안 전략을 제출했다. 이 문서는 러시아가 직면하고 있는 국방, 외교, 지정학적 난제의 위험요소뿐만 아니라 내부 안보와 문화, 경제적 위험요소까지 반영하고 있다는 점에서 다차원적인 성격을 띤다. 첫 번째로 중요한 사실은 러시아는 무엇보다도 미국과 나토를 러시아의 세계적 지위에 대한 위협으로 보고 있다는 것이다.[6]

푸틴이 지배하는 러시아에서 안보란 단지 군사적 기량의 문제만이 아니다. 그것은 푸틴 자신과 포스트 소비에트 세계에서 얻어 내려는 지위를 반영한 것이다. 러시아에 대한 푸틴의 비전은 적들로부터 다시 한번 존중받고 또 유지해야만 하는 국가로 본다. 새로운 러시아의 국가적 지위와 이에 대한 깊은 자긍심은 푸틴이 대통령으로 선출된 이후로 일관된 주제가 되어 왔다. 때문에 이에 거스르는 것은 어떤 것이든 안보에 대한 위협으로 간주한다. 비록 러시아가 경제적 지위를 상실하고, 국방이 약하다거나 자신의 운명을 지배하고 있지 못하다는 느낌이 있더라도 말이다.

만일 푸틴이 2000년 이후로 어떻게 통치를 해왔는지를 살펴본다면, 거의 모든 결정이 러시아의 국제적 지위를 획득하고 세계에 대한 러시아의 우위가 높아지고 있음을 강조하기 위해 이루어진 것임을 알 수 있다. 러시아의 위상을 강화할 수 있는 것이라면 어떤 것이든 빠르게 채택된다. 푸틴은 외교 정책과 경제적 협상, 군사적 사건에서, 러시아 국민들에게 자신이 위대한 러시아를 만들어 가고 있다는 것을 보여줄 수 있는 경우에는 공격적인 태도를 취했다.

러시아가 비유도 중력탄을 알레포에 무차별 투하하기 위해 비교적 구식인 Tu-22m 백파이어 제트 폭격기를 남부 러시아 엥겔스에 있는 군부대로부터 띄우는 것은 동맹국과 적대국, 러시아 국민들의 관심을 끌려는 전략적 목표 때문이다. 군의 이러한 공습 임무가 무고한 민간인들을 죽이는 것 말고는 전쟁에 아무런 영향을 미치지 못할지라도, 러시아 텔레비전에서는 그럴싸하게 보인다.

민족주의적인 러시아 자주국방에 대한 열망이 항상 러시아의 국방 정책의 기본은 아니었다. 2004년 조지아를 침공할 때까지 러시아는 국방 목표를 다양한 하위 기관들을 거쳐 결국 나토 쪽으로 집중하고 있었다. 1949년 4월에 설립된 북대서양조약기구(나토, NATO)는 가맹국들을 위한 집단방위 시스템을 만들기 위해 28개국 간에 체결된 군사 동맹이다. 러시아는 1991년에 북대서양협력위원회, 1994년 평화를 위한 동반자 관계 프로그램에 가입할 당시에는 동맹에 기울어져 있었다. 이것은 형식적 토대를 제공하는 1997년 나토-러시아 헌법 제정에서 절정에 달했으며, 2002년 나토-러시아 위원회(NRC)는 안보 문제에 대한 협의를 목적으로 출범하여 보다 직접적인 협력을 끌어냈다. 공식적인 나토-러시아 위원회 회의와 몇몇 분야에서의 협력은 2008년 8월 조지아에 대한 러시아의 군사적 행동 때문에 중단되었다. 토크쇼 호스트 찰리 로즈는 당시 상황을 다음과 같이 요약했다.

• • • •

나는 블라디미르 푸틴이 자신이 겪었던 경험들로 인해 나토가

러시아의 국경에 주둔하고 있는 것을 정말로 두려워했다고 생각한다. 푸틴은 언제나 그랬다. 러시아는 조지아 때에도 그랬고, 우크라이나 때에도 그랬다. 푸틴은 아마도 만일 우크라이나 정부가 서구에 기대게 되는 걸 우려할 것이고, 그것은 나토 회원국의 생각을 한번 더 인정하게 되는 것일지도 모르는데, 이는 아마도 푸틴이 가장 싫어하는 것이라고 본다.[7]

안나 바실리에바는 푸틴의 통치하에 러시아는 근본적으로 변화하고 있다는 사실에 주목했다. "러시아인들은 먼로 독트린에 상당하는 권리와 국내 정치에 대한 외국의 정치적 불간섭 권리가 있다고 느낀다."[8] 2015년 상트페테르부르크 국제 경제 포럼에서 푸틴은 크림반도와 더 나아가 조지아와 우크라이나에서의 위기가 나토 때문이라고 비난했다. 왜냐하면 푸틴이 자신의 영역이라고 생각하는 것을 나토가 영토 확장이라고 강조하였기 때문이다. 푸틴은 이렇게 말했다.

••••
우크라이나에 왜 위기가 있는가? 양극체제가 잊혀지고, 소비에트 연방이 붕괴된 이후, 우리의 특정 서구 파트너들, 특히 미국은 희열감에 빠져, 새로운 상황, 즉 좋은 이웃으로서의 동

반자 관계를 만들려고 하는 대신, 새로 생긴 공짜—글쎄, 그들
의 입장에서는 공짜이겠지만—지정학적 장소들을 탐험하길 시
작하였다. 그리고 그것이 우리가 나토가 동쪽으로 확장하려는
것을 목격하게 된 까닭이다.[9]

린지 그레이엄 상원의원과 존 매케인 상원의원은 러시아의 영
토에 대한 공격적인 지배를 강하게 반대하고 있는 공화당원들 중
하나다. 나토—러시아 위원회 산하의 모든 군·민 간의 협력은 러시
아—우크라이나 갈등 이후 2014년 4월 중단되었다. 나토의 입장은
다음과 같다. "동맹국들은 러시아가 압하지야와 남오세티야의 조
지아 지역을 독립국으로 인정할 것을 계속해서 요구하고 있다."[10]

2014년 9월 웨일즈 정상회의에서 나토 지도자들은 러시아에
게 국제법에 따라 크림반도에 대한 불법적인 "합병"을 종식시킬 것
을 요구하며, 우크라이나에 대한 러시아의 침공을 비난했다. 러시
아는 버락 오바마 대통령의 경고를 실질적으로 무시하며 크림반
도를 침략하여 무장 점령한 지 30일 만에 합병했다. 푸틴의 통치
하에 러시아는 또한 분리주의자 집단들을 지원했다. 나토는 나토
의 접경 지역에서 러시아의 군사적 행동이 증가하고 있는 것을 면
밀히 관찰하고 있으면서, 베어(러시아)가 공격적으로 새롭게 으르

렁거리며 유럽-대서양의 안보와 안정에 위협이 될 것으로 인식하였다.

러시아가 크림반도를 점령함에 따라 오바마 대통령은 2014년 3월과 12월 러시아와 크림반도에 대한 경제 제재를 발표했다. BBC에 따르면 오바마 대통령은 "그 행정 명령은 그 지역에서 사업하고 있는 미국 회사들에게 투명성을 제공하여 미국이 크림반도에 대한 러시아의 점령과 합병시도를 수용하지 않을 것을 재확인하려는 것이다."[11] 유럽연합도 곧 뒤따랐다.[12] 다양한 제재 조치에 대해 러시아는 그런 조치들이 "의미 없고, 부끄러우며, 혐오스럽다."고 했다. 러시아는 북미와 노르웨이, 오스트레일리아, 유럽연합으로의 농산물 수출을 금지하는 자신만의 제재 조치를 취하였으며, 2015년 7월 제재 조치를 확장하였다.

트럼프는 러시아에 대한 제재 조치를 용납하지 않고 있었다. 트럼프로서는 만일 그 정책이 러시아에게 영향을 미치고, 오바마 대통령이나 1947년 이후 그 문제와 관련된 모든 대통령에 의해 수행된 것이라면, 러시아에 대한 제재 조치를 없애길 원했다. 〈뉴욕타임스〉와 가진 폭넓은 인터뷰에서 트럼프는 70년 동안 유지되어 온 나토동맹에 중요한 변화를 목격하였다고 언급했다. 그는 만일 러시아가 나토 회원국 중 어떤 나라라도 공격한다면, 그들에게 도움을 주러 가기 전에 "미국을 위한 그들의 의무를 다하였는가?"에 대해 먼저 자문하고 결정할 것이라고 말했다.[13] 트럼프는 미국의 정치에서 듣지도 보지도 못했던 부당 취득에 대한 정책을 제시하였다.

• • • •

만일 우리가 다른 나라들을 보호하는 데 들어간 막대한 양의 군사 비용을 제대로 변제받을 수 없다면, 그리고 많은 경우 내가 말한 나라들은 대단히 부유하다. 만일 그렇다면 우리는 거래를 할 수가 없다. 하지만 나는 거래를 할 수 있을 거라 믿으며, 그렇게 될 수 있기를 바란다. 하지만 만일 우리가 거래할 수 없다면 나는 여러분이 그렇게 될 수 있기를 바란다고 말했으면 좋겠다. 어떤 사람들, 즉 바보나 비방하는 자들은 말했다. "오, 트럼프는 여러분을 보호하고 싶어 하지 않아요."라고. 나는 우리가 계속해서 보호할 수 있게 되길 바란다. 하지만 만일 우리가 막대한 부를 지닌 거대 국가들을 보호하는 데 들어간 어마어마한 비용을 합리적으로 변제받지 못할 거라면, 나는 그런 나라들에게 이렇게 얘기할 준비가 분명히 되어 있을 것이다. "축하합니다. 이제 당신 스스로 방어하면 되겠습니다."[14]

이와 같은 트럼프의 주장은 전 유럽에 걸쳐 경각심을 일깨웠으며 세계적으로 미국 대통령 후보자의 신뢰도에 즉각 손상을 입혔는데, 단 러시아는 예외였다.

목표: 러시아계 지역들을 지지하거나 본국으로 송환하라

히틀러와 마찬가지로, 푸틴은 포스트 소비에트의 형태를, 이전 소비에트 국가들 내에 있는 러시아 민족이라는 맹렬한 민족주의를 위해 이용한다. 민족주의에 대한 끝없는 집착으로 푸틴과 그의 정보기관들은 러시아계 사람들에게 자금을 대어 러시아 군대가 잃어버렸던 영토를 장악할 수 있도록 선동한다. 이것이 효력을 발휘하려면, 해외정보국(SVR)과 군사정보국(GRU)이 은밀히 자금을 대어 해당 지역 내 대중들의 정치적 지지를 모아, 러시아계를 "보호"하라는 대중들의 항의를 만들어 가는 것이 필요하다. 이는 과거 소비에트 위성국가였으나, 현재 나토와 끈끈한 동맹을 맺고 있는 나라들에서 특히 극심한 상황이다.

히틀러는 1938년에 유사한 전략을 구사한 바 있는데, 당시 히틀러는 독일인들을 설득하여 전통적인 독일어를 사용하는 당시 체코슬로바키아였던 지역인 수데텐란트 합병을 승인받아 냈다. 히틀러는 자신이 불쌍한 독일계라고 간주했던 사람들을 위대한 독일제국으로 송환할 수 있도록 독일 국민들을 결집시킨 엄청난 힘을 보았다. 푸틴은 동유럽에서의 정치적 작전을 정당화하기 위해 이와 같은 종족 "구출" 전략을 채택하였는데, 대체로 이 전략은 돈과 불법 무기를 주입하여 러시아 정당들을 만들어 내는 것으로 시간이 오래 걸리는 과정이었다. 그렇게 만들어진 러시아 정당들이 SVR의 도움으로 대중 폭동을 형성하기를 기다린 다음 러시아계인들이 위험에 처해 있다는 것을 외교적으로 크게 항의한다. 힐러리는 푸틴이 "자신의 임무가 위대한 러시아를 재건하는 것이라고 믿고 있다[...] 푸틴은 우크라이나를 본질적으로 마더 러시아의 일부라고 믿는다."고 말했다.[15]

트럼프 자신도 푸틴의 계획에 대해 인지하고 있었지만, 대부분의 미국인과는 달리 환호했다. 2011년 트럼프가 쓴 《트럼프, 강한 미국을 꿈꾸다(Time to get tough)》라는 책에서 "푸틴은 러시아에 대해 위대한 계획을 갖고 있다. 그는 러시아가 모든 유럽에 대한 석유 공급을 지배할 수 있도록 러시아 이웃들을 몰아내 국경을 넓히고자 한다. 나는 푸틴과 러시아를 존중하지만 우리나라의 리더인 오바마가 러시아가 그렇게 많은 것을 얻어 가도록 내버려 둔 것이 놀랍다. 러시아인들에게 경의를 표한다."라고 트럼프는 자세히 기술하였다.[16]

목표: 특히 미국이 우크라이나에 간섭하지 못하게 하라

우크라이나와 발트 3국에서 헤게모니를 장악하기 위해 푸틴은 나토의 우선순위를 전면 재조정할 것을 요구할 것이다. 만일 미국이 발트 국가들의 나토 조약 제5조에 대한 요구에 응하는 것이 자국에게 이롭지 않음을 납득하게 될 수 있다면 러시아에게는 굉장히 유리할 것이다. 제5조는 어느 한 나라가 공격을 당한다면 모든 회원국이 군사적으로 대응할 것을 요구하고 있는데, 이 조항은 9.11 공격 이후 미국에 의해 딱 한 번 발동된 적이 있다. 미국인들이 어떻게 나토를 버릴 수 있겠는가? 나토를 만든 것이 미국인들이다. 오직 같은 관점을 공유하거나 푸틴의 욕망과 연합하는 대통령만이 그와 같은 배신을 고려해 보기라도 할 수 있을 텐데, 분명한 것은 존 매케인 상원의원과 린지 그레이엄 상원의원이 이끄는 보수적인 미국 공화당의 후보는 아니라는 것이다. 왜냐하면 그들은 매파들이기 때문이다.

우크라이나 문제가 모스크바에게는 타협할 수 없는 레드 라인이라고 널리 알려져 있다. 이것이 왜 푸틴과 그의 대리인들이 자신들의 이익을 증진할 수 있는 미국인들을 고용하여 배치시키려는 노력을 심각하게 했는지를 설명해 줄 수 있을 것 같다. 베테랑 저널리스트인 마빈 카브는 서구의 국가안보 전문가들이 푸틴에게 있어 동유럽은 러시아의 세력권이거나 "러시아의 뒷마당"이라는 견해를 가지고 있음을 지적한다.[17] 몬트레이에 있는 미들베리 국제대학원(NIIS)의 안나 바실리에바는 NBC 뉴스에서 "우크라이나는 중요한 이슈이며[...] 푸틴이 타협하지 않을 레드 라인이다."라고 말했다.[18]

힐러리의 말이 푸틴에게 두려운 마음을 가지게 한 것이 분명하다. 왜냐하면 그것이 푸틴을 앞으로 어떻게 다루어야 할지에 대한 서구의 입장을 압축해 놓은 것이기 때문이다.

• • • •

나는 우리가 크림반도의 합병과 우크라이나의 계속되는 불안정한 상황에 대응하여 보다 적극적인 행동을 취하기를 바라는 사람 중 하나다[...] 나는 우크라이나의 국경 수비를 돕기 위해 우리가 더 노력해야 한다고 생각한다. 우크라이나에게 새로운 장비를 제공하고 새로운 훈련을 해야 한다. 미국과 나토는 그렇게 하는 것을 대단히 꺼려 왔는데, 충분히 이해한다. 그것은 대단히 불편하고 잠재적으로 위험한 상황이기 때문이다. 하지만 나는 우크라이나군과 분리주의자들에 맞서 싸워 온 우크라이나 시민들이 훨씬 더 많은 지지를 받을 자격이 있음을 증명했다고 생각한다.[19]

힐러리의 선언은 푸틴이 그녀의 세계관에 대한 대안을 찾아내도록 만드는 원동력이 되었을 것이다. 그리고 놀랍게도 겉보기에는 뜬금없이 미국에서 자신과 똑같이 믿는 한 사람을 찾아내 그와 협력하게 되었는데, 그가 바로 도널드 트럼프이다. 트럼프 자신도 나토는 진부하며 해체되어야만 하고, 크림반도는 러시아에 돌려주어야 하며, 미국은 고립주의 외교 정책을 채택해야만 한다고 믿었다. 그러는 사이 동맹에 따른 재정적 분담금을 지불하지 않은 나토 회원국들이 군사적 위기를 겪게 된다면 그 나라들은 무시될 것이다. 러시아가 미국의 주요 정당 후보자가 스스로 새로운 러시아의 세계관을 공개적으로 지지할 것을 알아낼 만큼 운이 좋을 수 있을 거라고 누가 생각이라도 했겠는가? 누가 잠재적인 미국 대통령이 미국이 나토의 임무를 본질적으로 회원국들을 강탈하는 폭력단의 공갈 행위로 변질시킬 것을 암시할 것이라는 걸 꿈이라도 꾸었겠는가? 미국 유권자의 40퍼센트가 중대한 이권이 걸린 국제적인 공갈 행위를 간접적으로 승인하였다.

나토에 대한 트럼프의 입장 역시 냉전이 시작된 이래로 강경했던 공화당의 입장과는 거리가 먼 아이디어와 개념을 공론화하면서 크렘린의 전략적 정치 목표를 충족시킬 수 있다. 공화당에게 나토는 곧 미국이었다. 트럼프가 등장할 때까지 그와 같은 동맹에 있어 군사적 또는 재정적 실행 가능성과 관련하여 미국의 입장에 대해 어떤 논의도 이루어진 적이 없었다. 잠재적인 미국 대통령이 동맹의 필요성에 대해 이의를 제기하는 입장을 실제로 밝힌 것은 상상도 할 수 없는 일이었다.

트럼프가 크림반도에 대해서는 더 이상 상관하지 않을 것을 푸틴에게 사실상 보증을 해준 것은 대단히 심각한 문제였다. 하지만, 한편으로 트럼프가 우크라이나 위기의 진행 상황을 이해하지 못하는 것 같았기 때문에 그를 푸틴의 최고의 대리인으로 볼 수는 없을 것 같다. 조지 스테파노폴로스와의 인터뷰에서 트럼프는 "그는 우크라이나로 들어가지 않을 거예요. 자, 당신은 그렇게 이해하면 됩니다. 그는 우크라이나로 들어가지 않을 거예요. 알았어요? 표시해 놓으세요. 적어 놓아도 돼요. 원한다면 어디든지 가서 얘기해도 돼요."

"글쎄요, 푸틴은 이미 우크라이나에 있지 않나요?"라고 스테파노폴로스는 2014년 초기 우크라이나로부터 푸틴이 빼앗은 크림반도를 언급하며 응수했다.

트럼프가 대답하기를, "좋아요, 그럼 어떤 면에서 보면 푸틴은 거기 있네요. 하지만 나는 거기 없어요."[20]

만일 나토가 조지아나 우크라이나, 크림반도를 구하러 가지 않는다면, 나토의 발트 공화국에 대한 모스크바의 침공을 정당화하거나 심지어 해명하는 데에 도널드 트럼프 행정부가 이용될 수 있다. 푸틴에게 있어 이러한 정책들을 지지하는 주요 정당의 후보를 백악관으로 보내는 것은 분명 꿈이 실현되는 것임이 틀림없다.

럭키 7: 정보전 관리 팀

러시아는 스파이대장이 수도하는 목표를 달성하기 위해 크렘린 소속 직원이나 SVR, GRU, FSB 등 모든 국가 선전기관에 임무를 부여할 필요가 있을 것이다. 우리는 럭키 7과 같은 작전이 어떻게 시작되었는가에 대한 실질적인 논의를 전혀 알지는 못하겠지만, 푸틴이 그의 본능과 더불어 측근들과 스파이들로부터 얻은 정보를 이용하여 사실상 아무도 2012년에 보고 있지 않았던 도널드 트럼프 안의 무언가를 살펴보는 상황에서 나온 것은 틀림없다.

일단 후보자가 대통령과 올리가르히 내의 협력자들이 있는 사무실에서 긍정적으로 다루어지면, 정보기관은 정보전 관리 팀을 조직할 것이다. 럭키 7 임무를 공동으로 수행할 조직은 이처럼 민감한 임무를 가장 잘 지원할 방법에 대해 크렘린에 직접 보고하고 자문할 필요가 있을 것이다. 각 기관의 직원들이 FSB, GRU와는 구분되긴 하겠지만 그와 같은 작전에는 절대적으로 합동 정보 작전실이 필요할 것이다.

비밀 장소의 가운데에 위치한 IWMC는 각 기관의 전문가들이 모일 수 있는 중추가 될 것이다. 자료의 수집과 배포가 뉴스 흐름에 재빨리 영향을 주는 데 필요할 것이며, 국영 언론의 지원을 받을 것이고, 푸틴의 직접적 공식적인 언급을 통하거나, 간접적으로는 특별 임무를 띤 고위 SVR 요원들을 통해 그들의 후보자에게 제보와 자문을 하는 데 필요하게 될 것이다.

푸틴 자신과 참모장, SVR 국장들만이 대통령이 바라는 결과물이 무엇인지를 알고 있는 유일한 고위급 간부일 것이다. 과거 전략적 정보 임무를 근거로 오직 소수의, 아마도 대여섯 명을 넘지 않는 작전 요원들만이 이 정도 정치적 규모의 임무를 관리하도록 배치될 것이다. 작업의 은밀한 성격을 고려해 볼 때, 이들은 FSB 내에서 가장 신뢰받는 정보 요원들, 즉 푸틴을 위해 개인적으로 일하는 요원들일 것이다.

IWMC의 총지휘관이 전체 임무를 지휘하게 될 것이다. 총지휘관에게는 휴민트와 사이버를 작전에 무리 없이 통합시키기 위해 러시아판 NSA라고 할 수 있는 러시아특별커뮤니케이션및정보국(SCISR, Special Communications and Information Service of Russia) 출신 하급 행정 요원이 배속될 것이다. FSB에는 IWMC에 대한 SVR의 기여를 감독하는 상급 관리자가 있을 것이다. FSB-SCISR 사이버전 요원은 SVR의 팬시 베어 사이버 해킹 팀을 담당할 것이며, 두 번째 요원은 GRU의 코지 베어 사이버 특공대를 대안 팀으로, 가끔은 유사한 수집팀으로 활용하게 될 것이다. 과학 및 기술국 출신인 세 번째 사이버전 요원은 흑색선전지원 팀을 운영하는 작전 담당자가 될 것이다. 필요하면 네 번째 연락 요원이 러시아 마피아가 운영하는 크리미널 베어로부터 임무를 수행하고 자료를 수집할 수 있다. 크렘린 수준에서 국가 언론과의 모든 접촉과 대통령 성명은 러시아 외무부가 관리하게 될 것이다.

그들의 후보를 관리하기 위한 행동들과 기회들에 대해 대통령에게 권고하기 위해, SVR의 정치 활동부서는 SVR과 GRU 내에서 가장 뛰어난 현장 요원 서너 명을 배치했을 것이다. 그들은 프로그램에 입력되어 IWMC로 격리될 것이다. 이 요원들은 자기가 스파이인 줄 모르는 자들을 그들의 의사와는 상관없이 적극적인 스파이로 변신시키는 데 있어 검증된 실적을 보유해야만 할 것이다. 임무의 성격상 이 요원들은 미국에서 신분을 위장하고 비밀 작전을 수행하는 첩보원인 일명 "일리걸"로 활동한 경험이 있고 미국식 영어에 능통할 필요가 있으며, 비즈니스와 정치 과정을 모두 이해해야만 할 것이다. 아마도 한 명의 정치전 자문이 이 임무의 모든 내용을 이해하고, 임무의 타깃을 멀리서 평가하여, 팀의 작전 담당자들에게 전체 진행 과정의 매일매일의 결과에 관련하여 자문하게 될 것이다. 다른 요원들이 필요한 일들이 생길 경우, 그들에게는 IWMC 직원들과는 분리된 임무가 부여될 것이다.

럭키 7 작전 단계들

우호적인 미국 행정부가 선출될 때까지 이 모든 목표는 그림의 떡일 것이다. 그 어떤 것도 아무런 위험 없이 진행될 수 없을 것이며, 이 작전을 착수시킬 때가 모든 작전 가운데 위험이 가장 덜한 단계일 것이다. 딱 알맞은 사람이 대통령에 출마하였고, 가까운 협력자가 관리하고 있으며, 그의 외교정책 및 정보담당은 글자 그대로 크렘린의 〈러시아투데이〉 급여대상자 명단에 있었다.

1단계: 접촉하고, 친구가 되고, 정보원을 격려해 주어라.

2단계: 정보원이 러시아에 신세를 진 것처럼 느끼게 만들어라.

3단계: 은밀한 사이버 첩보 준비 전장을 수행하라.

4단계: 정치적 전장을 마련하라.

5단계: 정치 및 선전을 후원할 방법을 개발하고 유지하라.

6단계: 콤프로마트 정보를 퍼뜨리기 위해 컷아웃 정보원에게 자금을 대고 조종하라.

7단계: 콤프로마트 작전을 실행하라.

1단계부터 4단계까지는 이미 진행되었다. 5단계는 가장 쉬울 것이다. 힐러리를 국제적으로 비난하고 트럼프에 대한 지지를 은밀히 드러내기 위해 〈러시아투데이〉 TV를 이용함으로써, 푸틴은 트럼프가 자신과 러시아와의 연계가 미국에게 좋은 일이라고 과장해서 선전할 수 있도록 해왔다.

트럼프와 그의 대리인들 역시 푸틴이 오바마를 존경하지 않으며, 러시아는 힐러리가 2011년과 2013년에 러시아에서 정치적 시위가 시작되도록 협조했기 때문에 "사기꾼" 힐러리를 좋아하지 않는다고 외치고, 반러시아계 미국인들에게 푸틴이 ISIS와의 전쟁에서 도움이 될 동맹자임을 확신시킴으로써 크렘린을 도왔다. 그것은 아주 절묘한 행동이었다. 만일 스파이를 통해 그런 일을 꾸몄다면, 실행을 위해 상당한 계획과 정확성이 필요한 작전이었을 것이나, 그 일은 한 축제의 호객꾼에 의해 실행되었다. 그의 추종자들에게 트럼프는 "푸틴은 나를 존경하며 나와 협력하고자 할 것이다. 그는 힐러리와는 일하지 않을 것이다."라는 말을 성공적으로 지어냈으며, 추종자들은 그 말에 열광했다.

사이버 베어들 출격시키기

FSB의 사이버 베어 전략은 미국 민주당과 민주당 전국위원회, 민주당 하원선거위원회, 힐러리 클린턴 선거캠프, 기부자와 후원자들에 이르기까지 모든 조직으로부터 정치적으로 중요한 정보 자료를 훔치는 것이었다. 러시아 국방 정책에 대한 공화당의 적들 역시 작전에 지나치게 반대하는 경우엔 해킹의 대상이 될 필요가 있을 것이다. 위험을 회피하려는 정치인들의 입을 다물게 하는 작은 곁가지 행동들은 대개 노트북의 숨겨진 비밀 장소에서 발견되거나, 하드드라이브에서 삭제되었으나 한두 명의 사이버 베어들에 의해 여전히 복구 가능한 누드 사진들로 해결될 것이다.

KGB에서 훈련을 받은 옛날 요원들에게 정치적 및 사이버전 작전을 수행하는 것은 일생의 꿈이 될 것이다. 그것은 러시아를 세계에서 뛰어난 권력자로 재조정하기 위한 공간과 환경을 만들어 낼 것이다. 비록 푸틴을 아는 러시아인 대부분이 이것이 장기적인 계획이 될 것이라고 믿었지만, 자기도취적이고 비굴한 트럼프가 운 좋게 등장한 것은 푸틴의 동유럽 계획에 참견한 힐러리에 대한 오랜 증오와 결부되어 이번 작전을 미국에 심각한 손상을 입힐 수 있는 상당히 좋은 기회로 만들어 줄 것이다. 사이버공간에서 벌어지는 전쟁에서 승리하려면 "견해"나 "발언"을 통해 글로벌 인식에 영향을 미쳐 생산자가 바라는 인식의 "주체"로 만드는 것이 중요하다. 충분히 큰 컴퓨터 시스템과 비밀 요원들이 있는 조직이 바라는 것이 있다면 그들은 훔치고 비방하고 영향력을 행사할 수 있으며, 매체에 약간의 압박을 가해 미국 대통령으로 당선시키는 것도 분명 가능하다. 이것이 명백한 럭키 7 작전의 최종 임무이자 목표다. 사이버 베어로 하여금 힐러리 클린턴과 민주당에 대한 해가 될 만한 정보를 충분히 수집하여 미국 대중들의 마음에서 그들의 이미지를 손상시키도록 하라.

러시아 정보기관은 도널드 트럼프를 미국의 대통령으로 당선시키기 위해 어떤 노력도 아끼지 않을 것이다. 하지만 IWMC는 정보를 공개적으로 퍼뜨려야만 했다. 컷아웃이 발견될 수도 있겠지만, 정보기관은 자기만의 "전설"—작전 요원들의 정체를 보호하기 위해 위조된 배경을 뜻하는 스파이 용어—이 필요했다. 사이버 스파이들은 자신들만의 전설을 창조하여 이미 유명한 해커인 구시퍼에게 영광을 돌리기로 했다.

독보적이고 유일한 구시퍼는 진짜 이름이 마르셀 레헬 라자르인 루마니아 괴짜로, 조지 부시 시니어와 조지 부시, 콜린 파월, 힐러리의 오랜 친구인 시드니 블루멘탈 등이 공무에 사용하는 수십 개의 이메일 계정을 해킹한 후 루마니아에서 체포되어 미국으로 인도되었다. 그는 해킹 공격을 할 때 구시퍼라는 이름을 사용했다. 구시퍼는 힐러리 클린턴의 개인 서버를 해킹하는 데 성공했다고 주장했다. 그러나 개인 서버 이용이나 다른 범죄에 대해 힐러리를 기소하지 않기로 한 FBI의 결정에 대한 의원 청문회가 열리는 동안 블레이크 파렌솔드 하원의원이 FBI 국장 제임스 코미에게 서버를 뚫었다는 구시퍼의 진술에 신빙성이 있는 것인지 질문하였다. 코미는 그러한 걱정이나 위협이 있었을지는 모르겠으나, 구시퍼가 해킹에 대해 거짓말을 했으며 해킹이 발생했다는 어떤 흔적도 없었다고 명백히 진술했다.

소란과 혼란과 위해를 야기하기 위해 같은 이름으로 훔친 이메일들을 공개하는 것보다 더 좋은 방법이 있을까? 구글 검색을 하면 진짜 구시퍼의 이름이 늘 앞에 나옴으로써 혼란이 더 가중될 뿐이었다. 이것은 새로운 실체인 제2세대이므로, 그는 2.0 버전이어야만 들어맞는다. 그래서 구시퍼 2.0이 탄생하였다.

6

사이버 베어 전투

푸틴의 사이버 베어들

2016년 7월 말 DNC 해킹 뉴스가 헤드라인을 장식한 후, 두 집단이 관심의 대상으로 떠올랐다. 이들은 이미 러시아 정부의 적들로 인지된 자들을 상대로 거의 십 년 동안 공격을 해 오고 있던 상태였다. 이 두 러시아 해커들에게 미국 사이버보안 회사 크라우드스트라이크가 "팬시 베어"와 "코지 베어"라는 이름을 붙여주어, 세상에도 이 이름으로 두 집단이 알려지게 되었다. 이 익명들에게 "지능형 지속 위협" 또는 APT라는 이름의 해킹을 통한 협박 임무가 부여되었다. APT는 주어진 타깃에 대해 지속적으로 공격하려면 많은 자원과 정교함이 요구되는 작전이기 때문에 종종 국가 행위자들과 연관된다. APT에서 선택되는 공격 무기는 악성 소프트웨어인 멀웨어다. 멀웨어는 타깃 컴퓨터에 삽입될 수 있는 바이러스나 툴 같은 악의적인 컴퓨터 소프트웨어다. 2016년 8월 현재 사

---

* 공격자들이 기본적이고 단순하지만 통하는 기술을 지능적으로 적용해서 정교하게 위협한다. 공격자들은 성공할 때까지 시도하므로 현재까지는 안전했어도 미래 안전까지는 담보할 수 없다.

이버공간에는 백여 개의 APT가 적대적인 임무를 수행하고 있는 것으로 추정되고 있다. APT에는 국가 행위자, 사이버 범죄자, 핵티비스트(시위의 도구로 해킹을 이용하는 운동가들), 사이버 용병들에 의한 공격들이 포함된다.

사이버 베어는 러시아 정보기관, 민족주의 무장단체, 범죄 청부업자, 사이버전 부서, 그리고 이 집단들이 사이버전에서 사용하는 멀웨어 무기들의 복합체를 부르는 것이다. 크라우드스트라이크가 DNC 해커로 베어를 지목했기 때문에 불리게 된 사이버 베어는 에스토니아, 조지아, 리투아니아, 키르기스스탄, 크림반도, 우크라이나를 포함하여 러시아와 갈등을 겪고 있는 모든 나라에서 수없이 많은 해킹과 정치적 흑색선전 작전을 수행해 왔다. 코지 베어, 팬시 베어, 베노머스 베어는 러시아 정보기관이 주도한 것으로 추적되는 특정 사이버 감염 위협을 지칭하는 이름들인데, 반면, 크리미널 베어는 모든 러시아 범죄 해커들을 통칭하는 이름이다. 밀리시아 베어는 세상에 알려진 러시아 정보기관의 공격에 편승한 친러시아 민족주의자 해커들이다.

사이버 베어 무리의 공격은 러시아라는 오직 한 나라의 이익과 관련된 지정학적으로 긴박한 상황에서 상당히 자주 발생했다. 그것이 리투아니아나 에스토니아에서의 보복이었든, 조지아에서

의 데이터 블라인딩 작전이었든, 정부의 자신감을 떨어뜨리기 위
한 시도로 우크라이나에서 발전기 스위치를 꺼버리는 것이었든,
사이버 베어는 공격할 때 사이버보안 회사와 정보기관들이 조사할
수 있도록 많은 표시와 흔적을 남긴다.

사이버 베어가 행한 공격의 역사를 보면 컴퓨터 프로그램이
돌아가는 동안 재빨리 코드를 생성하며 타깃의 보안 환경에 적응
할 수 있는 첨단 능력을 보여주는데, 이는 공격 자체가 매우 복잡
하여 개개인의 공격자들은 유지할 수 없는 방식이다. 사이버 베어
는 사이버 절도와 인터넷 사기 작전뿐만 아니라 미국 국방부와 산
업계 컴퓨터에 수천 차례 침투를 시도했던 것으로 알려져 있다.

지능형 지속 위협

실체를 APT로 분류하는 주요 특징은 다음과 같다.

- **첨단:** APT를 위한 개발 기술에 있어 자체 툴 키트를 개발하
  고, 기존 고급 툴을 쉽게 사용할 수 있을 정도로 충분히 앞
  서 있다.

- **지속적**: 이 악마는 공격에 있어 목표 지향적이며 임무 완수를 위해 돌진한다. 이것이 특정 정보를 입수하라는 명령을 받은 국가 행위자임을 종종 암시한다.
- **위협**: 이 악마는 조직적이고, 자금을 지원받고 있으며, 동기가 있다. 이런 공격들을 저지르는 의도가 충분하다. 단순히 취약점을 찾으려고 누군가 어망 던지듯이 던진 것인 멀웨어*와는 달리, APT는 임무를 완수할 때까지 타깃에 집중한다.

APT는 실제로는 사람들로 이루어진 집단이 아니라 해커들이 사용하는 멀웨어 툴 키트를 의미한다. 멀웨어 샘플들을 검사하여 공격들의 메타데이터**와 연관시키면, 때로는 코드가 알려주지 못하는, 반대편에 있는 세상 사람들에 대해 많은 것을 알 수 있다. 멀웨어 키트가 컴파일***되었을 때를 면밀히 조사하면, 공격을 끌어

---

* 악성(malious) 소프트웨어(software)의 합성어로 사용자 몰래 시스템에 침입하거나 피해를 주려는 악의적인 목적의 실행 가능한 코드를 말한다.

** 원래 데이터의 속성을 설명해 주는 부가 데이터를 말한다. 예를 들어 HTML에서 원래 데이터인 제목이나 본문에 부가 데이터인 head나 body 태그를 붙이는데 브라우저에서는 원래 데이터만 보이고 컴퓨터는 부가 데이터인 메타데이터를 사용해 요구받은 동작을 수행한다.

*** 사람이 다루기 쉬운 고급 언어로 작성한 원시 프로그램을 컴퓨터가 실행하기 위한 기계어로 작성된 목적 프로그램으로 변환하는 행위를 말한다.

낸 개발 작전이 어디서 시작되었는지를 알아낼 수 있다. 러시아 해킹 집단이 만든 것으로 보이는 대부분의 툴 키트에 있는 디지털 메타데이터의 타임코드는 두 개의 동반구 시간대인 UTC+3이나 UTC+4 중 하나에서 일어나는데, 이는 동유럽이나 서러시아가 개발 지역일 가능성을 암시하는 것이다. 그리고 코드에 있는 태그들이 종종 "샌드웜" 집단과 같은 멀웨어에서만 발견되는 태그들과 유사함을 보여주는데, 샌드웜 공격은 프랭크 허버트의 저서 《듄 (Dune)》을 참고하여 코드가 짜였다는 것을 알아챈 사이버보안 회사에 의해 밝혀졌다.

범죄과학 수사관들은 이런 단서들을 조합하여 특정 감염 경로는 물론, 이름이 아니라 행동으로 자신을 드러낸 해커들의 개발 궤적 들을 알아낸다.

예를 들어, 반우크라이나 활동에만 거의 완전히 집중하는 친 러시아 핵티비스트 집단인 사이버 베르쿠트에는 자신들의 이데올로기뿐만 아니라 공격을 알리는 하위 집단들이 있다. 사이버 베르쿠트의 방법, 툴, 자취들을 공개적으로 검토할 수 있어서, 조사관들은 우크라이나를 넘어서는 목표를 갖고 있는 집단들의 추가 위협들을 조사하면서 사이버 베르쿠트가 알려진 공격들을 도왔음을 밝혀냈다. 코지 베어(일명 "듀크")로 알려진 APT29 멀웨어 세트의

경우도 마찬가지였다. 핀란드 사이버보안 회사 에프시큐어는 시간
이 흐르면서 개발과 개선 버전이 다양한 일련의 멀웨어 세트를 발
견했다.

예를 들면, 개인 러시아 해커 디미트로 올레크슉은 2007년 디
도스(DDoS, 분산 서비스 거부) 공격으로 네트워크를 폐쇄하기 위해
블랙에너지1이라 불리는 멀웨어 세트를 만들어 냈다. 이 멀웨어는
단일 IP 주소에 수백만 개의 이메일이나 데이터가 몰리게 만듦으
로써 모든 데이터 이동을 차단시키는 어마어마한 인터넷 트래픽잼
을 만들어 낸다.[1] 이 멀웨어는 2008년 러시아 해커 집단이 조지아
인터넷을 제압하기 위해 사용하였다. 2010년에 보다 진보된 멀웨
어 툴을 탑재한 두 번째 변종인 블랙에너지2가 출현했다. 마침내
러시아 정보기관이 그것을 가져가 블랙에너지3를 개발했으며, 샌
드웜은 우크라이나 발전소 공격에 블랙에너지3(세 번째 변종)라고
하는 멀웨어 키트를 이용했다.

APT의 흔적을 따라가기 위해, 사이버 회사들은 APT를 집단
행동과 연관된 이름으로 쉽게 지칭한다. APT는 또 멀웨어와 활동
을 추적하고 목록을 만들어 온 회사들에 따라 다양한 이름으로도
알려져 있다. 파이어아이와 제휴를 맺고 있는 사이버보안 회사인
맨디언트의 리차드 베이틀리히에 따르면, 그들은 민간인과 협력하

고 있었고 민간인들과 공격에 대해 논의할 방법이 필요했던 미국 공군 분석가들이 업무 의뢰를 했다.[2]

APT는 목표를 이루기 위해 코드와 사회 공학(의미 없는 질문을 통해 비밀을 알아내는), 인간의 공통적인 실수를 조합하여 작동한다. APT는 가장 최신의 보안 시스템에도 대처할 수 있다. 지속적인 위협이 되기 위해, APT는 보안 회사와 개발자, 정부, 기관, 민간기업들을 늘 주시하고 있다. 때문에 이 집단이 사용하는 툴은 보안 회사가 그들의 개발을 추적하고 침입을 막아 내기 위한 패치를 만들어 내는 것에 발맞춰 오히려 끊임없이 진화하고 있다.

제로데이

제로데이(0데이로도 쓴다)는 활성화되기 전까지 추적이 안 된 채로 남아 있는 코드의 취약점으로, 타깃이 취약점에 대처할 시간이 0일이다. 만일 해커들이 처음으로 발견한다면, 타깃이 되는 조직은 해커(화이트 햇 해커라 불리는)가 우호적으로 취약점에 대해 작업해 주지 않는 한 위험에 처하게 된다. 만일 악의적인 집단의 해커(블랙 햇 해커)라면 그 해커는 사이버보안 전문가들에 의해 추적

될 때까지 취약점을 활용할 수 있다.

많은 해커가 "제로데이 엑스플로잇 *"을 개발하여 직접 이용하거나 팔 수 있다. 제로데이 엑스플로잇 판매는 다크웹을 통한 암시장에서 꽤 수익성이 좋은 사업이다. 보안의 구멍을 찾아내기 위해 해커들은 이메일 시스템과 운영 체제, 자체 컴퓨터 시스템의 종류를 파악하는 것과 더불어 타깃에 대하여 광범위하게 프로파일을 만들어 내야만 한다. 민주당 전국위원회를 해킹하기 위해 해커들은 혁신적 비영리단체를 도와주는 전문가 컴퓨터 회사인 NGP VAN이 개발한 주문형 컴퓨터 시스템을 사용했다. 크라우드스트라이크의 해킹 보고서에서 논의된 멀웨어 샘플을 보면 공격자들이 매우 구체적인 결과―워터게이트 2.0―를 얻어 내기 위해 특정 소프트웨어에 대하여 구체적인 공격을 하면서 주문에 따라 개발했던 콤포넌트를 이용했다는 것을 알 수 있다.[3]

해킹 활동을 추적한 이후에 희생자는 보안 회사와 정부기관이 공격자의 출처나 후원자들을 파악하는 것을 종종 돕는다. 중국발 APT는 중국 정부의 이익에만 집중하는 경향이 있는데, 이

---

* 소프트웨어나 데이터로 시스템의 취약점을 이용해서 시스템의 안전을 위협하는 악의적인 행위를 말한다.

는 중국의 이웃이나 과거 수년간 보여준 것처럼 남중국해에서의 중국의 군사력 증강 활동을 아우른다. 중국이 개발한 APT들에는 블루 터마이트, 엘더우드 플랫폼, 히든 링스, 딥 판다, 퍼터 판다 (APT2) 등이 있다. 컴퓨터 보안 관계자들은 APT1이 중국 인민 해방군(PLA) 부서인 것으로 확인하였으며, 그래서 APT를 "PLA UNIT 61398"로 부른다. 이들은 미국 기술 회사에 집중하는 것으로 알려져 있다.

이란인들은 키튼과 관련된 APT 이름으로 자주 명명된다. 예를 들어, 로켓 키튼은 2016년 8월 텔레그램의 암호를 푼 것으로 유명해졌는데, 이는 이란 내 또는 이란과 관계된 반체제 인사들에게 위협이 되었다. 다른 집단으로는 플라잉 키튼, 매직 키튼, 클레버 키튼 등이 있다.

러시아인은 중국인과 유사하게 동유럽, 나토 대응군, 미국, 러시아 이익에 반하는 자들에게 집중한다. 이들에 대한 공격은 우크라이나 발전소에 대한 공격으로부터 2016년 8월 세계반도핑기구에 대한 공격에 이르기까지 다양하다. 많은 회사가 공격의 출처가 민족국가들이라고 직접 지목하지는 않으면서도, 해커들이 멀웨어를 컴파일하기 위해 사용한 운영 체제, 스피어피싱* 워터링 홀** 공격과 관련된 IP 범위, 타깃을 속여 핫링크를 클릭하게 하려고 사용한 도메인 이름 등을 예로 들며, 러시아나 중국이 관여되어 있음을 보여주는 메타데이터 패턴을 공개한다. 러시아 사이버 범죄자와는 달리 러시아 정부의 APT는 거의 완전히 사이버스파이 활동에만 집중되어 있다.

아누낙/카바낙과 부흐트랩과 같은 범죄적 APT, 즉 크리미널 베어는 확실하게 전 세계에 걸쳐 있는 은행에만 집중한다. 2013년 12월에 처음으로 감지된 카바낙은 사무용품 판매업체 스테이플스를 포함한 미국 판매업체들을 공격해 10억 달러가 훨씬 넘는 돈을 훔쳤다. 그들은 스피어피싱 캠페인처럼 다른 APT들과 매우 유사한 방법을 사용한다. 스피어피싱이란 신뢰하는 소스로부터 온 것처럼 보이는 악의적인 사기 이메일이다. 그 이메일에는 일반적으로 당신의 비밀번호와 신용카드 또는 다른 정보를 입력할 수 있도

---

* 불특정한 개인의 정보를 빼내는 피싱(phishing)과 달리 특정인을 목표로 정보를 빼내는 피싱 공격을 말한다.

** 조직의 구성원이 자주 방문하는 웹 사이트를 추측하거나 관찰하여 그중 하나 이상을 악성 코드로 감염시킨다. 그런 다음 구성원의 시스템을 감염시키고 조직의 네트워크에 접근하려 한다. 특정 조직의 시스템을 공격하는 전략이다.

록 가짜 로그인 페이지로 연결하는 하이퍼링크가 들어 있다. 그것은 또한 바이러스에 직접 연결될 수도 있다.

국가 행위자들처럼 금융 데이터를 훔치는 카바낙의 방식은 더 많은 파일을 내려받아야 하고 더 많은 취약점을 찾아내기 위해 지휘통제 서버로 연결되기 전 "svhost.exe"로 스스로를 복제하는 백도어를 가진 멀웨어를 활용한다. 그런 다음 APT는 감염된 컴퓨터를 통제하기 위한 부가적인 툴들, 즉 스크린 캡처, 마이크, 비디오 카메라의 데이터를 읽어 들이는 것뿐만 아니라 키로깅*을 포함하는 툴을 내려받는다. 카바낙은 심지어 다른 해커들을 훈련시킬 수 있도록 진행 과정과 그들의 작전을 비디오 형태로 담아놓기까지 하였다. 이 집단이 빼낸 데이터는 금융 정보만이 아닐지도 모르나, 가장 중요한 목표는 허위 거래를 통해 자금을 훔쳐 내는 것이었다.

---

* 소프트웨어나 하드웨어(키로거)를 사용하여 컴퓨터 키보드의 키 스트로크를 감시하는 행위를 말한다.

기계적 해킹으로부터 사이버 절도까지

냉전이 절정에 달했을 때, 러시아는 인터넷이 존재하기 훨씬 전에 인쇄 매체를 인력으로 가로챘던 것으로부터 컴퓨터 시대로 도약하는 것을 배웠다. 1978년에서 1984년 사이에 KGB는 사이버 베어의 장난에 앞서 대담한 전자 첩보 작전을 수행했다. 선발된 전문 기술진이 모스크바 주재 미국 대사관과 상트페테르부르크 주재 미국 영사관으로 가는 미국 IBM 셀레트릭 II와 셀레트릭 III 전동타자기를 가로챘다. KGB는 가로챈 16개의 타자기에 셀레트릭 버그로 불리는 장치를 삽입했다.[4] 굴러가는 인쇄 볼이 종이를 칠 때 발생하는 충격을 잡아내는 속이 빈 알루미늄 바에 특수 전자 장치를 심었다. 타자수가 타자를 치면 버그가 각각의 키 스트록을 단파 라디오 신호를 통해 근처에 있는 청음 초소로 전송하게 된다. NSA는 이에 대응하여 특수 팀을 모스크바에 배치하고, 대사관의 모든 컴퓨터, 인코딩 기계, 타자기를 검사했다. 암호명 GUNMAN이라는 NSA 팀은 결국 버그를 찾아냈고 보안이 된 타자기로 은밀히 교체하였다.[5] 하지만 어쨌든 KGB가 인쇄 기술 발달에 대해 일찍이 관심을 두고 있었기에 컴퓨터가 상용화되기 전에 사상 처음으로 키스트로크 추적 시스템 중 하나를 구현할 수 있었던 것이다. 이와 같은 집합적 지식으로, KGB는 곧 컴퓨터 시대를 장악하게 될 능력인 인터셉트 기술에서 월등히 앞서 있었다.

사이버 정보 수집 작전은 21세기에 시작된 것이 아니라, 푸틴이 등장하기 전부터 시작되었다. 블라디미르 푸틴이 보리스 옐친 치하에 있던 구KGB로부터 통제권을 건네받은 기간 동안, NSA와 국방부 정보작전 대응조치반은 연구 대학교 서버를 통해 접근한 일련의 정교한 컴퓨터 침투를 목격했다. 해커들은 민감한 정보를 빼내고 있었지만 주목할 만한 것은 언뜻 마구잡이로 보이는 해킹의 성질과 민감한 정보의 독특한 성격이었다. 작가 프레드 카플란은 문라이트 메이즈라고 불리는 이런 종류의 해킹과 다른 수많은 해킹에 대해 그의 저명한 저서인 《어둠의 영역: 사이버전의 비밀 역사(Dark Territory: The Secret History of Cyber War)》에서 자세히 기술했다. 해커가 러시아 언어인 키릴 문자 키보드를 사용했다는 것이 밝혀진 후 해킹은 러시아에서 시작된 것으로 추적되었다. 도난당한 비밀 자료는 잘 알려지지 않은 과학 프로그램으로 최근 미국에서 열리고 러시아 과학자들이 참석한 콘퍼런스에서 논의된 주제와 완벽히 일치했다. 러시아인들이 콘퍼런스에 참석한 후에 컨퍼런스에서 논의된 것보다 더 많은 비밀이 있음을 알고, 사이버 베어에게 연구 자료를 훔쳐 낼 것을 지시한 것이다. 모스크바에 위치한 러시아 과학아카데미는 해킹 요청서를 제출했으며, KGB(현 FSB)는 5.5GB 분량의 비밀 자료를 입수했다.[6]

미국의 과학 데이터를 훔쳤다는 지적에 러시아가 그저 앉아만 있지는 않았다. 십여 년 동안 자발적 해커 민병대와 사이버 범죄자들이 유럽에서 제한된, 때로는 전면적인 사이버전을 수행했다. 국가 해커와 프리랜서 해커들이 기술의 한계를 뛰어넘으려고 하면서 세계 사이버 무기 시장에 군비 경쟁이 붙었다. 2016년까지 러시아의 공격 역사를 보면 사이버공격으로 적들을 파괴하는 데 상당히 숙달되었다는 것을 알 수 있다.

사이버 작전의 첫 번째 단계

첫 번째 단계는 타깃으로 삼을 조직이나 개인을 정하는 것이다. 두 번째는 타깃의 IT 시스템을 최소한의 노력으로 추적당하지 않고 활용할 방법과 장소를 찾아내는 것이다. 이것은 대개 회사나 조직, 정부 사무실에 있는 공개된 직원 명부를 검사하는 것으로 시작된다. 다음 단계는 페이스북, 링크드인, 트위터, 구글 혹은 단순히 타깃이 속한 기관 내 소셜 미디어 사이트를 뒤지는 것이다.[7]

타깃 또는 복수의 타깃은 이메일 스피어피싱 작전의 대상이 된다. 스피어피싱은 타깃을 속여 링크를 클릭하게 하거나 타깃이 수신할 것으로 예상되는 이메일에서 첨부 파일을 열어보게 만드는 기술이다. 예를 들어, 만일 국무부 관리가 UN 난민대책 프로그램 콘퍼런스에 참석할 것으로 추정되면, 아마도 첨부 서류나 링크가 있는 "난민대책 위원회 스케줄"이라는 제목의 이메일을 받게 될지도 모른다. 만일 첨부가 아니라 링크라면 타깃은 클릭하기 전에 링크를 볼지도 모르지만 정상적으로 보이는 링크는 위장 사이트로 연결되어 멀웨어를 그들의 컴퓨터로 불러들이게 될 것이다. 일단 멀웨어가 설치되면 코딩 의도에 따라 많은 것들을 하게 되는데, 그중 첫 번째로 수행할 기능은 (방어벽에) 틈을 만드는 것이 될 것이다.

APT 보호조치 시스템은 멀웨어 툴 키트 자체를 추적할 뿐만 아니라 원격 지휘통제 서버(C2)의 IP 주소나 일부는 위협을 가하는 사람이 사용한 컴파일 툴에서 발견된 메타데이터를 포함한 자료들의 출처들도 추적한다. 게다가 해커들의 훔치는 과정에서 나타나는 행동 패턴은 멀웨어 감염의 배후에 있는 집단을 파악해 내는 데에 도움이 된다. 예컨대 러시아와 중국을 위해 활동하는 국가 해커들은 타깃이 민간기업일지라도 금융 관련 절도는 하지 않으며 타깃을 염탐하는 데에만 집중하는 특징이 있다.

DNC 공격 사례에서 크라우드스트라이크는 이용된 서버에 대한 별개의 침투에서 두 명의 행위자들을 가려냈다. 크라우드스트라이크는 그 둘을 "팬시 베어"와 "코지 베어"로 확인했지만 다른 곳에서는 그들의 활동을 발견한 보안 회사에 따라 다른 이름으로 불리는데, 팬시 베어는 통상 APT28 또는 소파시로, 코지 베어는 APT29로 알려져 있다.

APT28: 팬시 베어

APT28은 누가 그들을 발견했는가에 따라 많은 이름으로 불리는 집단이다. 이 집단의 성격을 파악하기 위해서는 그 집단에게 주어진 이름으로 조사된 모든 사례를 살펴보는 것이 도움이 된다. 집단에 대해 다르게 명명하는 것과 함께 멀웨어에 대해 회사마다 다르게 이름을 붙여주기 때문에 상충되는 이름들이 같은 툴 세트에서 생겨날 수 있다. 파이어아이는 그 집단을 APT28이라고 부르고, 크라우드스트라이크는 팬시 베어로, 트렌드마이크로는 폰 스톰 작전으로, 마이크로소프트 보안 정보 보고서는 스트론티움이라고 부르며, 시큐어웍스는 TG-4127이라고 불렀다.[8] 또 세드닛, 차르 팀, 소파시 집단으로도 불렸다. 이런 이름들에도 불구하고 방식과 툴 세트는 독특하여 지능형 지속 위협으로의 자질을 갖춘 정교한 전개 방식을 보여준다. 다시 말해 APT로 알려진 목록에서 가장 강력한 위협 중의 하나로 간주된다.

보안 당국은 2007년에 그 집단을 처음으로 발견했다. 그들의 공격 범위는 우크라이나, 조지아, 폴란드를 포함한 동유럽 국가들로부터 남쪽으로는 파키스탄, 보다 서쪽으로는 미국과 프랑스까지를 아울렀다. 그들은 GRU에 연결되어 있다. 그들은 심지어 러시아의 여성 밴드 푸시 라이엇에 대한 공격에도 관련되어 있었다.[9]

타이포스쿼터와 워터링 홀

많은 해커들이 타이포스쿼팅 웹사이트를 만든다. 이 웹사이트는 거짓으로 "불법 점유한" 웹사이트가 알려진 정상 웹사이트의 실제 장소에 설치되거나 알려진 정상 웹사이트와 거의 동일한 URL을 사서 만들지만 주소를 잘못 눌러서 "오자(typos)"가 생기도록

(예를 들어 Microsift.com, Amaxon.com) 만든다. "타이포스쿼터*"는 이렇게 만들어진 단어다. 희생자가 될 타깃으로부터 로그인 아이디, 비밀번호, 금융 정보를 얻어 내기 위한 또 다른 기법으로는 악성 바이러스를 타깃 사이트에 설치하거나 삽입하는 것이다. 많은 타이포스쿼터들은 멀웨어로 가득 차 있고, 스피어피싱 이메일을 통해 타깃을 유혹하여 페이로드**를 내려받게 하는데 이럴 때 사용하고 있는 유인 및 사기 웹사이트, 즉 워터링 홀이다. 컴퓨터 사용자가 링크를 따라오도록 속이기 위해 웹사이트는 타깃의 직업과 관련되거나 동일하게 보이고, 가장 최신의 정보를 포함하고 있는 것으로 보일 필요가 있을 것이다. 그것이 이라크 주재 바티칸 대사관으로 보내는 이메일에서 언급된 이라크 내의 폭탄 공격이 될 수도 있고, 헝가리로 보낸 스케줄 및 협조 정보가 될 수도 있다. 많은 경우 악의적 도메인은 실제 도메인과 매우 유사하다.

트렌드마이크로는 "폰 스톰 작전" 공격에서 네 가지의 사례를 조사해서 이런 예들을 발견했다.

---

* 타이포스쿼팅을 하는 사람이나 사이트를 말한다. 사용자 입력 실수로 잘못된 웹 사이트가 입력되면 가짜 URL로 연결될 수 있다. 이것이 타이포스쿼팅이며 URL 하이재킹이라고도 한다.

** 보안 분야에서 페이로드는 멀웨어의 일부를 말한다. 예를 들어 페이로드에는 스팸메일이나 개인정보를 알아내기 위해 다수에게 보내는 이메일 등이 있다.

해커들은 매년 파리에서 개최되는 세계에서 가장 큰 무기 전시회인 유로사토리에 초대하는 내용의 이메일들을 헝가리 국방성에 보냈다. 해커의 이메일에는 "eurosatory2014.com"으로 연결되는 링크가 포함되어 있었는데, 이 링크는 사용자의 정보를 훔치는 위조 사이트로 연결되었다. 그 기술은 만일 과거에 콘퍼런스에 참석했다거나 앞으로 참석할 예정이라면 그 웹사이트가 합법적이라고 생각하도록 직원을 속이는 것이다.[10]

비엔나에 있는 유럽안보협력기구(OSCE)의 직원은 피싱 시도의 희생양이었다. 직원들에게 보내진 이메일에 들어 있는 링크는 "vice-news.com"으로 연결되는 것이었는데, 진짜 바이스뉴스는 "news.vice.com"에서 볼 수 있다. SAIC 직원을 유혹하기 위해, 해커들은 "미래의 군 2014"를 목표로 "natoexhibitionff14.com"을 가리키는 링크를 사용했는데, 진짜 전시 웹사이트는 "natoexhibition.org"이다.[11] 이렇게 하는 목적은 유혹에 넘어가 직원들이 자기들의 웹메일 로그인 정보를 알려주어서 해커들이 정문을 통해 당당히 걸어 들어갈 수 있도록 하는 것이었다. 예를 들어, OSCE의 실제 OWA 도메인은 "login-in.osce.org"로 "osce.org"를 확장한 것인데, 신용정보를 훔치기 위해 준비한 피싱 도메인은 "login-in-osce.org"였다. SAIC의 경우, OWA 도메인은

"webmail.saic.com"으로 "saic.com"과 관련되어 있는데, 준비한 피싱 도메인은 "webmail-saic.com"이었다.[12]

팬시 베어도 과거 블랙워터로 알려진 악명 높은 회사인 아카데미를 타깃으로 삼았다. 그들에게 전달된 링크에는 사실은 감염이 되어 있어서 피싱 작전의 일부였던 "tolonevvs.com"으로부터 온 것이나, "tolonews.com"으로부터 온 것처럼 보이도록 하였다. 앞서 보았던 패턴과 마찬가지로 진짜 이메일 서버는 매우 비슷한 오자여서 슬쩍 보고도 그냥 지나칠 수 있는 "academi.com"이 아닌 "academl"였다.

독일 회사의 경우, 공격자들은 그들의 강도 행위를 감추기 위해 SSL 인증서를 구입하기까지 하였다. SSL 인증서는 매도인이 매수인의 브라우저에 안전하게 연결하기 위해 구입한다. 트렌드마이크로는 초기에 추적한 덕분에 타깃에게 경고해서 공격을 피할 수 있었다고 한다.[13] 트렌드마이크로는 가짜 신용정보를 웹메일 로그인 페이지를 통해 보내 공격자들의 주의를 끌었다. 이 허위 계정을 의도적으로 "유출"시킨 후 "수분 만에" 공격자들이 응답했으며, 무단 접근을 시도하기 시작했다. 초기 로그인 체크가 그 사이트 자체로부터 있고 난 후, 라트비아(46.166.1662.90)와 미국(192.154.110.244)으로부터 추가적인 로그인 시도가 있음을 목격

했다.[14]

　일단 해커들이 들어오면, 감염된 컴퓨터를 장악하기 위해 다양한 툴을 전개하며 신용카드, 사진, 비트코인 같은 데이터를 내려받아 가져가려고 노력을 하는데, 그들은 그 모든 것을 훔친다.

　2015년 8월 트렌드마이크로 평가에 따르면, APT28, 일명 "폰스톰"은 해킹 작전의 25퍼센트를 우크라이나에 대해, 19퍼센트를 미국에 대해 집중적으로 실행했다. 부분별 공격은 나라에 따라 중점을 둔 것이 달라진다. 러시아에 대한 공격 중 23퍼센트는 매체를 타깃으로 하였으며, 17퍼센트는 외교, 15퍼센트는 행동주의에 대한 것이었다. 반대로 우크라이나에 대한 공격은 18퍼센트가 군대에 대한 것, 18퍼센트는 매체, 16퍼센트는 정부를 타깃으로 한 것이었다. 미국의 경우 구분은 더욱 명확한데, 35퍼센트가 군대를 타깃으로 한 공격이었고, 22퍼센트는 방어 시설, 8퍼센트가 정부를 상대로 하였는데, 미국 매체에 대한 공격은 7퍼센트였다.[15]

APT29: 코지 베어

러시아 사이버 집단들처럼, APT29는 자기만의 툴 세트와 공격 방법이 있다. 2008년 이후 작전에서 크라우드스트라이크는 그 집단을 코지 베어라고 불렀다. 맨디언트는 코지 듀크라고 부르기도 했다. APT29가 DNC를 공격하기 전에 미국 국무부와 미국 합동참모본부, 백악관도 타깃에 포함되었다. APT29는 통상 "듀크"라고 이름 붙여진 툴 키트를 개발했다. 해머토스 혹은 해머듀크로 불리는 툴 세트는 심지어 트위터에 게시된 이미지를 통한 스테가노그래피*(사진 안에 암호화된 데이터나 메시지)를 이용한다. 대체로 스피어피싱을 통해 컴퓨터에 접근한다.

2015년 9월 APT29 공격에 대한 연구에서 핀란드 사이버보안 회사 에프시큐어는 2008년과 2015년 사이에 체첸공화국에서 활동한 APT29의 몇 가지 샘플을 발견했다.[16] 에프시큐어가 그들을 "듀크"라고 부르지만, 다른 회사들 역시 이 툴 키트에게 이름을 붙이고 추적해 왔다. 예를 들어, 한 툴 키트는 DNC 침투 때 발

---

* 전달하려는 정보를 이미지 및 오디오 파일과 같은 다양한 디지털 매체에 숨겨 상대방에게 전송하는 것을 말한다.

견되어 "시대디"라고 불렸다. 비슷하게 "해머듀크"는 파이어아이가
추적한 "해머토스"와 같은 툴 키트다. 이들의 타깃은 체첸공화국과
우크라이나, 미국이었다. 이들 작전의 대부분은 UTC+3, UTC+4
시간대에서 수행되기 때문에 출처가 러시아라는 것을 알 수 있다.

에프시큐어가 핀치듀크를 분석한 것에 따르면, 첫 번째 샘플
은 2008년 11월 체첸공화국의 자료들을 다루는 터키 웹사이트에
서 발견되었다. 이 사이트들 가운데 하나는 "체첸공화국 정보 센
터"라고 불렸고, 다른 사이트에는 체첸공화국에 대한 섹션이 있었
다.[17]

베노머스 베어[18]는 2008년에 크라우드스트라이크가 처음으로
발견한 것으로 유로뷰로스, 에픽 털라, 스네이크넷, 워터버그, 레
드 옥토버라는 별명을 갖고 있다.[19]

이 집단은 2008년 미국 중부사령부에 대해 악명 높은 사이버
공격을 실행한 것으로 가장 잘 알려져 있다. 이 공격은 "미군 컴퓨
터에 대한 역사상 가장 최악의 침투"로 불렸다. 펜타곤이 데이터
전송이 차단되었기 때문에 잃어버린 데이터가 하나도 없다고 말하
지만, 사실 그 공격으로 인해 군의 방어 태세뿐만 아니라 USB를
사용하는 방법도 바꾸어 버렸기 때문이다.

그 공격은 감염된 USB 메모리를 미군 노트북에 꽂았기 때문

에 발생했을 가능성이 높다. 나머지 프로그래밍을 시작하기 위해 멀웨어는 C2 서버와 교신해야만 했다. 교신을 시도했을 때, NSA 의 선진네트워크운용(ANO) 팀이 멀웨어를 감지했다. 그 결과 미국 국방부가 전 세계적으로 USB 사용 금지를 발표했다. USB에 의한 멀웨어 에이전트비티지(Agent.btz)의 침투로 인해 미국 사이버 사령부가 창설되었다. 미국 국방부 역시 공격에 대한 대응 방법으로 "벅샷 양키 작전"[20]을 실시하였는데, 이 작전은 모든 감염된 기기를 깨끗이 청소하고 미국 국방부 차관 윌리엄 린 3세가 말한 "디지털 교두보"를 방어하는 데 목적을 두고 있다. 이러한 침투는 대단히 심각해서 NSA의 엘리트 사이버공격 팀으로 유명한 "특수목적접근작전(TAO)"이 위협에 대응하기 위한 작업에 착수했다.[21]

다른 APT들과 마찬가지로 이 집단은 타깃을 속여 멀웨어가 첨부된 PDF 파일을 열거나 워터링 홀 사이트로 연결된 링크를 클릭하도록 만들기 위해 스피어피싱을 이용한다. 베노머스 베어의 공격을 조사한 시만텍 보고서에 의하면, APT28과 APT29 공격처럼 세심하게 목표를 정하고 타깃으로 하여금 첨부된 PDF 파일을 열어서 "Trojan.Winpbot"와 "Trojan.Turla"를 활성화시킬 수 있도록 세심하게 작성하여 이메일에 첨부하는 방법을 사용하였다.[22] "Trojan.Turla"는 데이터를 몰래 빼내기 위해 사용되었다.

크라우드스트라이크의 세계위협보고서에 따르면, 베노머스 베어는 정부기관, NGO, 에너지 회사, 테크놀로지 회사, 교육기관 등을 타깃으로 활동해 왔다.[23]

사이버 베어의 공격

에스토니아: 사이버 베어를 풀어 놓다

러시아는 서부 국경 지역에 경계를 접하고 있는 나라들인 발트 국가를 서유럽 지향이 아닌 러시아의 정치적, 경제적 영향권 내에 있어야 하는 나라들로 보고 있다. 리투아니아와 에스토니아, 라트비아는 소비에트가 지배하던 50년이 넘는 세월의 고통을 잊고 싶었다. 기회가 왔을 때 발트 국가들은 재빨리 미국과 나머지 유럽과 연맹하여 나토에 가입하였다. 과거 고통스러운 경험은 특히 에스토니아의 경우 더 뼈저렸다.

발트해에 위치한 에스토니아는 바로 상트페테르부르크의 남서쪽이어서 러시아는 오랫동안 리투아니아, 라트비아와 더불어 에스토니아를 말썽 많은 위성국으로 간주해 왔다. 그 나라들을 되찾으면 푸틴이 발트 국가들에서 분리된 폴란드 북부의 러시아의 작은 지역인 칼리닌그라드 지역으로 갈 수 있도록 해 줄 것이다. 러시아령 발트 지역은 또 나토를 폴란드 국경 쪽으로 밀어내려고 하고 있다. 많은 이들은 1940년 에스토니아 점령과 1944년 소비에트 연방에 의한 해방이 러시아의 뒷마당에서 위성 국가들을 조종하려는 러시아 군주들의 욕망의 일부였다고 믿었다. 32만 명에 달하는 에스토니아인들이 러시아계이며 인구의 40퍼센트가 "외국인"으로 간주된다. 에스토니아의 러시아계 사람들은 소비에트의 점령 기간에 들어왔거나 그곳에서 태어난 사람들이다. 에스토니아는 독립하면서 러시아인들과 다른 비에스토니아 사람들을 에스토니아 국민이 아니라 이주자로 간주할 것을 결정했다. 푸틴의 러시아는 2007년에 암담해진 그들의 민족적 형제들에 대한 처우를 달가워하지 않았다.

에스토니아와 러시아의 단절은 에스토니아 정부가 제2차 세계대전 당시 실종된 러시아 군인들을 기리는 청동 기념물을 제거하고자 했을 때 더욱 악화되었다. 젊고, 조각 같은 턱을 지닌 잘 꾸며진 러시아 군인의 어두운 회색빛 동상은 등에 총을 메고 손에는 헬멧을 들었으며 죽은 사람들에 대한 존경의 표시로 고개를 숙이고 있는데, 한때 에스토니아의 수도 탈린의 중심에 세워져 있었다. 그 동상은 아름다운 예술 작품이었지만 소비에트 연방이 1944년

재점령한 이후로 공산주의와 후기 공산주의 헤게모니에 대한 에스토니아인들의 증오를 나타내는 상징이 되었다. 1991년 독립한 이후로 에스토니아는 해당 지역 러시아인들의 반감을 사지 않고 동상을 제거할 방법을 모색했다.

2007년 에스토니아는 세계에서 가장 인터넷망이 발달된 나라 중 하나였다. 에스토니아의 130만 국민들은 인터넷이 컴퓨터, 태블릿, 스마트폰을 사용하는 그들의 일상 속에 완벽하게 자리 잡아 유럽과 중동 지역에서 1인당 온라인 테크놀로지 사용 비율이 가장 높았다. 에스토니아는 유럽 시장에 유리하도록 글로벌 접근이 가능한 망을 구축하였다. 에스토니아는 글로벌한 상호연결망과 작지만 성장하고 있는 경제, 2004년 나토 가입에 대해 홍보하였다.

시위가 시작되자 청동상은 훼손되었다. 핏빛의 페인트가 정기적으로 동상에 뿌려졌다. 새로운 러시아 제국은 기분이 좋지 않았다. 청동상에 대한 반대는 계속된 폭동들에서 정점을 찍고 결국 유럽 정치전 역사상 훨씬 더 크고 엄청난 사건을 일으켰다. 에스토니아는 공격을 당했지만 단 한 개의 총알도 발사되지 않았으며 단 한 명도 다치지 않았다. 사이버 베어는 에스토니아 전체를 벌주려는 임무를 띠었다. 사이버 베어는 전 유럽 국가들을 인터넷 이전 시대로 돌려보냈다.[24]

2007년 4월 26일 거대하고 은밀한 사이버공격의 집중포화가 에스토니아의 모든 컴퓨터에 쏟아졌다. 연속된 "서비스 거부" 공격이 웹 트래픽을 분산시키는 서버들을 차단시켰으며 에스토니아에 대한 모든 인터넷 접근을 완전히 폐쇄시켰다. 에스토니아 대통령, 의회, 각 부처, 언론 매체 세 곳, 정당들, 두 개의 은행들이 타깃이 된 사이트들이다.[25] 공격을 중지시키기 위해 사이트 트래픽을 평상시 수준으로 돌릴 수 있도록 모든 국제간 트래픽을 차단시키는 대응 조치가 행해졌다.

　　에스토니아는 조사를 진행했으며 후에 21살의 에스토니아인, 드미트리 갈루쉬케비치를 도스 공격* 혐의로 고소했다. 드미트리는 청동 군인상을 제거하는 것에 대한 항의에 영감을 받아 공격하였다고 진술하였다. 그는 유죄를 인정했다. 과거 범죄 기록이 없었기 때문에 드미트리는 벌금 110유로를 내고 풀려났다.[26] 그가 처음 도스 해킹을 시작했다고 자백했지만, 많은 회사는 러시아 정부의 지휘하에 활동하는 사이버 민병대가 재빨리 초기 도스 공격에 가담하여 에스토니아 인터넷을 폐쇄시킬 정도로 확장시킨 것으로 결론지었다.

---

* 시스템을 악의적으로 공격하여 시스템의 자원(CPU, 메모리, 대역폭)을 부족하게 하고 시스템을 원래 용도로 사용하지 못하게 만드는 행위다.

조지아로 간 베어들

1988년 남부 조지아에 위치한 소수 민족 거주지 오세티야 사람들이 보다 많은 자치권을 요구한 이후로 독립 중앙정부가 러시아와의 주도권 싸움에서 지배권을 주장하였다. 조지아는 1991년 소비에트 연방으로부터의 독립을 선포하였으며, 곧바로 남오세티야가 조지아로부터의 독립을 선포하였다. 오세티야인들은 수년 동안 자치권을 늘리려고 해왔으나 새로운 조지아의 대통령 즈비아드 감사후르디아 하에서 자발적 독립을 추구하고 있기 때문에 조지아가 이 영토를 포기하지 않을 것임은 분명했다. 오세티야는 1923년 이후로 줄곧 소비에트 체제에 속한 지방이었다.[27] 감사후르디아가 1991년 12월 대통령직에서 물러난 후 예두아르트 셰바르드나제가 조지아의 새로운 대통령이 되었으며 1992년 중반 정전협정과 더불어 조지아의 남오세티야에 대한 실질적 지배를 허가하는 협정도 이루어졌다.[28]

하지만, 남오세티야인들은 러시아로부터 많은 후원을 받고 있었으며 이와 같은 긴장감은 조지아의 지배에 대해 2004년과 2008년에 폭발했다. 2008년 8월, 수년 동안의 긴장 끝에 러시아와 조지아는 남오세티야와 압하지야에서 충돌했다. 조지아 군대가 남오세티야로 진입하려 했을 때 그들은 러시아를 등에 업은 병력에 의해 허를 찔려 포위당했다. 5일 후 오세티야와 러시아 연합군이 조지아군을 굴복시켰다.[29]

교전 중에 러시아는 정부 및 각 부처 등의 웹사이트들에 대해 엄청난 사이버공격을 포함한 하이브리드전으로 조지아를 공격했다. 조지아에 대한 작전은 오세티야에 대한 공격이 가해진 2008년 8월 7일보다 3주 전에 시작되었다.[30] 2008년 7월 20일에 조지아 대통령 사무실은 웹사이트를 폐쇄시킨 도스 공격을 받았다. 갈등이 생기자 러시아는 친러시아인들에게 전 소비에트 국가를 겨냥한 메시지를 보내는 한편, 조지아인들의 온라인 자원을 쓸모없게 만들기 위해 자국의 사이버 자산을 사용했다. 2008년 8월 8일, 해커들은 러시아 병력이 침입함에 따라 조지아 정부 웹사이트를 상대로 디도스 공격*을 감행하기 위해 블랙에너지 멀웨어의 초기 변종을 사용했다.[31] 이것이 아마 전투와 사이버전 작전이 처음 합동으로 이루어진 공격일 것이다. 이 공격의 목표는 여론을 형성하고 조지아 커뮤니케이션을 조종하려는 데 있었다.

---

* 광범위한 네트워크를 이용하여 여러 대의 시스템에서 동시에 한 시스템에 대해 서비스 거부 공격을 수행하는 행위다.

이 합동 공격은 잘 계획되었고, 지지를 구하는 메시지를 내보내는 역량을 중단시켰을 뿐만 아니라 조지아 당국이 디지털 정전 사태를 맡게 함으로써 최대 효과를 얻게 되어 제대로 목표를 정했다. 조지아는 기습 공격을 당함과 동시에 앞도 볼 수 없었다. 나중에 분석가들은 사전 예고를 받은 러시아 민족주의자들이 공격을 수행한 것이라고 단언했다. 러시아는 소셜 미디어 포럼을 통해 이런 해커들을 모집했다. 이런 작전에 애국자 해커들을 이용한 것은 향후 책임을 회피하기 위한 모르쇠 작전을 고려해서였을 것이다. 러시아가 민족주의자 기치를 걸고 해커들과 사이버 민병대를 이용한 것은 조지아 당국을 상대로 효과적이었음이 증명되었다.[32]

남오세티야 전쟁 중에 친러시아 웹사이트가 생겨났다. 에스토니아에 대한 공격과는 달리 조지아의 사이버 시스템에 대한 공격은 자가복제 사이버 대리인 봇네트*를 이용하여 분산 공격에 참여했다. 2016년 사이버 베어 APT28과 APT29는 행정부와 군을 상대로 스피어피싱 작전으로 조지아에 대한 지엽적인 공격들을 계속하였다.[33]

---

* 로봇(robot)과 네트워크(network)의 합성어로 다수의 봇이 인터넷에 연결된 네트워크를 말한다. 멀웨어에 감염된 수십에서 수만 대의 시스템이 공격자로부터 동시에 명령을 전달받아 실행하여 대규모의 디도스 공격 등 다양한 악의적인 행위가 가능해진다.

공격당한 리투아니아: 2008년 6월

2008년 리투아니아 의회는 나치 독일과 소비에트 연방의 상징을 전시하는 것을 금하는 수정안들을 통과시켰다. 여기에는 나치나 소비에트의 리더들에 대한 묘사와 함께 하켄크로이츠와 망치, 낫이 들어간 나치나 소비에트의 상징들에 대한 묘사도 포함된다.[34]

이 법에 대한 반항으로 3백여 개의 웹사이트들이 공공 시설물 파괴와 도스 공격으로 몸살을 앓았다.[35] 대부분의 사이트는 서버의 호스트와 같은 곳에 위치해 있었다.[36] 해커들은 반리투아니아 메시지들과 소비에트의 망치와 낫의 이미지들로 웹사이트들을 도배하였다.[37] 공격을 받은 웹사이트들 가운데에는 리투아니아 사회민주당, 증권거래위원회, 정부기관, 민간기업들도 포함되어 있었다.

리투아니아 공무원들은 이 공격이 러시아에 의한 것이었는지 또는 러시아가 은밀히 조정한 것인지 증명할 수는 없다고 말했지만, 그 공격이 소비에트 상징들을 금하는 법들과 관련이 있음은 분명했다. 정부는 공격이 해외에 있는 컴퓨터들에서 비롯된 것이라고 말했다.

키르기스스탄: 2009년 1월 18일

2009년 1월 17일 키르기스스탄 정부 공무원은 비슈케크 외곽에 위치한 마나스 공군 기지가 폐쇄될 것이라고 미국에 통보했다. 미국은 아프가니스탄 작전의 하나로 2001년 12월부터 그 기지를 사용하고 있었다. 그 공무원은 기지가 러시아의 압박으로 수일 내로 폐쇄될 것이라고 말했다. 한 달 전, 러시아군 총참모장 니콜라이 마카로프는 미국이 그 지역에 기지 수를 늘리려는 계획을 비난했었다.

키르기스스탄의 두 개의 주요 인터넷 서비스업체에 일련의 도스 공격이 가해져 인터넷, 웹사이트, 이메일 등을 무력화시켰다.[38] 비록 보고서에 정확한 이름이 거론된 것은 아니지만, 많은 보안 업체들은 그 공격이 미국이 비슈케크 기지를 아프가니스탄 전쟁을 위한 군수 본부로 사용하도록 결정한 것과 관계가 있는 것으로 보인다고 명시하고 있다. 그 공격은 바로 몇 달 전에 있었던 러시아—조지아 갈등 관계에 있었던 공격과 굉장히 유사한 "사이버 민병대"에 의한 것으로 여겨졌다.

해당 기지가 거의 8년 동안 작전 활동을 하고 있었음에도 불구하고 2009년 2월 3일 키르기스스탄 바키예프 대통령은 기지를 폐쇄할 것이라고 발표했다. 이것은 중앙아시아에 대한 러시아의 통제권을 보여준 대단한 승리였다. 키르기스스탄은 러시아의 요구를 수락하면서 수백만 달러의 원조를 받았다.[39]

샌드웜에게 무너진 우크라이나 전력: 2015년 12월 23일

우크라이나 전력회사 세 곳이 직원들이 블랙에너지3 멀웨어 패키지를 내려받은 후 샌드웜 툴 세트의 공격을 받았다. 전 미국 공군 사이버전 작전 요원이며 드라고스시큐리티의 공동창업자인 로버트 리가 조사한 바에 따르면, 2015년 봄에 감염이 시작되었다.

감염된 워드 문서를 이용하는 스피어피싱 작전에 가담한 공격자들은 해당 시설의 시스템 관리자와 IT 직원들을 겨냥하였다. 워드 문서를 열어본 타깃들은 "매크로를 실행하라."를 클릭할 것을 요구하는 프롬프트를 보았는데, 이것으로 블랙에너지3 멀웨어를 설치한 것이었다. 이번 공격이 있기 전까지 매크로가 줄어들고 있었으나 이제는 증가하고 있다는 점은 주목할 만하다.[40] 멀웨어가 성공적으로 설치된 후 감시제어 및 데이터수집 네트워크, 즉 SCADA로 통하는 경로를 찾아 스캔하기 시작했는데, 이를 통해 시설의 제어 장치를 장악할 수 있게 된다.[41] 이 모든 것이 많은 발전소에서는 대단히 위험한 상황이 될 것이나, 우크라이나 보안 수준은 보통 이상으로 심지어 많은 미국 시설들보다도 뛰어난 것으로 나타났다. 네트워크들은 방어벽으로 대단히 잘 분리되어있었다. 그럼에도 사이버 베어는 결국 훔쳐 냈다.[42]

발전소 운전 담당자 중 한 사람이 공격자들이 컴퓨터 단말기 중 하나를 제어하여 회로 차단기를 제어할 패널을 성공적으로 찾아낸 것을 보았다고 진술했다. 공격자는 운전 담당자의 눈앞에서 전력망을 차단하기 시작했다. 담당자가 컴퓨터를 통제하려고 했지만 너무 늦은 상태였다. 공격자들은 그를 가두고 약 30개의 변전소를 폐쇄하는 임무를 계속 진행하였다.

침투 이후 공격자들은 "킬디스크"라는 파일완전삭제(eraser) 프로그램을 사용하여 파일의 주요 섹터들을 지우고, 마스터 부트 레코드에 오류를 발생시켜, 오프라인으로 끄집어내어 교체하지 않고도 근본적으로 시스템을 무용지물로 만들어 버렸다. 공격자들은 수리반이 어둠 속에서 고생하도록 예비 발전기들을 약간 변경하여 무력화시켰다.

결정적으로 그들은 한 번의 공격으로 그치지 않았다. 공격자들은 이바노프란키우스크 주에 있는 우크라이나 전력회사인 키보브레네르고 소유 세 곳의 발전소를 동시에 공격했다.[43] 그들은 또한 체르니비치오브레네르고 발전소뿐만 아니라 프리카르파티아오

브레네르고 발전소를 공격하여 정전을 일으켜 8만 명이 고생을 하였다.[44] 모두 합쳐 2십 2만 5천 명 정도의 사람들이 거의 여섯 시간 동안 어둠 속에 있었다. 전력회사들은 수동 제어를 통해 전력을 복구하였다. 많은 시스템들이 "킬디스크"를 삭제하다가 고장이 났기 때문에 수동으로 전력을 복구해야만 했다.

이 상황을 보다 복잡하게 만든 것은 전화 시스템에 대한 티도스 공격*이 허위 전화가 회선에 폭주하도록 만들어 시민들이 전력회사에게 정전에 대해 알리지 못하도록 막은 것이었다.

바르샤바 증권거래소, 일명 사이버 칼리파 위장술 공격 1

2014년 10월 24일 바르샤바 증권거래소 웹사이트가 두 시간 동안 오프라인 상태로 있은 후, 페이스트빈에 메시지가 올라와 세상에 외쳤다. "오늘 우리는 바르샤바 증권거래소를 해킹했다! 해킹은 계속될 것이다! 알라후 아크바르!" 폴란드 정부는 처음에는 ISIS에 충성을 맹세하고 연합 사이버 칼리파와 연계하여 작업하는 해커 집단인 사이버 칼리파를 의심했다. 페이스트빈에 포스팅

---

* 반복되는 자동 통화로 전화 회선을 계속 사용함으로써 피해자로 하여금 일상 전화나 긴급 전화를 걸거나 받을 수 없게 만드는 행위를 말한다.

된 메시지는 해킹이 "이슬람 국가"를 폭격한 폴란드에 대한 보복이었다고 말했다.

처음에 많은 사람들이 ISIS 연계 해커들 소행이라고 생각했지만 기법이나 툴, 더욱 중요한 디지털 흔적들은 공격들이 러시아로부터 온 것임을 암시하고 있었다. 이것은 위장술 작전이라 불리는 오래된 스파이 기법으로, 한 실체가 다른 실체의 행동 때문에 비난받도록 속이는 작전을 말한다. 위장술은 범죄과학 분석가들이 러시아 해커들이 ISIS로 위장하여 ISIS가 비난을 받도록 했음을 증명하였기 때문에 오랫동안 지속되지는 못했다.[46] 해커들이 고객 계좌에 대한 접근 권한 인증서와 함께 투자자와 증권 거래 네트워크에 대한 세부 정보를 훔쳐 냈다는 것이 나중에 드러났다.[47]

TV5 몽드 공격, 일명 사이버 칼리파 위장술 공격 2

2015년 4월 9일 저녁 10시 프랑스 TV 채널 TV5 몽드는 해커가 내부 시스템과 소셜 미디어 프로파일에 침투하는 사이버공격을 당해 방송이 정지되었다. 우선 웹사이트가 작동을 멈췄고, 그 다음으로 이메일이 중단됐다.[48] 방송국 디지털 책임자 헬렌 제무르는 모든 것이 동시에 중지됐다고 말했다. CNN은 "공격이 시작된 직후 우리의 내부 컴퓨터 시스템이 먹통이 되고 다른 프로그램들이 뒤를 이었다."고 보도했다.

훼손된 페이지들은 사이버 칼리파가 샤를리 엡도를 지지하는 집회에서 외친 "나는 샤를리다."를 상기시키는 "나는 ISIS다."로 표기되었다. 하지만 가짜 사이버 칼리파 웹사이트는 사실 APT28에 속한 IP를 가진 서버에 있었다. 보안 회사가 이것을 포착해 내어, 국가 행위자들의 소행이라는 것이라는 데 의견이 모아지기 시작했다. APT28과의 놀라운 유사성 때문에 사이버 칼리파는 공격자에서 배제되었다. 그 위협은 ISIS 해커 추종자들의 능력 밖이었다.

보다 실질적인 면에서, 프랑스 24의 와심 나스르는 그 주장에 언급된 아랍어는 진짜 아랍어가 아니라고 주장했다. 프랑스 24에서 와심은 몇 가지 측면에서 언어가 부적절하게 사용되었음을 지적했다. ISIS 문구에서 "그리고"가 사용되었는데 아랍인들이 사용하지 않는 방식이다. 특히나 "비스밀라(알라신의 이름으로)"라는 구절이 그렇다.[49] 그 문장들은 대부분 구글 번역기를 돌렸을 가능성이 높다. 자기도 모르는 사이에 ISIS와 협력하고 있는 집단들이 여전히 이번 공격의 책임자로 지목되고 있으며 그들을 추종하는 자들은 사이버 칼리파 군의 행동으로 보고 있다.

해당 방송사의 채널과 소셜 미디어 계정은 다음 날 오후 복구되었다. 프랑스 공영방송 TV5 이브스 비고트 국장은 보안 검사가 최근 이루어졌다고 말했다. 한 CNN 앵커는 심지어 "테러리즘이 표현의 자유를 또 한 번 표적으로 삼았다."고 말하기도 했다.

아무도 자유롭지 못하다

2015년 5월 20일, APT28은 독일 국회의사당을 공격하여 시스템에 소파시라는 멀웨어를 실행시킨 후 서버로부터 데이터를 훔치기 시작하였다. 공격 후에 독일 연방하원 의장 호르슈트 리세는 다른 직원들에게 이메일에 첨부된 파일이나 링크들을 열지 말 것을 권고하였다.[50] 2015년 8월, APT28은 전자프런티어재단, 즉 EFF에 스피어피싱 작전을 수행하였다. APT28은 이메일을 이용하여 타깃들을 "electronicfrontierfoundation.org"라는 유령 사이트로 유인하려고 시도하였다. EFF의 공식 사이트의 주소는 "eff. org"다. 오라클이 자바 제로데이를 고쳤다.[51]

2016년 7월 21일 리오데자네이로 올림픽 경기 전날, 세계반도핑기구(WADA)는 2016년 올림픽 경기에 러시아 선수단 전체의 참가를 금지할 것을 권고하였다.[52] WADA는 불법적인 도핑물질을 사용하고 숨기려는 국가의 체계적인 노력이 있었다고 믿었다. WADA는 러시아 선수단 중 70퍼센트만이 올림픽에 참가하고 110명은 참가하지 않기로 러시아 올림픽 팀과 타협했다. 문제가 해결된 것처럼 보였지만, 사이버 베어는 광범위한 팬시 베어 스피어피싱 작전을 WADA에 쏟아부었다.

2016년 8월 15일 WADA 관계자들은 공식 WADA 포털처럼 보이는 가짜 웹사이트를 클릭하도록 하여 멤버들을 낚으려는 이메일 작전에 대해 보고 받았다. 워터링 홀 도메인은 2016년 8월 8일 최근에 구입되었으나 이번 공격에는 사용되지 않았다. 아마도 미래 타깃을 위해 확보한 것으로 보이는 다른 도메인들과 함께 구입했을 것이다. 이 도메인들은 라트비아의 리바에 있는 것처럼 보이게 만든 사용자들 앞으로 등록되었다. URL은 "wada-awa.org"와 "wada-arna.org"로 실제 WADA 조직과는 전혀 관련이 없는 것이었다.

파이어아이와 쓰레트커넥트[53]는 APT28이 WADA를 공격했다고 생각했다.[54] 하지만 DNC, TV5 몽드, 바르샤바 증권거래소 해킹 때와 마찬가지로 이번 공격 역시 갑자기 다른 집단이 거론되었다. 이번 주장은 "어노니머스 폴란드"라는 트위터 계정과 "the handle@anpoland"로부터 나온 것이었다. 구시퍼 2.0과 마찬가지로 이 새로운 트위터 채널에 대한 이전 기록이 없다. 따라서 이 계정이 단지 작전을 위해 만들어진 허구 계정이었음을 알 수 있다.

공격의 타깃에는 육상 선수 율리아 스테파노바가 포함되어 있는데, 그녀가 러시아 도핑 스캔들에서 내부고발자로 나선 후에 그녀의 이메일이 해킹되었다. 율리아는 개인적으로 푸틴의 분노를 자아냈는데, 푸틴은 그녀를 "유다"라고 불렀다. 러시아 당국이 금지된 방법이나, 논란이 되는 방법임에도 자국의 선수들이 승리하는 것에 국가적 관심을 오랫동안 보여 왔기 때문에 그녀에 대해 보복하고 싶어 한 것은 놀라운 일이 아니었다. 그리고리 로드첸코프는 러시아 선수들이 WADA 통제를 속이도록 도운 반도핑연구소 소장이었다. 로드첸코프는 러시아 정보 요원이 선수들의 소변 샘플에 발생한 일들을 알아내기 위해 그의 연구소를 감시하도록 배치되었다고 주장한다.[55]

수많은 다른 러시아 해커들이 미국의 정부, 외교, 민간 웹사이트들을 공격했다. 2014년 12월 러시아 해커들은 저명한 미군 출입기자의 계정에 침투했다. 그 결과 공격자들은 연락 정보를 빼내어 55명의 미국 주요 신문의 직원들을 공격했다.[56] 2015년 1월 세 명의 인기 있는 유튜브 블로거들이 백악관에서 버락 오바마 대통령을 인터뷰했는데, 나흘 후 그들은 지메일 피싱 공격의 타깃이 되었다.

오피스 몽키스 작전

2014년 10월에 몇몇 백악관 직원들은 실행 파일이 들어 있는 압축 파일이 첨부된 이메일을 비디오 파일과 함께 받았다. "오피스 몽키스"가 이메일의 제목이었는데, 정장에 넥타이를 맨 침팬지의 비디오뿐만 아니라 목표한 자료를 얻기 위해 필요한 엑스플로잇을 열도록 되어 있는 APT29로부터 온 코지듀크 툴 키트가 들어 있었다.

백악관 공격은 바로 몇 주 전에 있었던 국무부의 침투와 유사한 결과를 가져왔다. 국무부의 경우, 직원들은 "행정적 문제"라고 언급된 이메일에 표시된 가짜 링크를 클릭했다.[57] 공격자들은 국무부에서 얻은 자료를 이용해 백악관 공격 방향에 대한 접근 방법을 준비할 수 있었다. 백악관 침투로 인해 버락 오바마 대통령의 스케줄에 관한 이메일과 함께, 기밀은 아니나 민감한 정보들이 훼손되었다.[58]

사이버 베어는 또 미군의 합동참모본부 직원을 겨냥하여 미국 합동참모본부에 대한 스피어피싱 작전을 수행하였다. 침입 멀웨어가 동료들의 이메일로 위장되었다. 침투 결과 열흘 동안 시스템이 다운되어 사천 명의 직원들이 오프라인으로 작업하였다.

워터스네이크 작전

FSB와 GRU의 비밀 사이버 수집과 활용 정도를 보여주는 사례로 고급 해킹 하드웨어와 툴을 갖춘 러시아 상선에서 미국 중부 내의 타깃들을 감시하고 활용하고 해킹하는 러시아 연방보안국과 해군 정보부의 비밀 작전이 노출된 사건이 있었다. 미국 해안 경비대는 SS 켐 하이드라 상선에 올라가서 러시아 해킹 팀과 관련된 무선 도청 장치를 발견했다. 분명히 그 배는 미국의 심장부에서 무선 네트워크로 정보를 수집하고 지역 컴퓨터 네트워크에 대한 해킹을 시도하는 임무를 띤 요원들이 승선해 있었다.[59]

러시아 사이버 범죄 집단: 크리미널 베어, 밀리시아 베어

버저크 베어, 부두 베어, 보울더 베어: 크라우드스트라이크는 2004년부터 '버저크 베어"로 활동해 온 집단을 알아내어 그 집단을 러시아 정보국과 연관시켰다. 이 집단의 목표는 정보를 훔치는 것인데 임무에 따라 적절한 툴을 쓰는 유연함을 보여주었다. 버저크 베어는 러시아와 조지아 간 갈등이 있던 2008년에 조지아 웹사이트를 상대로 활동했다. 하지만 공격에 대한 자세하고 광범위한 보고 없이 이 이름들을 멀웨어를 추적하는 회사가 기록에 올린 더 큰 공격들과 연관시키는 것은 쉽지 않다.

사이버 베르쿠트: 사이버 베르쿠트로 알려진 집단은 러시아로부터 온 APT 위협과는 다르다. 이들 우크라이나 출신 친러시아인들은 2014년부터 반우크라이나 디도스 공격를 실행해 오고 있다. 디도스 공격과 함께, 사이버 베르쿠트는 타깃을 공격하기 위해 자료를 빼돌리고 허위 정보를 이용한다.[61] 비록 그 집단의 공격이 대체로 우크라이나 정부의 신임을 떨어뜨리는 데에 목표를 두고 있을지라도 사이버 베르쿠트는 나토 회원국들만 공격하는 것으로 나타났다. 그들은 웹사이트를 가지고 있으며 어나니머스와 비슷하게 어떤 면에서는 공공성이 강하다. 그들은 심지어 유명한 지하드 존과 폴리 영상과 비슷하게 보이려고 각색된 영상을 게시하면서 제임스 폴리 기자의 참수와 관련된 음모론에 관여하기 시작했다.

푸틴의 전문 트롤 팜

몇몇 인터넷에서 날조된 이야기가 소셜 미디어로 퍼져 나가 2014년 가을과 겨울 미국 전역이 패닉 상태에 빠졌다. 첫 번째는 9월 루이지애나 화학공장 폭발 이후에 나왔고, 다음은 에볼라 발발, 그리고 12월 애틀랜타에서 무장하지 않은 흑인 여성을 경찰이 총으로 쏜 이후에 나왔다.[62] 하지만 이들 중 어떤 사건들도 실제로 발생하지 않았다. 그러나 어떤 경우도 날조라는 것이 곧바로 밝혀지지는 않았다. 예를 들어, 화학공장에 대한 날조가 떠도는 동안 게시물들이 소셜 미디어에 넘쳐났으며, 지역 주민들은 어마어마한 양의 문자를 받았고, 가짜 CNN 스크린샷이 입소문이 났고, 복제된 뉴스 사이트가 등장했다.[63] 각각의 사건마다 아드리안 첸 기자가 인터넷 연구기관(IRA)으로 알려진 러시아 집단이 정교하게 날조된 이야기를 지어냈다는 사실을 밝혀냈다. 온라인상의 친러시아이며 다른 모든 이에게 반감을 가진 유급 직원들은 "올기노 트롤*"로 알려져 있다.[64]

---

* 상트페테르부르크의 올기노 지역에 있는 IRA로 알려진 기관이 인터넷에서 가짜 계정 다수를 사용해서 친러시아적인 선전을 수행했는데 이것을 올기노 트롤이라고 한다.

첸은 러시아 상트페테르부르크로 여행을 가서 〈뉴욕타임스〉에 "기관"이라는 제목으로 2015년 6월 일명 트롤 팜* 에 대해 집중 보도하였다. 그는 기관이 "수백 명의 러시아인을 고용하여 엄청난 지지자 집단에 대한 환상을 만들어 내기 위해 가짜 아이디로 트위터를 포함하여 온라인에 친크렘린 선전물을 게시하도록 하는 것으로 알려져 있다고 썼다.[65]

분석가는 푸틴의 사업 파트너 예브게니 프리고친이 기관을 운영한다고 의심했다. 첸은 그가 "풍부한 정부 인맥과 푸틴과의 친밀한 관계 때문에 독립 언론에서 '크렘린의 요리사'로 불리는 올리가르히 레스토랑 사업자"임을 밝혀냈다.[66] 〈타임스〉는 이전 직원의 말을 인용하여 기관에서 "트롤 기술을 산업화시켰다."고 말했다.[67] 첸은 "요점은 일상 속 사람들의 비정치적인 사색처럼 보이도록 매끄럽게 선전 전략을 짜려한다는 것이다."라고 썼다.[68] PBS 뉴스아워와의 인터뷰에서 첸은 "인터넷을 오염시켜, 사람들로 하여금 인터넷이 제공하는 소스를 믿을 수 없도록 하고, 반대편의 리더나 크렘린의 이야기와는 다른 쪽의 이야기에 대해 알려고 하는 평범한

---

* 구성원이 고의적으로 인터넷 커뮤니티에서 논쟁이나 선동을 부추겨서 분쟁과 혼란을 일으키는 조직을 말한다.

러시아 사람들이 인터넷을 신뢰할 수 없도록 만드는 것이 목적이다."라고 말했다.[69]

챈이 인터넷 연구기관(IRA)에 대해 보도하기 1년 전, 맥스 세돈은 버즈피드에 IRA가 소셜 미디어와 〈폴리티코〉, 〈허핑턴포스트〉, 폭스뉴스와 같은 미국의 인기 웹사이트의 의견란에 "아메리칸드림"과 "러시아를 사랑한다."라는 주제가 넘쳐나도록 하는 프로젝트를 시작했다는 것을 보여주는 유출된 이메일에 대해 보도했다. 버즈피드는 한 프로젝트 팀원인 스베틀라나 보이코가 뉴스 기관과 인터넷 비평가들이 러시아에 대해 긍정적인 글을 쓰지 않는 것을 두려워한다고 보도한다. 전략 문서에서 보이코는 비러시아 매체가 "현재 러시아 연방에 대해 국제사회의 시각으로 부정적인 이미지를 적극적으로 형성하고 있다."고 적었다.[70]

우크라이나 위기가 시작되고 2014년 3월 러시아가 크림반도를 합병한 후 버즈피드는 친크렘린 인터넷 활동이 증가했다고 보도했는데, 세돈에 의하면 인터넷 활동은 "러시아가 국내에서는 아무 말을 못 하게 하는 동시에 미국에 대한 반대 의견을 독려하려고 한다는 것을 암시하는" 것이었다.[71] 유출 문서는 매일 "트롤[*]"들이 뉴스 기사에 대해 오십 번, 열 개의 계정으로부터 스물다섯 번, 여섯 개의 페이스북 계정에 대해 세 번씩의 댓글을 게시하도록 하였음을 보여준다.[72]

위키리크스가 유출된 DNC 이메일을 7월에 공개한 후, 현재 〈뉴요커〉의 전속 기자인 첸은 그의 첫 기사 이후로 IRA의 활동이 감소한 것처럼 보인다고 했다. 그러나 그는 계속하여 게시물을 올리는 몇몇 트위터 계정들의 움직임에 주목했다. 첸은 "하지만 어떤 작업들은 계속되었는데, 작년 말 흥미로운 점을 목격하였다. 많은 이들이 자신을 도널드 트럼프의 열성적인 팬인 보수 유권자라고 칭하며 보수 언론 매체를 홍보하기 시작했다는 것이다."라고 적었다.[73]

---

[*] 인터넷 커뮤니티에서 고의적으로 논쟁이나 선동을 부추겨서 참여자들의 감정적인 반응을 유발시키는 사용자를 가리킨다.

7

위키리크스:
러시아의 정보 세탁소

Government

Corporations

International Police

Spy Files Russia

18th September 19th 2017

WikiLeaks starts publishing
the series "Spy Files Russia"
with excerpts from the
company Peter.

Vault 7: P

Today, Septemb
WikiLeaks publis
secret documen
Protego project a
along with 37 rela
manuals

푸틴의 럭키 7 작전이 성공하려면, 사이버 베어 팀은 일단 복구된 정보를 유포하기 위한 플랫폼이 필요할 것이다. 해킹 팀은 데이터의 주요 흐름을 저장하고 어떤 파일이 심각한 피해를 입힐 수 있는지 데이터를 평가한다. FSB 콤프로마트 허위 정보 작전은 정치적으로 파괴력 있는 자료들을 훔쳐 낸 다음 훔친 자료를 실제 출처를 보호하기 위해 제삼자를 통해 글로벌 뉴스 매체에게 은밀히 흘린다. 이 제삼자는 첩보 용어로 컷아웃으로 알려져 있다.

　럭키 7 정보전 관리 팀은 사이버 베어가 훔쳐 낸 서류들을 크렘린이 원하는 결과를 이끌어 낼 수 있는 방식으로 배포한다. 이를 위해 데이터 배포 일정을 엄격히 관리하고, 정치판을 끊임없이 감시하며, 가장 불리한 자료가 배포될 수 있도록 서류의 내용을 분석하는 일들을 필요로 한다. 즉각적인 가치가 있는 이메일들은 믿을 만한 "컷아웃"을 통해 대중에게 공개할 수 있다. 상대 정치인 뒷조사 파일처럼 트럼프에게 불리한 파일들은 영향력을 약화시켜 트럼프가 대응할 수 있도록 공개할 것이다.

　이 작전에 활용할 컷아웃은 세계적으로 알려진 사람인데, 이 사람이 이끄는 조직의 임무는 비밀 서류들을 세상에 공개하는 것이다. FSB는 힐러리 클린턴의 강경한 목소리의 적이자, 온라인 조직 위키리크스의 개설자인 영국 시민 줄리안 어산지를 컷아웃으로 선택했다. 어산지는 위키리크스를 "세상에서 가장 박해받는 서류들을 보유한 거대한 도서관"으로 묘사했다.[1] 2015년 말까지 이 사이트는 천만 개가 넘는 서류들을 발표했다고 주장하였는데, 이 가운데 많은 서류가 논란의 여지가 많거나 기밀로 분류된 서류들이었다. 이 사이트는 개설된 이후로 줄곧 칭찬과 비난을 동시에 받고 있다.[2]

어산지는 유출된 서류들을 공개할 출구를 제공할 목적으로 2006년에 위키리크스를 개설했다. 2008년에 이 사이트의 "어바웃" 페이지에는 "위키리크스는 추적할 수 없는 대량 서류들의 유출과 분석을 목적으로, 검열할 수 없는 위키피디아를 개발하고 있는 중이다. 우리의 주요 관심은 아시아와 구소비에트 연방, 사하라 사막 이남의 아프리카, 중동 지역의 억압적인 정권들을 폭로하는 것이나, 우리는 정부와 기업의 비윤리적 행동을 밝혀내길 원하는 사람들에게도 도움을 주고 있다."고 적혀 있다.[3]

1971년 오스트레일리아에서 태어난 어산지는 끊임없이 이사를 다니던 어린 시절에 일관되지 않는 홈스쿨링을 받았다. 그의 가족은 어산지가 열네 살이 될 때까지 서른일곱 번이나 이사를 하였다.[4] 어산지는 10대가 되자, 컴퓨터에 흥미를 보였으며, 1987년 열여섯 살이 되었을 때, 처음으로 모뎀을 받아서 월드와이드웹이 상용화되기 4년 전에 존재했던 네트워크에 연결하기 위해 자신의 코모도어 64에 장착했다.[5]

어산지는 곧바로 해킹의 세계를 발견하였으며 "가장 보안이 잘된 네트워크도 뚫을 수 있는 정교한 프로그래머"로 명성을 쌓았는데, 여기에는 미국 국방부 네트워크도 포함된다.[6] 1991년 어산지는 체포되어, 서른한 번의 해킹과 텔레컴 회사인 노르텔을 침투한 것과 관련된 혐의로 기소되었다. 어산지는 스물다섯 개의 기소 내역에 대해서는 유죄를 인정하였고, 나머지 여섯 개는 소송이 취하되었으나 판사는 "지적인 호기심"에 의한 해킹이었음을 언급하며 어산지가 피해 보상에 대해 "소액"만 지불하면 되도록 판결하였다.

위키리크스는 2010년 두 대의 미국 헬리콥터가 바그다드에서 오인 발포하여 두 명의 〈로이터〉 기자를 포함하여 적어도 12명이 사살되고, 두 명의 아이들이 부상당했던 "부수적 살인"(Collateral Murder)으로 불리는 영상을 사이트에 공개하면서 주류 의식에 들어서게 되었다.[7] 〈로이터〉 통신은 위키리크스가 2010년 4월 영상을 공개하기 전에 수년 동안 정보공개청구법에 따라 해당 영상을 얻어 내고자 했었다. 〈뉴욕타임스〉는 다음과 같이 썼다.

••••

이라크 영상의 공개는 정부와 다국적 기업의 숨겨진 정보를 밝혀내는 것을 목적으로 했던 과거 비주류였던 웹사이트를 주목하게 만드는데, 이 사이트는 비밀을 만천하에 드러내면서 그것을 도운 사람들의 정체는 보호한다. 이로 인해 위키리크스는 미국 및 해외 권력자들의 입장에서는 골칫거리가 되었다. 이라크 공격 영상을 공개함으로써 위키리크스는 단순히 민감한 정보를 교환하는 센터 역할에서 탐사보도의 형태와 시민 단체로 가깝게 다가가고 있다.[8]

위키리크스는 다음으로 이라크 정보부대에 배치된 미국 육군 일병 브래들리 매닝이 빼낸 이라크와 아프가니스탄전-그리고 나중에는 관타나모 파일들도-과 관련된 전례가 없이 많은 양의 기밀문서를 공개하기 시작했다. 매닝은 미국 육군의 기밀을 요하는 정보 네트워크에 접속하여 수십만 장에 달하는 기밀문서를 복사하여 어산지에게 전달하였다. 당국이 그녀를 체포하여 군사재판에 기소, 스파이 행위와 정부 컴퓨터 네트워크에 대한 남용 혐의로 유죄를 선고하였다. 매닝은 유출 혐의로 징역 35년형을 선고받았다.[9] 어산지는 매닝에 대한 기소와 관련, "서구식 정의의 기본 개념에 대한 모욕"이라고 언급했다.[10] 세계의 리더들과 대중들이 어산지의 행동에 대해 다양한 반응을 보였으나, 미국 정부는 위키리크스를 단호히 반대하는 성명을 발표했다. 미국 국방부는 다음과 같이 썼다.

••••

우리는 위키리크스가 개인이 법을 어기도록 유도하고, 기밀문서를 유출시켜, 비밀 정보를 우리의 적과 더불어 세상과 오만하게 공유한 것에 대해 개탄한다. 우리는 테러리스트 조직이 우리를 상대로 활용할 정보를 얻기 위해 아프간 유출 서류들을 뒤져 왔다는 것을 알고 있는데, 이번 이라크 유출 사건은 그 규모가 네 배 이상이다. 그처럼 민감한 정보를 폭로함으로써 위키리크스는 우리 군, 군의 협력 파트너들, 우리와 협력하는 이라크와 아프간 사람들의 목숨이 끊임없이 위험에 처하게 만들고 있다. 현시점에서 위키리크스가 할 수 있는 유일한 책임 있는 행동은 훔친 자료들을 돌려주고 사이트에서 가능한 한 빨리 삭제하는 것이다.[11]

어산지가 2010년 11월, 약 이십오만 개의 외교전문을 공개하자 미국 당국은 또다시 격분했다. 백악관은 이 공개를 "무모하고 위험한 행동"이라고 불렀으며,[12] 힐러리 클린턴 국무장관은 이번 유출을 "국제사회에 대한 공격"이라고 언급했다.[13] 국제사회와 미국 대중들은 대량 유출을 조장한, 한 때 해커였던 어산지를 어떻게 받아들여야 할지 몰랐다. 〈뉴욕타임스〉는 "러시아인들은 미국인들이 위선자라고 주장하면서, 유출에 대한 워싱턴의 반응을 비꼬는 것을 특히 즐기는 것 같았다."고 적었다. 러시아 총리 블라디미르 푸틴은 미국의 반응을 비판했다. "저기 시골에 가면 '다른 사람의 소는 울어도 되지만, 당신의 소는 조용해야 한다.'라는 말이 있다"며 푸틴은 러시아 속담에 빗대어 말했는데, 〈뉴욕타임스〉는 이 속담이 "솥이 주전자를 보고 까맣다고 한다."와 비슷한 뜻이라고 기술했다.[14] 한편, 어산지는 〈타임스〉 독자가 선정한 2010년 올해의 인물로 선정되었지만 마크 저커버그에게 올해의 인물상을 빼앗겼다.[15]

위키리크스는 자료를 유출하는 과정에서 많은 언론 매체와 협력하였다. 〈뉴욕타임스〉의 편집국장 빌 켈러는 2011년 1월 어산지를 심도 있게 다루는 기사에서 "위키리크스가 저널리즘으로서 어떤 역할을 하는지 기술하는 것이 망설여진다."고 적었다. 켈러는 "우리는 어산지를 파트너나 협력자가 아닌 정보원으로 줄곧 여겼지만, 그는 분명 자신만의 어젠다를 갖고 있는 사람이었다."고 썼다.[16] 이 사이트의 개설자가 어젠다로 비난받는 것이 이번이 처음은 아니었으며, 마지막도 아닐 것이다. 위키리크스는 과학적 저널리즘에 대한 어산지의 믿음으로부터 시작되었는데, 그 아이디어는 〈뉴요커〉에 어산지의 인물평을 쓰고 있던 라피 카차도리안과의 인터뷰에서 자세히 설명하였다.

••••

나는 '과학적 저널리즘'이라는 새로운 기준을 세우고 싶다. 만일 당신이 DNA에 대한 논문을 제출하려고 한다면 훌륭한 생물학 저널들은 다른 사람들이 반복해서 검사하고, 입증할 수 있도록 당신의 연구에 소개된 데이터를 제출할 것을 요구할 것이다. 저널리즘도 이렇게 되어야 한다고 본다. 독자들이 듣고 있는 것을 입증할 수 없어서 오용하게 된다는 점에서 즉각적인 힘의 불균형이 존재한다.[17]

하지만 어산지는 시간이 흐를수록 객관성을 추구하는 전통 저널리즘의 원칙에서 멀리 벗어났다. 대신에 정의라는 아이디어에 초점을 맞추게 되었다. 카차도리안은 "어산지는 과학적 저널리즘을 주장하지만 자신의 임무는 부당함을 밝히는 것이지, 사건과 관런하여 공평한 기록을 제공하는 것이 아님을 내게 강조하였다."고 적었다.[18] 어산지는 이후 2014년에 발간한 책 ≪구글이 위키리크스를 만났을 때(When Google Met WikiLeaks)≫에서 "나는 미심쩍은 일들이 세상에서 벌어지고 있다는 것을 알고 있다. 세상에는 부당한 행위들이 너무나 많다고 생각했다. 그래서 나는 이 세상에 정의로운 행위들이 보다 많아지고, 부당한 행위들은 없어지길 원했다."라고 적었다.[19]

위키리크스를 곤경에 빠지도록 한 것은 바로 이러한 신념 때문이다. 위키리크스 사이트와 어산지는 저널리즘 기업이라고 주장하지만 노골적으로 어젠다를 드러내고 있어 비판받아 왔다. 크리스토퍼 히친스는 〈슬레이트〉 칼럼에서 위키리크스 개설자를 다음과 같이 비판하였다.

● ● ● ●

그 사람은 그저 양심의 가책도 느끼지 않고 어젠다도 숨기지 않는 마이크로-메갈로마니악*에 불과하다. 지난번에 쓴 대로 "두 전쟁을 종식시키는 것"이 자신의 목표라고 말할 때, 사람들은 즉시 그가 말하는 "종식시키다."가 의미하는 바를 알아챘다.

---

* 크리스토퍼 히친스의 신조어, 작은 영역에 대한 완벽한 지배를 유지하는 것에 만족하는 사람들

환상 속에서 아마 일종의 게릴라 용병일지도 모르지만 현실에
서는 자신을 키워 준 문명에 분개하는 중개인이자 소문을 퍼
뜨리는 사람일 뿐이다.[20]

위키리크스가 DNC 이메일의 공개를 민주당 전당대회 직전
까지 미뤘을 때 분명한 어젠다를 지니고 있으며, 객관적이지 못하
고, 본래의 목적에서 벗어났다는 이유로 새로운 비판을 받게 되었
다. 존 분덜리히 비영리 선라이트재단의 상임이사는 〈타임〉에 "위
키리크스는 다른 것이 되었어요. 객관적이려고 애쓰지 않아요. 더
경솔해졌어요. 그들이 정보를 공개할 때는 개인을 희생시키면서
어떤 구체적인 목적을 갖고 응징하려는 것 같아 보입니다."고 말
했다.[21]

하지만 어산지와 위키리크스에 비판적인 사람들조차도 그 사
이트가 밝히는 것들에 대한 가치를 인정하고 있다. 그래도 여전히
비평가들은 그런 작전 뒤에 감춰진 이데올로기적 동기에 대해 우
려한다. 독일 저널리스트 요헨 비트너는 2016년 2월 〈뉴욕타임스〉
의 기고문에서 "위키리크스가 숨기고 있는 아이디어는 간단하며
기발하다."라고 적었다. 계속해서 그는 이렇게 적었다.

••••

내부고발자들이 전 케냐 대통령의 부패와 거대 유럽은행이 채택한 세금회피 전략, 이라크에서 미국의 헬리콥터 공습으로 민간인을 무차별 사살한 것을 입증한 자료들을 제출했다. 〈가디언〉, 〈슈피겔〉, 〈뉴욕타임스〉를 포함한 뉴스 매체들은 어산지가 특종을 확산시키도록 도왔다. 물론 심지어 그때에도 논평자들과 협력 매체들은 어산지가 투명성 이상의 것을 염두에 두고 있었으며, 그의 아이디어 뒤에 이데올로기가 있다는 것을 느꼈다. 시간이 지날수록 대중을 상대로 한 그의 정기적인 연설과 러시아 국영 TV 네트워크에 호스트로 활동하면서 이데올로기가 점점 더 분명해졌다.[22]

2010년 8월 첫 번째 매닝 서류가 공개되고 수개월 후, 스웨덴에서 두 명의 여성이 어산지를 강간과 성폭행 혐의로 고소했다. 어산지는 혐의들을 부인했으며 기소되지 않았다. 어산지는 12월 런던에서 체포되었으며 영국 법정은 그를 스웨덴으로 인도할 것을 판결했다. 이에 대해 어산지가 영국 대법원에 항소하였는데, 대법원은 2012년 5월에 인도하기로 한 판결을 확정하였다. 성폭행 고소 후 스웨덴으로 인도되는 것을 피하기 위해, 어산지는 런던 주재 에콰도르 대사관으로 가서 정치적 망명을 신청하였으며, 에콰도르는 2012년 8월 요청을 수락하였다. 하지만 대사관 밖으로 나가는 것은 에콰도르 외교 면책특권을 포기하는 것이므로 가택연금 상태로 런던 주재 에콰도르 대사관에 머물고 있다.[23] 2016년 8월, 스웨덴과 에콰도르는 어산지에 대한 강간 혐의를 제외한 모든 범죄에 대한 공소시효가 끝나긴 했지만 대사관에서 어산지를 인터뷰하기로 합의했다.[24]

에콰도르 외무부 장관 리카르도 파티뇨는 어산지의 망명 요청을 승인한 이유로 정치적 기소에 대한 두려움을 들었다. "어산지가 정보를 공개한 나라나 나라들로부터 복수의 징후가 심각하게 보인다. 복수로 인해 그의 안전, 보전, 심지어 그의 생명도 위험에 처할 수 있다."고 파티뇨는 기자회견에서 밝혔다.[25] 나아가 파티뇨는 어산지가 미국으로 인도된다면 정당한 판결을 받을 수 없을 것이라고 주장했다. 그는 "어산지가 가혹하고 모멸적인 대우를 받고 종신형이나 어쩌면 사형까지도 받게 되는 것이 불가능할 것 같지 않다."고 덧붙였다.[26]

러시아와 어산지, 위키리크스와의 연계는 토론과 인터넷 음모론의 주제가 되어 왔으나 실제 연계에 대한 확실한 증거는 최근에서야 드러나기 시작했다.[27] 어산지가 어젠다를 만들어 내고 있다는 의혹들이 그의 대사관 감금과 동시에 발생하면서 그와 러시아와의 관계가 좀 더 친밀해졌을 때 더욱 극명해졌다.

소비에트 연방 시기에 모든 러시아 매체는 부패했고, 중앙 커뮤니케이션 당국으로부터 이데올로기적으로 통제를 받는 것으로 간주되었다. 〈타스〉, 〈프라우다〉, 〈이즈베스티야〉 배포망은 소련 공산당 중앙위원회의 대변인으로 행동했다. 오늘날 푸틴의 러시아는 매체를 좀 더 다양화했으며, BBC 스타일의 매체인 〈러시아투데이〉를 만들어, 음모론이나 더 나아가서는 반미 선전을 방송하기 위해 조잡한 폭스뉴스 스타일의 보도 방식을 채택한 네거티브 선전을 도입하였다. 예를 들어, "이슬람 국가 요원이 미국으로부터 자금을 지원받는다고 고백합니다." 그런 다음 "블로그"나 익명의 정보원으로부터 얻은 비양심적이거나 고의로 만든 가짜 뉴스 기사를 연결하며 "조사"한다고 했다.

푸틴과 러시아에 대해 광범위하게 글을 써 온 저널리스트 줄리아 요페는 〈콜럼비아저널리즘리뷰〉에서 〈러시아투데이〉 네트워크가 2005년에 출범하였는데, "러시아에 대한 대외 이미지를 개선하고, 크렘린이 서구 매체에서 봤던 반러시아 편견에 대응하기 위한 연성 권력(soft-power)의 도구로 사용할 목적이었다"고 썼다.[28] 하지만 요페는 오늘날 〈러시아투데이〉 네트워크는 푸틴 대통령의 과거 대립을 일삼는 외교 정책이 확장된 것으로 더 잘 알려져 왔

다고 썼다.[29]

강력한 러시아의 재정적 지원으로 〈러시아투데이〉는 많은 국제 뉴스 기관으로부터 적법성을 인정받았다. 〈러시아투데이〉는 미국 비주류 인사들에게 돈을 주고 〈러시아투데이〉 아메리카 채널에 출연시켰으며, 종종 크렘린의 지시를 받은 주제에 대해 토론 방송을 제의하였다. 어산지가 더월드투모로우, 간단히 줄리안 어산지 쇼로 불리는 TV 프로그램에서 열두 개 에피소드의 사회를 맡았다는 것은 놀라운 일도 아니다. 그 프로그램은 런던 주재 에콰도르 대사관으로부터 방영되어 2012년 4월부터 6월까지 방송되었다.

2007년부터 2011년까지 〈가디언〉의 모스크바 특파원이었던 저널리스트 루크 하딩은 어산지쇼에 대한 리뷰에서 그를 "쓸모 있는 바보"로 묘사했다.[30] 어산지는 첫 번째 인터뷰를 레바논 무장정파 헤즈볼라의 리더였던 하산 나스랄라와 하였는데, 하산은 6년 동안 매체와의 인터뷰를 하지 않았던 사람이었다. 그러나 하딩은 그것이 "〈러시아투데이〉가 약속했던 자극적인 이벤트는 아니었다. 질문들은 사전에 협의된 것이 분명했다. 어떤 질문들은 사소했고, 다른 것들은 아첨하는 질문이었으며, 나르살라의 대답에는 이의가 제기되지 않았다."라고 썼다.[31] 2012년 4월 16일 〈러시아투데이〉에 게시된 시사평에서 어산지는 "적의 전투원이며, 반역자며,

크렘린과 친밀한 관계며, 전 세계 끔찍한 급진주의자들과 인터뷰를 하는 줄리안 어산지네."[32] 라는 비판이 있을 것 같은 느낌이 든다고 말했다. 이처럼 예상된 비판에 대응하기 위해 어산지는 "만일 그들이 실제로 쇼가 어떻게 제작되고 있는지를 본다면 그런 비판을 하지 않을 것이다. 우리가 만들고, 완전한 편집권을 갖고 있다. 우리는 모든 매체가 관점을 갖고, 모든 매체가 논점을 갖고 있다고 믿는다."고 말했다.[33]

일 년 반 전에 어산지와 러시아 사이의 연계를 암시하는 사건이 있었다. 프린스턴 대학의 미국 역사학 교수 션 윌렌츠는 〈뉴리퍼블릭〉에 다음과 같이 기고했다.

••••
2010년 10월, 국무부 전문 공개로 위키리크스의 영향력이 절정에 달하기 바로 직전에 어산지는 위키리크스가 미국뿐만 아니라 러시아를 포함하여 모든 억압적인 정권들의 비밀을 노출시킬 것이라고 맹세했다. 이전 국영 일간 〈이즈베스티야〉와의 인터뷰에서 어산지는 "우리는 러시아 정부와 기업인에 대해 위협적인 자료들을 가지고 있다."고 설명했다. 같은 날, 위키리크스의 크리스틴 흐라픈손은 기자에게 "러시아 독자들은 자기 나라에 대해 많이 배우게 될 것이다."고 말했다.

미국인들과는 달리 러시아인들은 위키리크스에 주목했다. 흐라픈손의 인터뷰가 공개된 다음 날 러시아 비밀경찰 FSB의 익명의 정부 관료는 러시아 독립뉴스 웹사이트인 LifeNews.ru에서 "의지와 적절한 명령이 있다면 위키리크스는 영원히 접속할 수 없도록 할 수 있다는 점을 꼭 명심해야 한다."고 말했다.

그 후 이상한 일이 발생했다. 어산지가 성폭행 혐의로 체포되고 며칠 후, 크렘린 관료들이 어산지의 가장 강력한 변호인으로 나타났다. 〈모스크바타임스〉는 푸틴이 직접 어산지의 체포를 비난했다고 보도했다. "만일 완전한 민주주의라면 왜 어산지를 감옥에 숨겼겠는가? 그런 것이 뭐, 민주주의라고?" 푸틴의 분노는 러시아 하원 부의장 겐나디 구드코프를 포함해서 다른 고위 러시아 정치인들에 의해 되풀이되었다. 구드코프는 "어산지를 체포한 진짜 이유는 외교 기밀정보를 누가, 어떻게 그에게 유출하였는지를 무슨 수를 써서라도 알아내려는 것이다."라고 말했다.[34] 그러나 저널리스트 요헨 비트너는 〈뉴욕타임스〉 논평에서 다음과 같이 말했다.

••••

세계에서 가장 비밀스러운 정부 가운데 하나를 위키리크스가 왜 그냥 넘어갔는지 궁금하다. 온라인에서 그렇게 많은 시간을 보내면서 위키리크스는 왜 러시아 첩보 스캔들을 한 번도

밝혀낸 적이 없는가? 밝혀낼 스캔들이 없어서? 아니면 어산지가 푸틴 대통령을 당혹스럽게 만들고 싶지 않아서?[35]

어산지는 또 자신이 NSA 내부고발자 에드워드 스노든의 러시아 망명을 추천하였다고 말했다. 〈가디언〉에 따르면, 어산지는 "스노든은 라틴 아메리카로 가길 원했지만 나는 PR 결과가 부정적이지만 러시아로 망명해야 한다고 충고했다. 왜냐하면 그가 CIA 명령으로 라틴 아메리카에서 납치될 수 있는 위험이 상당히 높다고 평가했기 때문이다. 납치되거나 어쩌면 살해되거나."라고 말했다.[36]

힐러리 착란 증후군

어산지는 힐러리 클린턴에 대한 반감을 전혀 숨기지 않았다. 2016년 2월 위키리크스가 게재한 '오늘 힐러리 클린턴을 위해 투표하는 것은 끝나지 않는 망할 놈의 전쟁을 위해 투표하는 것이다'라는 제목의 기사에서 어산지는 힐러리가 "미국의 대통령이 되어서는 절대 안 된다. 나는 수년 동안 힐러리 클린턴 문제를 다룬 경험이 있으며 그녀의 전문 수천여 개를 읽었다. 힐러리는 판단력이 부족하여 미국을 테러리즘을 퍼트린 끝없는 망할 놈의 전쟁 속으로 밀어넣을 것이다. 부족한 정치적 판단력과 결합된 그녀의 성격이 ISIS 봉기의 직접적인 원인이 되었다. 그녀는 살인을 통해 부적절한 감정적 쾌감을 얻는 판단력이 좋지 않은 매파다."라고 말했다.[37] 어산지는 또한 위키리크스가 이십오만 개가 넘는 외교전문을 공개한 후 자신을 기소하라고 밀어붙인 힐러리를 비난했는데, 당시 힐러리는 역으로 이를 비난했다.[38] 어산지는 전 국무장관과 관련하여 보다 많은 자료들이 유출될 것이라고 주장했다. 그는 "우리는 수천 페이지에 달하는 많은 자료를 가지고 있다."고 폭스뉴스의 메긴 켈리에게 말했다.[39] "선거캠프와 연관된 여러 형태의 기관으로부터 온 다양한 형태의 서류들이다. 어떤 서류들은 상당히 흥미롭고 전혀 예상치 못한 관점들이고 어떤 것들은 심지어 재미있기까지 하다."[40]

힐러리의 선거본부장, 로비 무크는 CNN과의 인터뷰에서 러시아와 7월 24일 발생한 DNC 해킹 사이의 연관성을 이끌어 냈다. "충격적인 것은 전문가들이 러시아 국가 행위자들이 DNC에 침입하여 이메일들을 훔쳐 냈다고 말하며, 다른 전문가들은 러시아가 훔쳐 낸 이메일들을 도널드 트럼프를 실제로 도울 목적으로 배포하려 한다고 말하고 있다는 것이다. 나는 이 이메일들이 이곳에서 열리는 전당대회 전날에 배포된 것이 우연이라고 생각하지 않는데, 바로 그 점이 충격적인 것이다."[41]

어산지는 위키리크스가 민주당 전당대회가 시작되기 직전에 자료를 공개하기로 정한 것을 인정했다. "바로 그때가 독자들의 관심이 가장 높을 때라는 것을 알고 있었다. 하지만 우리는 그래야 하는 책임감을 갖고 있다." 어산지는 CNN 앤더슨 쿠퍼에게 "만일 우리가 전당대회 이후에 게재했다면 여러분은 민주당 유권자들이 얼마나 격분했었을지 충분히 상상할 수 있을 것이다. 전당대회 전에 게재했어야만 했다."라고 말했다.[42]

러시아가 유출에 가담하였다는 주장에 관해 어산지는 CNN에게 "나는 이것이 상당히 심각한 문제를 제기한다고 생각하는데, 그것은 바로 심각한 국내 정치 스캔들에 직면했을 때 러시아인들을 비난하고, 중국인을 비난하고, 그 밖에 다른 나라 사람들을 비난하려는 힐러리와 그녀 주변 사람들의 타고난 본능이다. 왜냐하면 만일 그녀가 대통령이 되어 이처럼 행동한다면, 그것은 갈등을 야기할 수 있는 정치적 관리 스타일이기 때문이다."고 말했다.[43]

어산지는 "우리가 지금 가지고 있는 것은 힐러리 선거캠프가 위키리크스가 게재한 이메일이나 다른 이슈들로부터 주의를 환기시키기 위해 과거에 발생했던 해킹에 대한 추측성 주장을 이용하고 있다는 것이다.[44] 분명 특정 행위자들을 배제하면, 정보원들의 정체가 쉽게 드러나게 되므로, 우리는 절대 그렇게 하지 않는다."며, 위키리크스가 정보원의 정체에 대해 최대한 애매모호하게 만들고 싶어 한다고 했다.[45]

DNC 이메일이 공개되기 한 달 반 전에 어산지는 브리튼 ITV와의 인터뷰에서 공개를 암시했다. "우리는 힐러리 클린턴과 관련된 것들을 곧 유출할 예정인데, 아주 굉장하다."고 하였다.[46]

그의 말에서 럭키 7 작전은 컷아웃을 확보했음을 알 수 있다. FSB의 정보전 관리 팀은 DNC와 구시퍼 2.0을 통한 해킹으로 얻어 낸 자료들을 어산지에게 전달하려고 위장 정보원을 만들어 냈다. 어산지는 밀접한 관련을 맺기를 간절히 바라고 있었으며, IWMC는 어산지만의 증오와 어젠다가 FSB의 적극 조치 공작 요원들에 의해 교묘하게 조종될 수 있는 새로운 시대를 만들려고 하고 있었고, 한편으로 사이버 팀은 어산지에게 정보가 계속 전해질 수 있도록 하였다. 어산지는 럭키 7 명령에 따르게 준비되어 있었고, 이제 그들이 훔쳐 낸 자료들만 있으면 되었다. 위키리크스는 FSB가 완전히 소유한 부속물이며, 본질적으로는 사이버상에서 일명 러시아산 세탁기로써 더러운 것을 세탁하여 하얗게 보이게 할 준비가 되었다.

8

사이버 베어가
공격할 때

한 번은 해프닝, 두 번은 우연의 일치,
그러나 세 번째는 적대적 행위다.

이안 플레밍

사이버 베어! 공격!

2015년 초가을 어느 날, NSA와 FBI 사이버국은 민주당 전국 위원회 서버와 관련된 이상한 움직임을 포착하였다. 외국의 엔티티들이 미국 정당의 네트워크나 세간의 이목을 끄는 사람, 미국 정부기관 등에 침투하려고 했던 것이 처음은 아니었기 때문에 그런 시도들의 특징은 잘 알고 있었다. 개별 해커들은 유대가 강하고 은밀한 해킹 커뮤니티에서 개인적으로 악명을 높이고 우쭐댈 수 있는 자격을 얻고자 이런 침투를 시도하곤 하는데, 이러한 해킹은 도난당한 데이터에 수십억 달러 가치가 있는 세계적인 사업으로 오래전에 커졌다. 일부 해커들은 눈 깜짝할 사이에 현금을 빼돌리는 정교한 취약점 공격으로 일반인들의 사회보장번호, 신용카드, 신원 도용 정보 등을 훔쳤고, 또 다른 해커들은 전문적으로 대량의 은행 거래 자료를 훔치거나 대규모로 사기행위를 벌였다.

지피지기면 백전백승이라는 전투 격언이 있다. 사업과 정치에서도 마찬가지로 적의 장점을 활용할 수 있으며, 그들의 약점을 이용하여 조종할 수도 있다. 이러한 목적으로 개별 해커나 해커 집단들의 작지만 뛰어난 네트워크는 협박을 목적으로 팔거나 이용할 회사의 비밀을 훔치는 것이 전문이다. 이런 부류의 해커는 훔쳐 낸 데이터를 사업 경쟁자에게 팔 것이다. 그것이 계약을 위한 입찰가든, 상대방 CEO 부인의 누드 사진이든 상관없이 실제로 파일이나 금고를 직접 부수고 들어가지 않고는 과거에는 절대 손에 넣을 수 없었던 자료들이 이제는 적당한 금액을 주고 제삼자로부터 안전하게 빼내 올 수 있다. 1990년대에 이러한 서비스를 제공하는 해킹 집단이 동유럽과 서아프리카, 중국, 남아시아 등에 형성되어 있었다. 외국 정보기관들도 미국에 있는 타깃에서 알아낼 수 있는 것이 무엇인지 알아내기 위해 해킹 집단과 종종 하청계약을 하여 그들의 서비스를 이용하였다.

FBI와 사이버보안 회사가 선거 시즌을 앞두고 정당들에게 경고를 하는 것은 언제나 권장할 만하다. 분명, 이전에도 해킹은 있었다. 그래서 FBI는 DNC에게 "특이 동향"을 주시하라고 말했다.[1] 국가안보국 국장 제임스 클래퍼는 국토안보부와 FBI가 "잠재적 사이버 위협에 대처하기 위해 선거캠프들을 교육시키는" 업무를 해왔다고 말했으며, 이어서 클래퍼는 "선거운동이 격렬해지는 만큼 해킹 시도들이 더 많아질 것으로 예상한다."고 덧붙였다.[2]

시스템의 규모와 범위를 고려할 때, IT 부서들은 다양한 형태의 일상적인 해킹을 상당수 다루어야만 한다. 불쾌한 메시지들, 예전 바이러스로 연결되는 링크가 있는 모욕적이고 악의에 찬 이메일들, 나이지리아 왕자들의 구혼 등 취약점 공격들이 정기적으로 발생한다. 보다 결정적인 서버 공격은 어마어마한 양의 스팸메일 쓰나미를 여러 시스템에서 동시에 네트워크로 쇄도하게 하는 것으로 서비스 거부 공격, 즉 도스 공격이다. 서버로 가는 통로를 채우는 막대한 양의 데이터가 허가받은 메시지들이 시스템으로 들어가는 속도를 느리게 만들거나 못 들어가도록 막는데, 인터넷 차단과 유사하다. 유효한 데이터가 엄청난 양의 해커가 주입한 데이터와 경쟁하면서 전체 시스템이 사이버 트래픽잼 때문에 서서히 멈춘다. 이런 식으로 서비스가 거부되는 것이다.

DNC IT 보안 직원이 특정 동향에 대해 경고를 받지 못하긴 했으나, 그들은 과거 정치 공격에 대해 잘 인지하고 있었어야만 했다. 최소한 모든 보안 요원과 그들의 하청업자들은 진정한 위협이 다가오고 있음을 알아볼 수 있는 과거 해킹들과 관련된 특징들에 대해 보고를 받았어야만 했다. 결국 그들 스스로가 대응할 수밖에 없도록 방치되었다. 해커들은 DNC가 민간 정치 조직이기 때문에 지역 IT 보안 회사도 그렇고 인간적인 약점이 이용될 수 있을 것으로 알았을을 것이다. 미국 국가안전보장국과 사이버 사령부는 정부기관이 아니면 정치 보안을 책임지지 않았다. 연방 기관들은 그들의 능력이 충분함에도 불구하고, 최소한의 '권고'만 했다.[3]

　DNC는 나름대로 위험 수준에 맞는 예방조치를 취하였다. 그럼에도 다른 이들이 더 많은 관심을 갖고 지켜보고 있었다. 2015년 10월, 정보보안훈련센터인 인포섹 인스티튜트는 첨단 침투 테스트라고 알려진 방어적 해킹을 실시하였다. IT 보안 회사에서 화이트 햇 해커들은 네트워크의 보안 장벽 주변을 테스트하고, 보안 시스템의 허점을 밝혀내기 위해 방어 차원에서 해킹을 했다. 이런 테스트들이 가끔 사소한 취약점을 밝혀내기도 하지만, 대개는 사이버 견인 트레일러가 전혀 탐지되지 않은 채 통과할 정도로 큰 취약점들이 밝혀진다.

　그들이 개발했고 현재 사용하고 있으므로 어떤 종류의 위협인지 파악하고 정보를 공유하는 것이 중요하다. 또한, 적들의 위치를 추적할 수 있는 방법들도 있다. 이를테면 캡처한 파일에서 발견된 메타데이터를 검사하고, C2(지휘통제) 서버에 접속하고, 데이터가 전송되거나 검색된 장소를 찾아내고, 빌드 시간을 알아내기 위해 메타에서 타임 스탬프를 조사하고, 공격자들이 구축한 파일들과 정기 방문 기록들을 검사하는 것 등이다. C2 서버들에서 발견된 IP들과 작전을 위해 파일이 검색된 위치들, 이메일에 있는 IP

정보들이 공격의 출처를 밝혀내는 데 도움이 된다.

테스트를 통해 DNC 서버에서 심각한 보안 결함을 밝혀냈다. 이 결함 때문에 중국이 2008년 오바마와 매케인 캠프를 공격했던 것과 똑같은 방식으로 해킹당한 것이다. 이러한 위협에 대한 최선의 방어는 개발자들이 최근에 이루어진 취약점 공격들과 제로데이 취약점들에 대해 파악하고 있을 수 있도록 클라이언트 쪽에서 정기적으로 보안을 업데이트하는 것이다. 종종 이 모든 노력이 간과되거나, 공유되지 않거나 도중에 무산될 수 있다. DNC가 그래서 해킹당한 것이다. 공유하고, 비교하고, 대비하는 모든 노력이 그다지 완벽하지는 않아서 사이버 베어들은 그럭저럭 일을 해낼 수 있었다.

베어들이 나타나다

2016년 4월 민주당 전국위원회 CEO 에이미 데이시는 DNC 변호사 마이클 수스만에게 연락을 취했다. 데이시는 수스만에게 전화를 걸어 위원회 IT 부서가 시스템에서 이상한 움직임을 포착했다고 알렸다. 수스만은 사이버범죄 전문 법무법인 퍼킨스코이의 공동 경영자였다. 수스만은 사이버보안 회사 크라우드스트라이크 사장 션 헨리에게 연락하여 보안에 구멍이 있는지, 얼마나 깊숙한 곳까지 침투했는지를 평가하고 밝혀내도록 하였다.[4] 크라우드스트라이크는 DNC 컴퓨터 방어벽에 틈이 생겨 기부자 명단, 상대 후보자 뒷조사, 심지어 사무실 간에 주고받는 일상적인 이야기들과 이메일이 도난당했다는 것을 밝혀냈다. 시스템 전체가 전문가에 의해 훼손된 상태였다.

크라우드스트라이크는 코지 베어가 2015년에 시스템을 침투했으며, 1년 동안 자료를 수집해 갔다고 분석했다. 그다음에는 두 번째 집단인 팬시 베어가 2016년 4월에 서버에 침투했다는 것을 발견했다. 그들은 가짜 이메일을 보내 이메일에 있는 링크를 클릭하여 해커의 서버로 연결되게 만드는 기법인 스피어피싱을 통해 침투할 수 있었다. 이번 해킹에서는 스피어피싱 공격 중 하나가 고의로 철자를 틀리게 만든 URL "misdepartment.com" 사기 사이트를 이용했다. 타깃은 그 링크가 당연히 MIS Department로 연결되는 것으로 여겼겠지만, 워터링 홀이라 불리는 겉모습만 비슷한 가짜 사이트로 연결되어 희생양 컴퓨터에 멀웨어 키트가 다운로드되었다. 멀웨어는 DNC 서버 전체로 컴퓨터 바이러스를 퍼뜨리기 위한 추가 모듈이 포함되어 있었다.

크라우드스트라이크는 코지 베어가 "pagemgr.exe" 파일에 설치된 백도어 모듈인 "씨듀크(씨대니라고도 함)"로 알려진 멀웨어 키트를 사용했다는 것을 발견했다.[5] 씨듀크가 파이썬 코딩 언어로 작성되었다는 것이 에프시큐어에 의해 보고되었는데, 이는 운영체제가 리눅스 기반이라는 것을 코지 베어가 알고 있었다는 것을 의미한다.

보안 시스템을 회피하기 위해, 공격자들은 모듈이나 C2 서버의 위치를 업데이트하곤 했다. 보고서에 따르면 두 번째 공격 집단은 APT28, 팬시 베어였다. "X-Agent"라는 모듈을 이용하여 원격 명령을 내리고, 키로깅을 통해 모든 키스트로크를 감시하고, C2 서버를 경유하여 파일을 보낼 수 있도록 했다. 또한, 이 집단은 "X-Tunnel" 멀웨어를 이용하여 더 많은 원격 명령을 서버로 보낼 수 있게 했다. X-Tunnel은 45.32.129.185에 맞춰져 있었는데, 그들은 X-Tunnel을 이번 해킹을 위해 특별히 개발하였으며, X-Tunnel로 인해 그들은 은밀히 조작할 수 있는 자기만의 암호화된 개인 네트워크를 만들 수 있게 되었다.

몇몇 사이버보안 회사들이 APT28 팬시 베어 감염과 관련된 메타데이터를 검사했다. 그들은 거의 만장일치로, 몇 개의 인수 조합을 통해 이 집단이 2007년 이후 유사한 감염이 있었던 더 큰 집단과 결부되어 있다는 사실을 밝혀냈다. 특히 지휘통제서버 (C2)로 이용된 176.31.112.10과 같은 인터넷 프로토콜, 즉 IP 주소가 다른 사이버전 작전에 반복해서 등장하고 있다.[6] 이 IP는 독일 연방의회와 DNC, DCCC 침투와 연결되어 있다. 게다가 두 개의 IP 모두 DNC와 DCCC 해킹에 대한 워터링 홀 공격과 C2 서버와 연관되어 있어, 그들의 과거와의 연관성이 드러났다. 또 다른 주요 지표는 멀웨어를 컴파일할 때 연관되는 시간대이다. APT28과 같은 러시아의 위협적인 인물들은 대개 UTC+4 시간대에서 작업한다. 몇몇 보안 회사들은 해킹에 대한 데이터를 컴파일하는 동안, 멀웨어를 개발하면서 사용한 운영체제가 가끔 러시아 언어인 키릴 문자로 맞춰져 있다는 것에 주목했다.

보안 회사들은 씨대디 또는 씨듀크라고도 불리는 APT29 코지 베어 멀웨어와 러시아와의 연관성도 주목했다. 왜냐하면 멀웨어가 이미 몇몇 사이버보안 회사들에 의해 광범위하게 추적되고 있었으며, 러시아 정보기관과 연관되어 있었기 때문이다. APT28의 경우, 메타데이터에 내장된 지표들을 통해 멀웨어의 출처가 러시아임을 알 수 있었다. 모듈 컴파일과 그들이 공격한 타깃은 러시아의 이익에만 유리한 것이었다.

전문 정보기관과의 연관성을 알려주는 또 다른 지표는 그들이 옵섹(OpSec) 또는 작전 보안을 수행하는 방식이었다. 옵섹은 해커들이 추적을 피하고 흔적을 은폐하기 위해 사용하는 방법이었다. 크라우드스트라이크는 그들의 옵섹에 탄복하며 "최고"라고 불렀다. 그들은 보안을 회피하기 위해 "자급자족" 접근 방식을 보여주었다고 보고했다. 크라우드스트라이크는 DNC 해킹이 드러나기 바로 1년 전에도 코지 베어가 백악관과 국무부, 미국 합동참모본부도 해킹했다는 것을 알아냈었다.

드미트리 알페로비치는 블로그에 다음과 같이 적었다. "우리는 두 행위자 간의 어떤 협업도 밝혀내지 못했다. 심지어 각각에 대해 구분하지도 못했다. 대신, 우리는 두 러시아 스파이 집단이 같은 시스템을 손상시키고, 동일한 크리덴셜 절도*에 따로 가담했다는 것을 알아냈다."[7] 알페로비치에 의하면, 주요 국내외 정보기관인 연방보안국(FSB)과 해외정보국(SVR)이 각각 경쟁적이고 심지어 적대적이기도 한 러시아에서는 이것이 "드문 일이 아니다"라고 적었다.

해커들은 자신들의 행적이 드러나는 로그들과 파일의 타임 스탬프를 초기화하는 로그들을 자주 삭제했다. 그래서 파일들이 열

---

* 신원을 도용하기 위해 신원 정보를 훔쳐 내는 행위를 말한다.

람되거나 변조되지 않은 것처럼 보이게 하였다.[8] 하지만 몇몇 부가적인 흔적들 덕분에 많은 사이버보안 회사와 정보기관들이 이번 해킹이 사이버 베어들의 짓이거나 고용된 해커들이 하나의 팀을 이루어 공격한 것으로 결론 낼 수 있었다.

또 다른 결정적 증거는 지휘통제 서버를 공격에 이용한 것이었다. 그것은 IP 주소 176.31.112.10으로 역추적 되었는데, 이전에도 나타난 적이 있었다. 동일한 IP가 독일 연방의회 스피어피싱 사건을 조사하는 동안 나타났었는데, 그 시도는 러시아 정보기관에 의해 수행된 것으로 여겨졌다.[9]

2016년 5월 18일 국가정보기관의 수장 제임스 클래퍼 주니어는 워싱턴에 위치한 양당정책 센터(Bipartisan-Policy Center) 연설에서, 미수에 그친 침입 시도와 국내외 해커 용의자를 구체적으로 밝히지 않은 채, 2016년 대통령 선거운동에서 사이버공격이 시도된 "징후"들이 있다고 말했다.[10] 브라이언 해일 미국 국가정보국 공보국장은 "우리는 선거운동과 연관된 조직들과 개인들이 철학적 차이로부터 스파이 활동까지 다양한 동기를 지니고, 파손부터 침투에 이르기 까지 다양한 능력을 지닌 행위자들의 표적이 되고 있음을 인식하고 있다. 그리고 우리는 특정 사건들의 경우 FBI의 의견을 따른다."고 말함으로써 클래퍼의 진술을 뒷받침하였다.[11]

2016년 6월 15일 한 워드프레스 페이지가 도난당한 DNC 자료들로 연결되는 링크들을 달고 나타났다. 그것은 구시퍼 2.0이 포스트한 것으로, FAQ 목록이 딸려 있었다.

••••

"안녕하십니까, 저는 기자들과 제 행동에 관심 있는 다른 사람들로부터 많은 질문을 받았습니다. 여러분 모두에게 감사드립니다. 저에게는 상당히 기쁜 일입니다.

하지만 불행히도, 저는 여러분 각자에게 개인적으로 답장을 보낼 수 없었습니다. 여러분이 종종 똑같은 질문을 했기 때문에 더욱 그랬습니다. 그래서 저는 이 자리에서 가장 자주 묻는 질문(FAQ)들에 대해 대답하기로 했습니다. 저는 질문들을 세 가지 집단으로 나누었습니다.

- 나에 대해
- 나의 활동과 저서에 대해
- 나의 정치적 견해에 대해

여러분이 추측하신 대로 모든 정보기관이 저를 찾아내 체포하기 위해 혈안이 되어 있습니다만, 저는 그들의 뜻대로 될 생각이 전혀 없습니다. 따라서 만일 여러분의 궁금증이 이 게시물을 읽은 후에도 풀리지 않는다면, 사과드립니다. 이는 저의 생사가 달린 문제이기 때문입니다. 그러나 제가 하는 모든 행동은 저의 신념에 따른 것임을 분명히 말씀드릴 수 있습니다. 자, 그럼 시작해보죠.

나를 엿보기

많은 분이 제가 어디 출신인지, 어디에 사는지 그리고 여러 개인적인 정보들을 궁금해합니다.

하지만 아시다시피 여러분에게 제 신분을 밝힐 수는 없어요. 그건 바보 같은 짓이죠.

제가 유일하게 여러분께 말씀드릴 수 있는 것은 제가 동유럽에서 태어났다는 것뿐입니다. 저의 현재 거처는 알려드리지 않을 겁니다. 사실 제 위치를 가능한 한 자주 변경하는 편이 낫습니다. 숨어 있어야만 하거든요.

하지만 대체로 제가 어디에 머무는지는 그다지 중요하지 않습니다. 저는 인터넷이 연결되는 곳이라면 어디에서든 작업할 수 있으니까요. 그래서 저는 어느 자유 국가에서든지 자유롭습니다.

많은 분이 제가 정보기관과 러시아와 연계돼 있는 것은 아닌지 염려합니다.

저는 위험을 무릅쓰고 이 모든 일을 하고 있음을 분명히 말씀드릴 수 있습니다. 이것은 저의 사적인 프로젝트이며 이에 대해 자긍심을 가지고 있습니다. 네, 저는 목숨을 걸고 이 일을 합니다만, 그만한 가치가 있습니다. 몇 주 전까지 아무도 저를 알지 못했습니다. 지금은 전 세계가 저에 대해 이야기를 하고 있습니다. 굉장히 신나는 일입니다.

이것이 진실이라는 것을 어떻게 증명할 수 있냐구요? 저도 잘 모르겠습니다. 크라우드스트라이크와 DNC 사람들은 제가 사실은 가톨릭 수녀였더라도 제가 러시아 베어라고 말했을 것입니다. 처음엔 저도 짜증났고 실망스러웠습니다. 그러나 지금은 그들이 그것 말고는 말할 수 있는 것이 아무것도 없다는 것을 깨달았습니다. 그들의 무능함과 실패를 정당화할 수 있는 방법은 없습니다. 강력한 외국 정보기관들 탓을 하는 편이 그들에게는 훨씬 더 쉬울 것입니다.

그들이 망쳐 놓은 것입니다. 아무것도 증명할 수 없습니다. 제가 보기엔 헛소리이며 근거 없는 이론들이며, 누군가의 추정일 뿐입니다.

동유럽, 러시아, 중국, 인도의 전문가들이 구글, IBM, 마이크
로소프트, 애플 같은 일류 IT 회사에서 일하고 있습니다. 많
은 해커가 이 지역 출신이라는 것이 놀랄 만한 일은 아닙니다.

루마니아의 외로운 늑대라고 불리는 구시퍼 2.0은 사이버 베
어들을 위한 은폐임이 분명했다. 로렌조 프란체스키는 〈바이스
(VICE)〉의 기술전문채널 마더보드 소속 작가로, 해킹과 정보 보
안 문제를 주로 다루는데, "다른 정황 증거뿐만 아니라 해커들이
남기고 간 흔적이 러시아로부터 온 것임을 고려해 본다면 구시퍼
2.0은 러시아 국가가 후원하는 해커들이 자신들의 성급하고 엉성
했던 해킹을 은폐하려는 허위 정보이거나 기만적인 캠페인에 지나
지 않는다"고 썼다.[12]
　구시퍼 2.0과 실제로 채팅을 했던 프란체스키는 그가 러시아
에서 인기 있는 특정 캐릭터를 이용하고 있으며, 실제로 러시아인
일지도 모른다는 것을 암시하는 메티데이터에 주목한다. 프란체스
키는 또, 다른 언어 증거들도 지목한다. 예를 들면, 구시퍼 2.0이
서투른 루마니아어와 엉터리 영어를 구사하는 것으로 보이는데,
이는 제 2 언어로 영어를 사용하는 루마니아인들과 반드시 일치하
지는 않았으나, 러시아―영어 구문에서 어느 정도 유사하였다. 이

것이 구시퍼 2.0이 본인이 주장하는 것과는 다른 사람일 수 있다는 지표들이다.[13]

구시퍼 2.0이 실제로 DNC 시스템에 침투하여 위키리크스에 자료들을 넘겨주었느냐, 아니냐와 상관없이 크라우드스트라이크는 DNC 네트워크에 두 러시아 집단이 출현했음을 알아냈다고 거듭 밝히며 원래의 게시물을 업데이트하였다. "이 포스팅이 러시아 정보기관의 허위 정보의 일부이건 아니건 상관없이, 우리는 서류가 진짜인지, 그리고 서류의 출처가 어디인지를 조사하고 있다." 알페로비치는 "그럼에도 불구하고 이런 주장들은 러시아 정부의 관여와 관련된 우리의 조사 결과들을 무시하지 못한다. 우리는 그중 일부를 대중과 규모 있는 보안 커뮤니티를 문서화하였다."[14]

민주당 사이에 내분을 조장하다

민주당 전국위원회가 열리기 며칠 전인 2016년 7월 22일, 위키리크스는 DNC 해킹으로 얻어 냈다는 19,252개의 이메일을 공개하였다.[15] 럭키 7 작전이 제대로 진행되고 있는 것이다. 그 이메일들이 대단한 내용들은 아니었으며, 대부분이 어떤 후보를 지지하는지와 같은 직원들 간의 일상적인 논의들이었다. 하지만 위키리크스가 공개함에 따라 민주당 대통령 후보가 조작되고 도난당했다고 생각하는 민주당 버니 샌더스의 열혈 지지자들의 의혹을 증폭시켰다.

트럼프 팀은 기회를 포착했고, 클린턴과 샌더스 캠프 사이를 이간질하려는 트윗들을 쏟아 냈다. 7월 23일 트럼프는 "오늘 위키리크스의 이메일 공개는 샌더스에게 대단히 유감스러운 일이어서, 그가 힐러리를 지지하지 못하게 만들 것이다. 그가 사기꾼이 아니라면 말이다."라고 트위터에 썼다.[16] 어산지는 즉시 트럼프 트윗에 답했고, 그의 추종자들이 기쁜 마음으로 직접 볼 수 있도록 DNC 저장소로 링크를 걸어 두었다.

이메일들로 인해 DNC 의장 데비 와서만 슐츠가 예비선거가 진행되는 동안 힐러리를 강력하게 지지했다는 것이 드러났다. 후보 경선이 마무리될 때까지 중립을 지켜야 하는 것이 그녀의 역할이었는데도 말이다. DNC는 이메일 내용 자체에 대해서는 빈박하지 않았다.

2016년 5월 5일에 시작된 이메일 스레드가 있는데, "장난 아님(No shit)"이라는 제목으로 전하는 바에 따르면 DNC CFO 브래드 마샬은 샌더스를 무신론자로 묘사할 수 있도록 샌더스에게

종교가 무엇인지에 대해 질문할 것을 제안했다고 한다. 그것은 "우리 남부 침례교도들은 유대인과 무신론자는 대단히 큰 차이가 있다고 볼 것이다."라고 쓰여 있다.[17] 계속되는 이메일들은 에이미 데이시가 "아멘"이라고 응답했음을 암시한다.

예로 든 몇 개의 이메일에서 이메일을 보낸 사람들은 샌더스 캠프를 약화시킬 것을 권고했다. 위원회 대변인 마크 파우스텐바흐가 보냈다는 2016년 5월 21일 이메일에서는 샌더스 캠프가 힐러리 캠프가 보유한 유권자 데이터에 접근했다는 것이 드러났을 때, 샌더스 캠프를 "단체 행동을 하지 않은""엉망진창의 상태"라고 비난할 것을 제안했다.[18] 파우스텐바흐는 또, "그것은 DNC 음모론이 아니다. 왜냐하면 그들이 단체 행동을 한 적이 전혀 없었기 때문이다."라고 한 이메일에 썼다.[19]

2016년 5월 17일 날짜의 이메일에서, 곧 물러나게 될 DNC 의장 데비 와서만 슐츠는 샌더스의 선거 본부장 제프 위버를 "특히 비열한" "거짓말쟁이"로 불렀다.[20] 샌더스 캠프는 여러 달 동안 DNC 의장의 사임을 요구해 왔었는데, 이 이메일들이 그들에게 구실을 제공했다.

해킹에 대한 반응

샌더스 지지자들 사이에 폭풍과 같은 분노가 민주당 전당대회 첫날 폭발했다. 불리한 이메일들에 대한 폭로가 그날 아침 첫 뉴스로 때마침 등장한 것이다. 이메일 폭로는 심각한 분열을 초래하여 샌더스의 열성 유권자들을 힐러리뿐만 아니라 민주당으로부터도 갈라놓을 것 같았다. 그와 같은 위험한 상황을 진정시키기 위해 데비 와서만 슐츠 의장은 사임을 공표했다. 샌더스 상원의원은 힐러리에 대한 공개적 지지선언을 준비하고 있었는데, 그의 지지자들은 샌더스에게 전당대회를 떠나 제3당 후보로 출마할 것을 간청하고 있었다. 이런 일이 생긴다면 표가 나뉘어 트럼프를 백악관으로 곧바로 보내게 될 것이다. 결국, 상식이 통했고 힐러리는 샌더스의 공개지지를 받아 내게 되었지만 샌더스는 전당대회 내내 매우 냉담해 보였다. 친샌더스 대의원들이 저명한 민주당 주요 연설가들 - 민주당 하원 원내총무, 스테니 호이어 의원, 진직 국방장관이자 CIA국장인 리온 파네타, 대의원 엘리야 커밍스, 상원의원 앨 프랭큰, 코미디언 사라 실버만, 심지어 자기 쪽의 경제담당 주역인 엘리자베스 워렌 상원의원 - 의 이름을 샌더스의 이름과 함께 연호하여 그들의 연설을 종종 훼방 놓았다.

전당대회 홀에서 그들의 분노가 너무 격렬해서 위원회 CEO 에이미 데이시, 홍보수석 루이스 미란다, CFO 브래드 마샬 및 다른 직원들도 분열을 막기 위해 DNC 직책에서 물러났다.[21] 샌더스 대리인 몇몇이 무대 밖으로 나가 기자 회견장으로 곧바로 가서 시스템이 조작된 방식에 대해 불만을 토로하였는데, 트럼프가 계속 주장해 왔던 것이 바로 이것이었다. 대회장 밖 루스벨트 공원 근처에서 천 명 이상의 샌더스 지지자들이 그들의 좌절감을 분출시키기 위해 필라델피아 거리로 나갔다. 많은 샌더스 지지자들이 지난 주 공화당 전당대회에서 나온 것과 같은 조롱조로 "그녀를 가둬 버려라."라며 힐러리에 대한 반대 구호를 외쳤다. 다른 시위자들은 힐러리 캠프의 주요 기부자들이 많이 머물고 있는 시내에 위치한 리츠칼튼 호텔 밖에 모여 힐러리가 "수퍼 팩"을 이용하고, 큰 규모의 기금마련 이벤트에 의존하는 것을 비난하였다.[22] 일부는 자신들이 실제로 트럼프에게 투표할 계획이라고 주장했다. 이메일 폭로 후 초기 반응은 해킹 자체보다는, 오히려 민주당의 예비선거와 후보 경선 과정이 불합리했다는 공화당 후보의 주장을 반복하는 데 집중되었다.

줄리안 어산지는 위키리크스가 실제로 비밀누설 시점을 전당대회가 시작될 때로 맞췄다고 말했다. "그때가 바로 독자들의 관심이 가장 높을 때라는 것을 알았을 뿐만 아니라 우리에게는 그래야만 하는 책임이 있다."고 CNN의 앤더슨 쿠퍼에게 말했다. "만일 전당대회 이후에 공개한다면, 민주당 유권자들의 분노를 상상만 할 수 있었을 것이다. 이 일은 전당대회 전에 끝나야만 했다."[23] 어산지에게 우호적인 언론은 힐러리를 상대로 한 허위정보 작전에도 참여했다. 〈가디언〉의 "위키리크스가 예비선거가 조작되었음을 증명하다: DNC가 민주주의를 위태롭게 하였다."는 헤드라인과 내용이 같은 뉴스 기사들이 쏟아져 나왔다.[24]

비슷한 시기에 어산지는 〈러시아투데이〉의 도움으로, 또 다른 유명한 음모론을 가져와 7월에 살해된 DNC 직원이 사실은 위키리크스에 정보를 유출한 혐의로 살해된 정보원이었을지 모른다는 주장을 부각시켰다. "내부고발자들은 우리에게 자료를 가져다주기 위해 엄청난 노력들을 기울이며, 이에 따라 상당한 위험에 처하기도 한다." 어산지가 네덜란드 TV 프로그램과의 인터뷰에서 말한 것을 버즈피드의 앤드류 카친스키가 발견했다. "불과 몇 주 전, DNC에서 근무하던 27살의 직원이 워싱턴 거리를 걸어가다 등에 총을 맞아 살해되었으며, 이유는 알려지지 않았다."[25] 리치가 위키리크스의 정보원이었을 가능성을 암시하는 것인지 묻자, 어산지는 그들이 정보원들에 대해서는 언급하지 않는다고 대답했다. 그런 다음, 위키리크스는 "DNC 직원 세스 리치 살인에 대해 유죄 판결을 내릴 수 있도록 정보를 제공한 자"에게 이만 달러의 보상금을 제공하겠다고 트위터에 발표했다. 〈슬레이트〉의 수석 편집자인 제레미 스탈은 "줄리안 어산지와 그의 위키리크스 조직이 DNC 직원이 흉악한 정치적 목적으로 아마도 힐러리 클린턴에 의해 살해되었다는 음모론을 적극적으로 조장하고 있는 것처럼 보인다."고 말했다.[26] 하지만 그는 이 음모론을 뒷받침하는 증거는 전혀 없으며, 사실 확인 사이트인 스노프가 많은 이론들이 틀렸음을 밝혀냈다고 지적했다.[27]

어산지가 계속 음모론을 들먹이고는 있지만, 위키리크스의 쓰레기들 가운데 가장 주목해야할 것은 사이버 베어들이 정상이 아닌 어산지와 그의 귀 얇은 지지자들에 가져다준 깜짝 선물이었는데, 러시아인들이 DNC 이메일 다운로드 패키지를 매우 다양한 해킹 멀웨어로 감염시킨 것이었다. 위키리크스의 세계 첩보 파일로부터 이메일을 내려받은 수만 명의 사람들은 자신들의 컴퓨터가 멀웨어에 감염되어 사이버 베어들이 이용할 수 있도록 그들의 일상이 공개되었다는 사실을 알게 될 것이었다. 이 사실은 재빨리 포착되었고, 사이버보안 커뮤니티들이 위키리크스에서 내려받은 이메일들에 심어진 멀웨어에 주의할 것을 권고하는 경고 메시지를

보냈다.[28]

이메일 폭로와 관련된 모든 작전들은 민주당 두 경쟁 후보 간 갈등을 조장하는 것이 목표였으며, 성공할 수 있을 것처럼 보였다. 도날드 트럼프가 아니었다면 말이다. 전당대회에서 자살폭탄테러 범에 의해 이라크에서 살해된 미국 육군 대위 후마윤 칸의 가족이 연설을 하기 위해 무대로 올라갔다. 칸 내외는 전쟁에서 자녀들을 잃은 전사자 부모였다. 후마윤의 아버지 키즈르 칸은 희생과 미국 헌법에 대한 트럼프의 생각을 비난하는 감동적이고 애국적인 연설을 하였다. 남편 옆에 있는 칸 대위의 어머니 가잘라는 20피트 높이의 아들 사진 아래서 슬픔에 잠긴 모습으로 서 있었다. 그녀는 아무 말없이 멍하니 서 있었는데, 트럼프는 이 모습을 두고 그녀에 대해 모욕적인 발언을 하였다. 트럼프의 핵폭탄급 발언으로 인해 DNC 이메일 유출과 관련하여 순간적으로 끓어올랐던 분노는 사실상 사라져 버렸다.[29]

비록 시위들이 서서히 잦아들거나 진압되었고, 끈질긴 연설 방해를 멈췄지만 전당대회 기간인 1주일 내내 긴장감이 남아 있었다. 공화당이 당내 파벌들로 인해 힘든 선거 기간을 보내는 동안, 민주당은 해킹된 이메일 덕분에 내부 논의들을 정치 매체와 관련된 것으로 집중시킬 수 있었다. 오바마 대통령이 전당대회에서 연설을 하는 동안, 샌더스 상원의원에 대한 외침은 까다롭게 보이는 샌더스의 텔레비전 이미지와 잘 맞았다.

러시아가 트럼프로부터 관심을 돌리고 힐러리를 불신하게 만듦으로써 이번 선거의 결과에 영향을 미치려고 할지도 모른다는 암시들을 무시한 채, 샌더스 지지자들은 민주당 거물들이 예비선거 투표 전에 이미 후보자를 선택했다는 데 대해 분노를 표출했다. 힐러리에 대한 의구심은 도난당한 이메일 공개로 인해 증폭되어 선거에 대한 힐러리 캠프의 직접적인 관여 여부에 대해 의문을 제기하게 만들었다. 긴장감이 잦아들고 민주당이 분열되지는 않았지만, 샌더스를 지지하는 많은 사람들이 이제 힐러리에 대한 지지를 꺼리는 것은 부차적으로 바라던 결과였다.

물론 사이버 베어 해커들이 이번 작전을 통해 얻고자 했던 최상의 결과는 민주당의 분열이겠지만, 이 정도도 작전 의도를 고려해 볼 때 상당히 만족스러운 결과였다.

J.K.롤링의 해리포터를 인용하자면, 나쁜 장난은 처리됐지만, 공격은 아직 끝나지 않았다. 사이버 베어들은 민주당 조직의 나머지 부분들 속으로 체계적으로 나아갈 것이며, 트럼프와 나아가 러시아에 맞서는 사람은 누구든 정보를 훔치고, 폭로하고, 신뢰를 떨어뜨리고, 공격할 것이다.

트럼프팀 속셈을 드러내다?

필라델피아에서 열린 민주당 전당대회의 첫 이틀 일정은 혼란 스러웠다. 힐러리와 샌더스 간 분열에 대한 책임 소재를 두고 서로 상대방에 대한 조롱과 비난이 끊이지 않았다. 전당대회를 망치는 것이 해킹의 계획이었다면, 결과는 대단히 성공적이었다. 감시하고, 계획하고 해킹하는 것으로부터 구시퍼 2.0으로 전설을 만들고, 위키리크스를 공개 채널로 이용하여 국제적 신뢰를 얻는 것에 이르기까지 사소한 문제들이 있었을 뿐 콤프로마트의 모든 과정이 계획된 범주 내에서 진행되고 있었다. 세계 언론조차 해킹을 통해 정보를 얻었다는 사실은 전혀 중요하지 않으며 내용이 중요하다고 믿게 되었다. 사이버 베어들이 자신들이 참여한 것에 관해 의심을 갖게 만들 수 있는 한, 반격할 기회는 거의 없었다. 줄리안 어산지는 앞으로 전설적인 구시퍼 2.0과 늘 순종적인 위키리크스를 통해 공개할 것을 암시했다. 흑색선전*을 준비하고 도입할 완벽한 기회들이 남아 있었다. FSB와 SVR의 과학기술 부서에 임무가 주어진다면 편지나 돈, 증서, 출판물, 이 밖에 공격에 필요한 거짓 증거와

---

* 문제 없는 출처로부터 가져와서 악의적으로 만들기 위해 약간의 수정이 될 수 있는 문서들

270

같은 서류 등을 위조하는 것은 식은 죽 먹기일 것이다. SVR의 정치전 전문가와 함께 작업하면서, FSB의 사이버 용병들은 이메일에서 단어 한두 개쯤은 완벽하게 흔적도 없이 바꿔서 합법적인 서류 더미 속으로 다시 집어넣을 수도 있다. 그러나 그 계획은 갑자기 엉망이 되어 버렸다.

트럼프가 미국 기자회견에서 해킹에 대해 질문 받았을 때, 그는 힐러리의 서버에서 삭제된 개인 이메일 문제를 거론했다. 트럼프는 불쑥 "러시아, 만일 듣고 있다면, 여러분이 사라진 3만 개의 이메일을 찾아낼 수 있기를 바랍니다. 그렇게 해준다면, 우리 언론들로부터 상당한 보상을 받게 될 겁니다."라고 말하였다.[30] 언론들은 거의 즉각적으로 이 발언에 대해 보도하기 시작했고, 트럼프가 정말로 크렘린과 손잡고 있지 않은지 의심하던 캠프 진영과 사람들은 동요했다. 폭스뉴스의 앤드류 나폴리타노는 5월 논평에서 '러시아가 해킹된 힐러리의 이메일들을 공개할지 크렘린 내부에서 논의 중'이라고 했는데, 이 논평이 이메일들을 공개하라는 트럼프의 요청에 따른 것인지 의구심을 갖게 만들었다. 크렘린이 무엇을 하고 있었는지 트럼프 팀은 미리 알았던 것일까?

또 다른 이상한 점은, 트럼프의 정치적 협력자인 로저 스톤이 훗날 위키리크스의 창시자 줄리안 어산지와 직접 연락하고 있다고 주장한다는 것이다. 스톤은 "어산지와 연락을 주고받는 것은 사실이다. 나는 어산지의 다음 문서들이 클린턴 재단에 관한 것이라고 보지만 10월의 깜짝 선물이 뭐가 될 것인가에 대해서는 아무런 얘기가 없다."고 말했다.[31] 스톤이 트럼프 캠프에서 공식 직책은 없으나, 롤 콜은 "그가 우연히 도널드 트럼프를 위키리크스의 창시자 줄리안 어산지에게 연결시켜 주었을지 모른다."고 적었다.[32]

크렘린은 2015년 이후로 그들이 무엇을 해오고 있는지 공개적으로 질문을 받아 왔기 때문에, 충격을 받거나 놀라지 않을 것임이 분명했다. 럭키 7 작전을 위해 할 수 있는 일은 오직 트럼프가 앞으로 있을 해킹을 망치거나 불신을 조장하지 않기를 바라며 계속하여 이메일을 공개하는 것이었다.

미국 대통령 선거는 대단히 위험한 이벤트다. 원하는 결과를 얻고자 했던 외국 권력이 우호적이든 적대적이든 상관없이 러시아가 첫 번째는 아니었을 것이다. 마찬가지로 선거 상황을 자신에게 유리하게 만들기 위해 대외의 인물들을 움직인 첫 번째 정치인이 트럼프는 아닐 것이다. 그러나 대통령 후보가 외국 권력에 자신의 이익을 위해 민주적 절차에 간섭해 줄 것을 공개적으로 요청한 것은 이번이 처음이다. 무엇보다도 트럼프가 러시아가 자신을 위해 미국의 스파이법을 위반해야 한다고 제안하는 것처럼 보였다.[33] 미국 정보기관 요원들에게 악명 높은 기술자들이 가장 위험한 게임을 하고 있다는 징후들이 비로소 확인되었다. 많은 전문가의 뇌리에 떠오른 첫 번째 질문은 "트럼프가 우리가 모르는 무엇을 알고 있나?"였다. 이 같은 암시는 방첩 및 사이버전 요원들이 DNC 해킹에서 트럼프나 그의 지지자들과 러시아 사이에 연계가 있지는 않을까 하는 의문을 자연스레 갖게 만들었다.

DCCC와 액트블루 해킹

트럼프가 러시아에게 미국을 해킹해 달라고 간청한 다음 날, 사이버 베어들이 그 요구에 응했다. 7월 28일 민주당 하원선거위원회(DCCC)가 사이버 베어들에게 습격 당했다고 발표했다. DCCC는 민주당 하원선거를 위한 기금 마련과 상원선거 기부금을 관리한다. 이번 해킹은 타이포스쿼팅을 이용했는데, 이것은 DCCC와 동일한 가짜 사이트를 만들어 직원들과 기부자들의 로그인 정보를 훔쳐 냈다. 이번 해킹은 스피어피싱을 이용하여 침투해서 DCCC에서 일반 정보들을 얻어 내는 데 집중했다. 사이버 베어들은 DNC보다 DCCC에서 정당의 기부자나 후원자들에 대한 훨씬 더 개인적인 데이터를 훔쳐냈는데, 이 데이터에는 신용카드 번호, 개인 정보, 주소까지 포함되어 있었다.[34] 해커들이 기부 활동에 중점을 두었기 때문에, 그들의 임무는 민주당의 금융정보 관리와 관련한 보안을 의심하게 만들어 기부금을 줄이려는 것이 목적인 것처럼 보였다.

〈로이터〉 통신은 힐러리가 필라델피아에서 수락 연설을 하는 DNC의 중요한 만찬 직전에 공격이 있었다고 발표했다. 힐러리의 연설 전날에 DCCC 대변인은 "DCCC는 이 문제를 대단히 심각하게 받아들이고 있다. 최고 전문가들의 협조를 받아 최근의 사건들을 직면하여 네트워크의 보안을 강화하기 위한 조치를 취하였으며, 앞으로도 계속될 것이다. 우리는 연방 법 집행 기관이 진행 중인 조사를 존중하며 협조하고 있다."는 성명을 발표했다.[35]

액트블루(ActBlue.com)는 기금 마련을 위한 공식 사이트인데, 기부자들이 간 곳은 데이터를 훔칠 준비가 되어 있는 멀웨어 패키지로 가득 찬 가짜 워터링 홀 사이트인 액트블루스(ActBlues.com)였다.[36] 액트블루스닷컴은 네덜란드 IP 주소를 갖고 있는 기관이 호스트로 되어 있다. 이 사이트는 지메일 계정인 fisterboks@gmail.com으로 등록되어 있는데, 거기에는 러시아의 스피어피싱 작전을 감추기 위해 이용된 세 개의 다른 독일 사이트들이 등록되어 있다. 사이버보안 회사인 쓰레트커넥트나 피델리스는 그 지메일이 "misdepatrment.com"과 관련된 DNC 해킹과 연관된 도메인에 연결되어 있다고 결론지었다. 그 도메인은 frank_merdeux@europe.com으로 등록되어 있으며, DNC 공격 당시 C2 서버로 이용되었다.[37] 사이버 베어들이 다시 공격한 것이었다.

공식 액트블루 사이트의 관리자는 자신들이 결코 해킹당하지 않았으며 시스템에 있는 기부자에 대한 어떠한 정보도 훼손되지 않았다고 진술했다.[38]

DCCC는 데이터가 도난당했다는 것을 공식적으로 밝히지는 않지만 유출에 대한 발표 직후, "구시퍼 2.0"과 연계된 계정은 책임을 인정했다. 2016년 8월 12일, 그들은 획득한 내부 이메일과 메모, 기타 데이터들을 공개했다. 특히 거기에는 "흑인의 생명도 소중하다."라는 흑인인권운동에 참여한 시위자들을 다루는 방법에 대해 다른 사람들에게 권고했던 DCCC 직원 트로이 페리로부터 온 메모가 있었다. 그는 "그들의 염려를 귀담아 들어라, 하지만 구체적인 정책 결정을 지지하지는 말아라."라고 제안했다.

DCCC 정보를 공개함에 따라 트위터는 구시퍼 2.0 계정을 중지시켰다.[39] 워드프레스도 행동을 취하기는 했다. 그들은 DCCC 해킹과 관련된 게시물이 있는 웹사이트에 들어가 사이트를 삭제하였으며, 구시퍼 2.0에게 개인정보 공개에 관한 "서비스 이용약관"을 상기시키는 메일을 보냈다. 럭키 7 IWMC는 미국 선거 전체를 훼방 놓은 것에 대해 엄중한 문장으로 쓰여진 편지를 소리 내 읽으며 크게 비웃었을 것이 분명하다.

힐러리 캠프 해킹

러시아가 좀 더 많은 데이터를 얻어 내길 바라는 트럼프의 소망은 계속되었다. 2016년 7월 29일, 힐러리 캠프 대변인 닉 메릴은 "우리 캠프의 컴퓨터 시스템은 외부 사이버보안 전문가들에 의해 점검 받아 왔다. 지금까지 그들은 우리 내부 시스템이 훼손되었다는 어떠한 증거도 발견하지 못했다."[40]라고 말했다. 이것은 사이버 베어들이 캠프에 방문하긴 했으나 실제 해킹은 아직 찾아내지 못했음을 뜻하는 정치적 언사였다.

사실, 사이버 베어들이 힐러리의 서버들을 공격하긴 했으나, 접근이 제한되어 있었다. 공격자들은 유권자 분석 자료를 저장하는 캠프의 분석 프로그램에 있는 서버에 간신히 접근하였다. 거기에는 민감한 데이터가 아무것도 없으며, 내부 컴퓨터 시스템은 훼손되지 않았다고 캠프 진영은 말했다. 그래도 여전히, 러시아인들은 지금 힐러리 캠프가 유권자 데이터를 분석하는 방법에 대하여 더 많이 알고 있다. 사이버 절도에 대해서는 아무것도 알려진 것이 없다.

사이버 베어들이 공격에 사용한 기법은 다른 기법들과 같았다. 가짜 구글 로그인을 가리키는 짧은 링크가 포함된 이메일이 미국 이메일 주소로 108명의 힐러리에게 발송되었다. 타깃들이 지메일로 들어가 비밀번호를 입력하고 나면 "휘리릭"하고 러시아의 손에 넘어가게 되는 것이다.

시큐어웍스는 213개의 링크가 보내졌다고 단정했다. 왜냐하면 시큐어웍스가 108개 지메일 계정 가운데 반이 넘는 정도만 찾아낼 수 있었기 때문에 그들은 해커들이 다른 소스로부터 이메일들을 받은 것으로 확신했다.[41] 그 이메일들은 캠프에 있는 특정 숫자들을 목표로 했다. 해커들이 생성한 213개의 링크 가운데 20개가 적어도 한 번 클릭되었다. 여덟 명의 사람들이 링크를 적어도 두 번 클릭했고, 그들 가운데 두 명은 네 번 클릭했다. 게다가 힐러리 캠프 직원 26명의 개인 계정은 이 집단을 타깃으로 구체적으로 생성된 150개의 짧은 링크로 표적이 되었다.

DNC는 dnc.org를 직원 이메일용 메일 서버로 이용하고 있다. 시큐어웍스는 16개의 짧은 링크들이 DNC에 있는 아홉 개의 특정 계정으로 발송되었다고 보고했다. 적어도 세 명의 고위직 힐러리 직원들이 짧은 링크를 클릭했다. 시큐어웍스는 이메일들이 구체적으로 DNC 해킹으로 연결되지는 않았지만 똑같은 스피어 피싱 기법이 사용되었다고 단언했다.[42] HillaryClinton.com 해킹에 대해 보고하면서 시큐어웍스는 "TG-4127"을 언급하며 그것이 APT28 코지 베어라고 하였다.

속이는 데 성공했다고 여겼던 그들의 정체가 드러났지만, 사이버 베어들은 아랑곳하지 않고 훔쳐 낸 "플로리다 예비선거에 대한 DCCC 내부 서류" 같은 DNC 서류들을 더 발표하기 시작했다. 하지만 공개에 따라 뚜렷한 단서가 나타나기 시작했다. 구시퍼 2.0이 샌더스 열혈 지지자들을 선동하기 위해 무작위로 서류 몇 개를 공개한 반면, 일부는 특정 지침을 따랐는데 이는 러시아 IWMC가 트럼프 캠프의 발언을 예의주시하며 이를 뒷받침한 서류들을 공개했음을 암시하였다. 가상 분명했던 것은 트럼프가 펜실베니아에서 승리하지 못하면 선거는 도난당한 것이라는 트럼프 캠프의 주장으로 시작된 1주일 간의 소란이었다. 8월 12일 알투나 연설에서 트럼프는 "우리는 펜실베니아를 예의주시할 것이다. 특정 지역들로 내려가서 감시하고, 조사하고, 반드시 다른 사람들이 들어와서 다섯 번 투표하지 않도록 해라. 여러분이 그렇게 한다면 우리는 지지 않을 것이다. 우리가 질 수 있는 유일한 방법은, 내 생각에, 펜실베니아, 진심으로 말하는데, 속임수가 끼어들었을 경우다."라고 말했다. 트럼프의 연설 1주일 후 구시퍼 2.0은 "DCCC 서류 펜실베니아"를 게시했다. 다음에는 트럼프가 여론조사에서 앞서 나갈 수 있는 힘이 필요할 때 플로리다, 오하이오, 뉴햄프셔, 일리노이, 노스캐롤라이나 등 사실상 모든 부동 주들로부터 DNC 자료 유출이 곧 이어질 것이었다.

동시 발생에 대한 더 많은 증거들이 트럼프가 멕시코를 방문하며 이민에 대한 과격한 연설로 불을 붙인 바로 그날 발견되었다. 그날 밤 구시퍼 2.0은 이민과 흑인인권운동, 다른 주제들에 대한 논의들을 다룬 "펠로시 PC에서 나온 DCCC 서류"들을 공개했다.[43]

〈뉴욕타임스〉는 트럼프의 모든 말에 대해 사실 검증이 필요하다는 것을 명시한 새로운 편집 방침을 정했다. 논설위원 찰스 블로우는 트럼프를 지지하는 사람은 인종차별주의자를 지지하는 것과 마찬가지임을 주장하는 기사를 썼다.[44] 물론, 며칠 안에 사이버 베어들이 〈뉴욕타임스〉를 해킹하였는데, 블로우와 다른 직원들을 불신하게 만들 정보를 찾아내려 했던 것 같다. 그 해킹으로 인해 공개적으로 트럼프에 반기를 드는 사람은 누구든지 공격의 대상이 된다는 것이 드러난 셈이다.

첩보 전문가들이 끼어들다

대중들이 사이버공격에 대해 더 많이 알게 됨에 따라 많은 관료들과 사이버보안 전문가들이 2016년 선거에 러시아가 간섭할 가능성에 대해 논의하기 시작했다. 많은 정보 당국자와 정부기관, 사이버보안 전문가들은 모두 똑같이 러시아의 개입 가능성에 무게를 두었다. 그들은 증거가 좀 더 필요하긴 하지만, 사이버 베어들의 흔적들이 모든 해킹에 남아 있다는 것에 전적으로 동의했다.

〈로이터〉 통신은 법무부 국가보안 부서가 미국 국가 안전에 위협이 되는 공격을 조사하고 있다고 보도했다. FBI 역시 법무부가 사례를 조사하고 있으며, "여러 정치 조직이 관련된 사이버 침투에 대한 언론들의 보도를 잘 알고 있고, 이 문제들의 정확성, 특징, 범위를 결정하는 중이다."라고 말했다.[45]

힐러리 캠프 해킹에 대해 아스펜 안보 포럼에서 연설을 하며, 존 브레넌 CIA 국장은 러시아를 직접 지목하지는 않았으나 "분명 미국 선거에 개입하는 것은 대단히, 대단히 심각한 문제이며, 정부가 이를 중대한 문제로 다루리라 확신한다."라고 말했다.[46]

미국 정부는 범인의 이름을 공식적으로 언급하지는 않았으나 러시아가 이번 해킹의 배후라는 데는 동의하고 있다. 사이버보안 전문가인 맷 테이트는 "러시아가 DNC를 해킹했다는 의견이 만장일치는 아니지만, 대단히 우세하다. 그에 반해 러시아가 해킹을 통해 트럼프를 도와주고 있다는 의견은 그럴듯하지만, 지금 단계에서 확실한 결론이 내려지지는 않았다."라고 말했다.[47]

오바마 대통령 또한 NBC와의 인터뷰에서, "러시아 해커들이 꾸준히 유럽 선거에 영향을 미치고자 시도하고 있다는 사실을 고려한다면, 불가능한 것도 아니다."라고 말했다.[48]

야후 뉴스는 8월 15일 주 투표 시스템(state polling system)이 외국 기관에 의해 해킹당했다고 보도했다. FBI는 주 투표 시스템이 11월 대선을 방해하려는 목적을 지닌, 러시아 정부의 지원을 받는 해커들에 의해 해킹당했을 가능성에 대해 언급하면서 FBI 사이버 부서로부터 내부 "플래시" 경고를 발송했다. 국토안보부 장관 제이 존슨은 주 소속 선출직 공무원들과의 전화 회의를 열어 국토안보부에서 해결하겠다고 하였다. 존슨은 선거에 대해 "구체적이거나 믿을 만한 사이버보안 관련 위협은 없다."고 말하였지만,

사흘 후 FBI는 "주 선거관리위원회 시스템을 상대로 한 활동에 대하여"라는 제목의 메모를 배포했다. 이를 통해 FBI가 올 여름 등록된 유권자 데이터를 훔쳐 간 두 개 주의 선거 사이트에 대한 해킹 공격에 대해 수사를 하고 있음이 드러났다.[49]

이 메모가 특정 주의 이름을 직접적으로 거론하지는 않았으나, 야후 뉴스의 정보원은 아리조나와 일리노이가 공격받았다고 주장했다. 일리노이 선거관리위원회 법무 자문위원 켄 멘젤에 따르면, 적어도 이십만 명의 주 유권자들의 개인 정보를 해커들이 가져간 이후 7월 말에 열흘 동안 일리노이주 유권자 등록 시스템이 강제로 폐쇄되었었다. 아리조나에 대한 공격은 심각하지는 않았다. 유권자 등록 시스템에 침투한 바이러스는 데이터를 훔쳐 내는 데 실패했다.

경고에 따르면 "FBI는 모든 주들이 소속 선거관리위원회와 연락을 취하여 로그에 인바운드와 아웃바운드 양쪽에서 유사한 활동이 탐지되지는 않는지 살펴볼 것을 요청"하고 있으며, "IP 주소를 직접 고치거나 핑(ping) 하면 안 된다."라고 했다.

쓰레트커넥트의 최고정보관리책임자 리치 바거는 "이는 상당히 심각한 문제다."라며, "두 개 주의 선거관리위원회가 뚫려 자료가 도난당했다. 이는 분명 모든 미국 유권자들에 관련된 문제다."라고 주장하였다. 바거는 FBI 경고에 열거된 IP 주소 가운데 하나가 이전에 러시아의 범죄 지하 해커 포럼에서 나타난 적이 있다고 말했다. 또한, 해킹 방법을 세계반도핑기구에 대한 사이버공격과 비교하였다. FBI는 야후 뉴스에서 "시스템 관리자들이 끈질긴 사이버 범죄 행위로부터 시스템을 보호할 수 있도록 도움을 주려고 한다."고 말하였다. 일리노이 선관위 법무 자문위원인 멘젤은 FBI가 다른 해킹과의 "연계 가능성"을 수사하고 있는 중이라고 말했다. 그들은 선거운동 기간 동안 해킹 의도에 대해 아무런 결론도 도출해 내지 못했다. 그래서 일부는 이번 해킹이 그저 일반 사이버 범죄자들이 사기를 치기 위해 데이터를 훔치려는 것일 수도 있다고도 한다. 하지만 해커들이 도메인을 등록한 IP들의 출처는 IT Itch이라는 이름의 수상한 회사였다. 그 회사는 사이트들을 익명으로 등록하고 지하 인터넷 화폐인 비트코인으로 결제하였다. 바로 이 회사가 코지 베어와 팬시 베어 스피어피싱 웹사이트도 등록했다.[50]

버락 오바마 대통령조차 러시아가 이번 유출의 배후일 가능성에 무게를 두었다. 〈AP통신〉은 다음과 같이 썼다.

• • • •

모스크바가 대통령 선거에 영향력을 행사하려고 하는지에 대

해 물었을 때, 오바마는 "모든 것이 가능하다."라고 하였다. 오바마는 진행 중인 FBI 수사에 관한 논평은 대개 피하는데, 그와 같은 관례를 어기고 외부 전문가들이 이번 유출의 책임자로 러시아를 지목했다는 것을 지적했다. 오바마는 블라디미르 푸틴 대통령이 공격을 돕는 이유가 있을지 모른다는 의견에 동조하였다. NBC 뉴스에서 오바마는 "유출 동기가 무엇이었는지 직접적으로 말할 수는 없다. 다만 내가 아는 것은 도널드 트럼프가 블라디미르 푸틴에 대한 존경을 반복해서 표현해 왔다는 것이다."[51]

종합하면, 공개적으로는 구시퍼 2.0으로 위장하여 활동하고 있는 사이버 베어들은 불법으로 손에 넣은 상대 정치인 뒷조사 자료를 트럼프와 힐러리 비방자들에게 넘겨주었으나 트럼프와의 직접적인 관련성은 드러내지 않았다. 전직 FBI 요원이자 보안 전문가인 알리 수판은 트위터에 "이번 침투들의 특징은 은밀히 정보를 수집하는 것에서, 수집한 정보를 공공연한 무기로 사용하는 것으로 변화하고 있는 것 같다."라고 올렸다.[52]

나는 아무것도 모르지...않는다?

2016년 9월 1일, 솔직하고 어쩌면 보기 드물게 운이 나빴던 순간이 있었다. 블라디미르 푸틴이 미국에 대한 해킹의 특징과 책임에 대해 다음과 같이 말하였다. "그러나 여러분께 다시 한 번 말하고 싶다. 나는 아무것도 알지 못하며, 국가 수준에서 러시아는 이런 일을 절대 저지른 적이 없다." 푸틴은 이어서, 완전히 굳은 얼굴로, "게다가, 누가 이 데이터를 해킹했는지가 그리 중요한 문제인가? 중요한 것은 대중에게 공개된 내용이다."고 덧붙였다.

9

민주주의 수호를 위한
사이버전

항상 기억해라.
사이버상이나 활동에서,
적들은 너의 침묵과 무관심,
무대책을 바란다.
결과가 되어라,
피해자가 되지 말고.

앤소니 코체너, 흡라이트시큐리티

미국의 2016년 선거는 과장된 미사여구와 비논리, 거짓말, 거의 맹목적인 유권자들 말고 다른 이유로도 주목할 만한 가치가 있을 것이다. 이 선거에서 가장 중요한 부분은 미국인들에게 금세 잊힐지도 모른다. 언론이 그렇게 만들어 버리기 때문이다.

　여러분이 누구를 지지하든 간에 블라디미르 푸틴이 동원하고, 푸틴의 정보기관인 FSB와 GRU가 조직한 러시아 사이버 특공대에 의해 미국이 공격당했다는 사실은 의심할 여지가 없다. 이것은 심각한 정치전이었다.

　2016년의 사이버공격은 위성국가나 반체제 인사 개개인의 정치 활동에 끼어드는 그런 단순한 콤프로마트가 아니었다. 그것은 240년이 넘는 동안 미국을 하나로 모았던 전통적인 절차와 규범을 강탈하고 그것으로부터 이탈시키려는 직접적인 시도였다. 이 시도는 푸틴과 올리가르히가 후보자의 마음을 사로잡고, 훈련시키고, 선택하고, 적당한 사이버 범죄와 조직적인 선전을 통해 그들의 명령에 따를 미국의 대통령을 실제로 선택할 수 있다고 여기고 있음을 분명히 보여주는 것이어서 훨씬 뻔뻔한 것이었다.

사이버 후보

러시아의 사이버 역량 관점에서 보면, 럭키 7이 전통적인 KGB 스타일 작전의 모든 면을 통합하여 보다 현대적인 FSB의 선진 사이버전 역량으로 결합시켰다는 점은 주목할 만하다. 그들의 휴민트 정보원과 올리가르히, 러시아 뉴스 매체는 미국 협력자들을 수년 동안에 걸쳐 재정적, 개인적, 정치적 후원을 통해 강력하면서도 우호적으로 훈련시킨 것이 분명했다. 그들이 힐러리를 증오하고 러시아의 정치적으로 엄격하고 적극적인 자세를 깊이 존경하는 핵심 동조자들을 길러 내고자 한 것이었다면, 대단히 성공한 것이다. 미국인들이 적대적인 정부의 명령에 따라 사적이고 재정적인 이익을 도모하기 위해 미국 국민들의 선의를 조작하려는 상호 간의 노력으로 모일 수 있었다는 것은 2016년 이전까지는 생각지도 못할 일이었다. 그러나 그런 일이 발생했을 뿐만 아니라 심지어 공격적으로 반공산주의 공화당을 완벽하게 몰아내고, 그 자리를 러시아 지도자에 대한 아낌없는 찬사를 공개적으로 하고, 나토를 비난하고, 러시아가 초강대국의 지위를 차지할 수 있도록 만들기 위해 미국의 우월성을 파괴할 것을 맹세하는 대통령 후보자로 대체하게 되었다. 러시아가 웃고, 부정하며, 동시에 사이버 및 선전 작전을 수행하고, 도널드 트럼프가 다른 미국인에게 해를 가하기 위해 사이버스파이 활동을 해달라고 러시아에게 간청하게 만들 수 있다는 사실은 믿기지 않을 만큼 대단하다. 무엇이든 밝혀진다면, 이는 자국에 대한 충성심도 만일 정당한 대가를 지불한다면 언제든 변할 수 있다는 옛 KGB 정책을 증명하게 되는 것이다.

2016년 9월 8일 트럼프는 미국의 대통령에 대해 찬사를 연발하면서 동시에 그를 모욕하였다.[1] 부통령 후보 마이크 펜스는 "나는 오바마보다 푸틴이 자기 나라에서 좀 더 강력한 리더 역할을 해오고 있다는 사실에는 논쟁의 여지가 없다고 생각한다."며, 재빨리 트럼프에게 동의를 표하였다.

정적을 살해하고, 민간인을 죽이고, 테러를 자행하고, 국제 규범을 위반하면서까지 다른 나라를 침공하고 장악해 온 유명하고, 위험하다고 입증된 독재자를 공개적으로 선택함으로써, 트럼프와 펜스는 미국이 아닌 러시아의 가치를 선택하였다. 이번 선거로 파시즘이 부상하고 2세기 동안 이어온 미국의 민주적 통치 방식이 막을 내릴 것이라는 얘기가 있다. 그보다 더 상황이 안 좋아질 수 있을지도 모른다. 적대적인 정부의 이익을 위해 미국의 이익을 고의로 파괴시킨다는 생각이 이 나라 역사상 주류 사회에서 드러내놓고 제안된 적이 없었다.

이라크·아프가니스탄 미군참전용사회(IAVA) 주최 군 최고사령관 포럼에서 푸틴에 대해 물었을 때, 트럼프는 "푸틴은 82퍼센트 국민들의 지지를 얻고 있다. 이 결과는 각각 다른 여론조사기관으로부터 나온 것인데, 미국 여론조사기관들도 포함되어 있다."라며, 곧이어 다음과 같이 말했다.

푸틴이 나를 칭찬한다면, 나도 그를 칭찬할 것이다. 나는 이미 푸틴이 정말로 훌륭한 지도자라고 말해 왔다. 여러분은 "오, 푸틴은 나라를 완전히 장악하고 있는데, 이것은 끔찍하지 않은가"라고 말할지도 모른다. 자, 러시아는 미국과는 매우 다른 시스템이다. 그리고 나는 그 시스템을 별로 좋아하지는 않는다. 그러나 분명 그 시스템 안에서 푸틴은 우리 대통령보다 훨씬 더 훌륭한 지도자 역할을 해오고 있다.

냉전 당시 소비에트 연방에 대항하여 싸우고 참전했던 사람들이 모인 포럼에서 연설하면서, 그들이 국가를 위해 참전했던 것을 잊게 만들고, 한 독재자가 자신에게 애성을 표했으므로 러시아는 미국보다 더 좋은 나라라는 그의 의견에 동조하게 만드는 트럼프의 능력은 무의식 공작원의 전복 시도가 성공한 것처럼 보이게 만들었다.

다른 나라의 이상을 지지하는 문제에 대해 논쟁을 벌일 때, 좀 더 흥분한 열혈 당원들이 종종 "반역"이라는 단어를 잘못 사용한다. 미국 법전에는 반역에 대해 다음과 같이 적혀 있다.

••••

미국에 충성할 의무가 있는 자로서 미국이나 다른 지역에서 적들에게 원조와 위로를 제공하고 미국과의 전쟁을 부추기거나 적을 지지하는 자는 누구든 반역죄로 유죄를 선고받으며 사형이나 5년 이상 투옥되며 이 죄목 하에 10,000 달러 이상의 벌금이 부과될 것이다. 또한 미국에 사무소를 둘 수 없다.[2]

트럼프나 그의 측근들을 반역이나 선동, 배반 혐의로 비난하지 않는다. 그런 얘기는 해서는 안 된다. 트럼프 캠프와 러시아 정부와의 의도적 결탁에 대한 확실한 증거가 미국 방첩기관에 의해 발견되어 미국 법무부에 의해 기소되지 않는 한(이런 일이 일어날 가능성은 거의 없지만), 아무도 이런 위험하고 소송 거리가 될 만한 단어들과 도전적인 말들로 미국 시민을 비난해서는 안 된다. 우리는 미국 수정헌법 제1조에 따라 트럼프가 앞으로도 계속해서 저지를 것이 분명한 모든 어리석은 행동들을 예외 없이 말할 수 있도록 그의 권리를 보호해야 한다. 그것이 그의 권리다.

또한, 트럼프 캠프로부터 나온 성명이나 행동들이 아무리 불쾌하더라도 그 어떤 것도 러시아 정권의 비밀 요원들의 행동이나 작전이 아니다. 하지만 증거를 대충 훑어보더라도 첩보 전문가들은 블라디미르 푸틴이 자신도 모르는 사이에 러시아의 명령을 수행하도록 트럼프와 그의 측근들을 조종해 온 것은 KGB 각본이라면 충분히 가능한 일임을 알 수 있다. 이 미국인들이 러시아 연방의 진짜 정보원은 아닐지도 모르나, 일단 말려들면 완전히 빠져나올 수 없을지 모르는 거대한 정보조작 기관에 무의식적으로 자신들을 노출시켰을 것이다. 2016년 선거의 모양새를 보면 피해가 이미 발생하였음을 알 수 있다.

그 가운데 최악은 70년 동안 이 나라를 안전하게 지켜온 방어 시스템과 조약들을 뒤흔들려는 의도로, 미국의 전략적 핵 적국의 살인에 기반한 힘의 정치를 흠모하고 따르려는 미국주의자의 부상으로 인해 국가 안보에 대한 진짜 위협을 추적할 수 있는 정보기관의 능력이 대중선동으로 무너질 수 있다는 것이 드러난 것이다.

공격당하는 미국

러시아의 역량은 체제에 이롭도록 너무나 완벽하게 조직되어 있어서 크렘린이 원하는 것을 얻는 한 용인된 사이버 범죄를 통해 수십억 달러를 벌어들인다. 특수목적접근작전(TAO) 프로그램의 전직 NSA 요원은 "푸틴이 조합한 먹이사슬을 과소평가하지 마라."고 경고하였다. 먹이사슬 맨 위에는 사이버 베어들이 있으며, 그 아래에 있는 모든 나라는 먹잇감이라는 의미다. 홉라이트시큐리티 회장인 알렉스 코체너는 이러한 러시아의 사이버 역량에 대해 동의하며 다음과 같이 말했다.

●●●●

방대하며 수익성이 좋은 사이버 범죄와 사이버 선전 선거운동에 대한 러시아의 장악력이 너무나 완벽해서 러시아 내부적으로는 사실상 어떠한 부수적인 피해도 입은 적이 없다. 이와 같은 결과는 재미있게 "러시아 사이버 포스 필드"라고 불리는데, 그들의 멀웨어 엑스플로잇 키트의 위치와 언어를 알려주는 것에서부터 악의적 선거운동 광고를 조작하는 것에 이르기까지 러시아는 자신들이 관여한 흔적을 남기지 않기 위해 이 모든 것을 한다. 홉라이트의 세계 네트워크 센서에 부착된 스크린

샷은 이러한 결과를 시각적으로 보여준다. 러시아 국경 내의 활동이 적다는 것을 주목해라. 러시아 내에서의 활동은 이미 감염이 된 컴퓨터를 가지고 여행을 하는 유럽인들과 미국인들에 의해 사실상 언제나 수행되고 있는 것이다. 그래픽이 유용하다면, 사용해도 좋다.

그렇다면, 국가는 과연 무엇을 할 수 있을까? 몇몇 세계 최고 사이버보안 관계자들이 다음과 같이 몇 가지 권고 사항을 제시하였다.

1. 대통령은 선거 전에 국민을 상대로 연설을 해야 하며, 대통령의 권한을 이용하여 적대적인 정보 기관이 미국을 상대로 작전을 수행하였으며, 이에 따라 시스템의 보안이 가장 중요한 문제가 되었음을 전 국민에게 알려야 한다. 대통령은 미국의 사법기관과 정보기관들로 하여금 모든 주와 지역의 기관들이 국가의 자원을 최대한 이용하여 공정한 선거가 보장될 수 있게 협조하도록 해야 한다.

2. 국토안전부와 사이버 사령부가 임시 민관협력기구인 "우선인프라 사이버보안 협동조합(PICSC)"을 창설하도록 해야 한다. 이를 통해 감지된 위협과 해결책을 빠르게 배포하여 산업 전반에 걸쳐 무료로 이용하여, 위급한 해킹을 저지할 수 있도록 해야 한다. 해킹을 당한 사람은 누구나 분석을 위해 피해 상황을 보고할 수 있는 중앙 조직이 필요하다. 많은 사이버보안 전문가들은 학계, 연구자, 정보기관이 협력하여 하나의 공통 기준으로 공격을 정확하게 식별하고, 파악하고, 분석하고, 기록할 수 있도록 국제적 차원의 해커 방어 네트워크가 필요하다고 생각한다.

3. 행정부는 미국이 시간과 장소를 정하여 이번 공격에 대응할 것을 분명히 해야만 한다. 타깃은 미국 사이버 사령부가 선택해야 한다. 만일 차후 발생하는 또 다른 개입을 응징할 의도를 알리지 못한다면 이와 같은 사건은 또 일어날 것이다. 러시아가 사이버공간의 혼란을 이용해 우리의 기반 시설을 공격할 것이라는 주장이 그들이 응징 없이 자신의 정부를 선택할 우리의 자유를 침해하

도록 내버려 둘 이유가 되지 않는다.

4. 러시아 국영 〈러시아투데이〉, 〈스푸트니크뉴스〉, 기타
   국가 정보기관들로부터 흘러나오는 거대하고 완벽하게
   통합된 선전에 대한 국가적 인식과 각성이 필요하다. 이
   기관들은 중앙 집권화된 선전을 만들어 내고 우리에게
   불리할 "음모론"을 세심하게 시기를 조절하여 배포함으
   로써 우리 유권자들에게 영향을 미쳤으므로 주의를 환
   기시켜야 한다.

후보들의 입장 역시 잘 드러나고 있다. 러시아 사이버전에 대
한 대응 방안을 논의할 때, 힐러리는 공격에 대해 언급하며 "대통
령으로서 나는 미국이 사이버공격을 다른 공격과 마찬가지로 취급
할 것임을 분명히 할 것이다. 우리는 정치적, 경제적, 군사적으로
진지하게 대응 할 준비를 갖출 것이다."라고 말했다.[3]

반면, 트럼프는 사이버스파이 활동으로 다른 나라에 해를 가
할 수 있는 러시아의 역량에 감탄하는 듯하다. 이것 외에 트럼프
가 사이버전에 대해 잘 알고 있다거나 관심을 갖고 있다고 볼 수
있는 증거는 거의 없다. 마이클 플린 장군이 진행한 시시한 인터

뷰에서 트럼프에게 사이버전에 대해 물었을 때, 특히 더 무지한 대답을 내놓았다.

••••

바로 그거예요, 사이버가 오늘날 아주 중요해지고 있습니다. 바로 몇 년 전까지 그런 단어조차 없었는데 말이죠. 그리고 그들이 인터넷을 가지고 무엇을 하고 있는지, 인터넷을 통해 사람들을 어떻게 포섭하고 있는지 보세요. 심리전도 그중 하나입니다. 왜냐하면 너무나 많은 사람들이 그들이 이기고 있다고 생각하고 있기 때문이죠. 그래서 대단히 중요한 것이 있어요. 오늘의 심리전은 트럼프가 이기고 있다는 굉장한 여론조사 결과를 CNN이 발표했다는 겁니다. 이는 훌륭한 심리전입니다.[4]

하지만 해킹이 트럼프에게 득이 되었다는 증거에도 불구하고, 트럼프는 러시아투데이 텔레비전에 방영된 래리 킹 인터뷰 프로그램에 나갔다. 질문을 받자 트럼프는 해킹이 부적절하였다고 언급하였으나, 무지했던 것을 인정하면서도 다음과 같이 말하며 민주당에게 비난의 화살을 돌리고자 하였다. "아마도 민주당이 그런 말을 하고 있는 것 같은데, 누가 알겠는가, 나는 누가 해킹했는지 알지 못한다. 당신이 한 번 말해 봐라. 누가 해킹했나?"[5]

러시아가 현재 돈과 정보원, 군사 기술을 보유하고 있다는 이유만으로 그들이 미국을 동등하게 볼 것이라는 것을 의미하지는 않는다. 나는 "러시아는 미국이나 미국의 대통령에 대한 존경심을 가지고 있지 않다."는 트럼프의 말을 믿는다. 트럼프와 푸틴처럼 러시아는 열등감을 갖고 있는데 그로 인해 최고가 되고자 애쓰며, 결과를 지배하기 위해 자기의 역량보다 과장된 언사를 한다. 과장하여 말하고, 가슴을 쫙 펴는 것만으로도 자신들이 정글에서 가장 큰 원숭이라고 믿게 만들어 준다. 하지만 공격당하고 도전 받을 때 미국은 늘 결집하여 하나의 국가로 대응해 왔다. 푸틴에게는 또 다른 모험을 시도하기 전에 이처럼 위대한 미국의 힘을 무력화시키는 것이 대단히 중요할 것이다. 그런데 그런 단합과 국가적 의지도 트럼프에 의해 치명적인 손상을 입었으며, 이는 오직 러시아에게만 좋은 일이다.

럭키 7 작전의 목적을 밝혀낼 방법은 러시아가 동맹국이 아니라, 러시아의 위대한 여정을 가로막는 장애물로 미국을 보는 전략적 상대라는 사실을 인정하는 것이다. 2016 선거에 대한 속임수에 별다른 대응을 하지 않는다면, 미국은 가장 낮은 단계의 선거에서

조차 콤프로마트의 제1 타깃이 될 것이다. 앞으로의 해킹과 그로 인해 얻은 자료를 정치적 의도로 유출시킨다면 미국 정책에 직접적인 영향을 미칠 것이며, 우리를 안전하게 보호할 절차들을 무력화시킬 수 있을 것이다. 양당 정치인들은 정치적 협박의 위험에 놓이게 되거나, 다른 나라가 만든 트롤들을 봐야 할지도 모른다. 러시아는 이제 선전으로 정부 기능이 멈추게 될 때까지 우리가 얼마나 쉽게 조종되는지를 세상에 드러내 미국을 쓰러뜨릴 수 있는 수단을 완성했다고 믿는다. 럭키 7 작전이 성공한다면 중국도 기꺼이 이 게임에 뛰어들 것이다. 두 개의 글로벌 사이버전이 미국을 상대로 은밀히 벌어지고 있는데, 우리 정치 기구는 의원들이 이미 외세에 영향을 받았기 때문에 법을 통과시키거나 이를 막을 재원을 할당하지 못하는 것을 한 번 상상해 봐라.

다음 공격

"대량 혼란 무기"로 공격을 할 러시아의 역량이 아직 발휘된 것은 아니나 러시아는 원하는 시기에 공격할 수 있다. 정치적, 경제적으로 미국을 흔들어 자본주의 언덕에 빛나는 도시가 무너져

속임수를 쓰는 리얼리티 쇼 사기꾼을 몰라보고 신뢰하면서 붕괴되기에 딱 맞는 시기라고 크렘린이 판단한다면, 선거 당일에 대량 해킹이 일어날 가능성은 충분하다. 럭키 7 IWMC는 전자 투표 기계 속으로 들어갈 필요도 없다. 러시아 IWMC와 럭키 7 작전 팀은 수천만 트럼프 지지자들이 결국 선거가 힐러리에 의해 도난당하고 있다고 믿게 만들기 위해 한 주의 선거인단 수 한 열을 바꾸기만 하면 된다. 증거가 무엇이든, 누가 진정하라고 요구하든 간에 그들은 배신이라고 믿을 것이다. 왜냐하면 트럼프가 미국 유권자 3분의 1에게 미국 투표 시스템 전체가 잘못되었다고 확신을 주었기 때문이다. 지금 가장 큰 위험은 트럼프 당선 이외의 결과는 어떤 것이든 용납되지 않을 것이며 새로운 선거에 대한 요구와 결과에 대한 거부가 거세게 일어나 1860년 남북 전쟁 이후로 볼 수 없었던 방식으로 국가 기능을 무력화시킬 것이라는 점이다. 이로 인해 어떤 주들은 트럼프 지지자들 입맛에 맞는 결과가 나와서는 안 된다는 주장을 하게 될 것이다. 그렇게 되면 제2의 미국 남북 전쟁은 실현 가능할 뿐만 아니라 실제로 일어나게 될 것 같다.

러시아가 사이버 무기들을 이용하여 범죄 행위를 하거나 우리 선거 절차를 방해하는 것은 미국 자체에 대한 신뢰를 앗아가려는 의도다. 선거가 조작될 것이라는 트럼프의 주장으로 그들은 목표를 이루었다. 그들의 개입 때문에 미국에서 평소에 정치로 간주되었던 행동들이 지금은 의심의 대상이 되었으며, 정치 자체는 해킹과 선동의 조합으로 인해 공격받고 있다.

우리가 아직 평범한 미국 시민의 삶에 문제가 될 만한 실제 혼란을 보고 있지는 않지만, 일단 한 번 인식되면 혼란은, 공격에 대한 유일한 대처 방법이 진짜 전쟁일지 모르는 시기에, 찾아오리라는 것을 확신할 수 있다.

a

부록

다음에 소개되는 자료는 "최근 미국 선거에서 러시아의 활동과 의도에 대한 평가"라는 제목으로 미국 국가정보국(ODNI)으로부터 가져온 보충자료다. 이것은 기밀취급을 받지 않는 형태로 제출된 정보기관의 평가보고서로, 그 가운데 러시아 해킹과 관련한 몇 개의 결론들이 대중에게 공개할 수 있는 것이었다.

세 개의 주요 정보기관들인 NSA와 CIA, FBI는 많은 부분에서 공통된 의견을 보였는데, 이는 《러시아, 미국을 해킹하다》의 내용과 동일하다. 이 보고서에 있는 정보기관들의 결론과 CIA 보고서는 필자가 이 책을 쓰고 있던 때와 동일한 시기에 작성되었으며, 2016년 9월 23일 대통령에게 전달되었는데, 《러시아, 미국을 해킹하다》 역시 같은 날짜에 온라인 에디션으로 공개되었다는 사실을 언급하고 싶다. 이것은 정보기관과 필자가 정확히 똑같은 주제에 대해, 동일한 시간 동안 동일한 방법론을 적용하여 작업을 하였으며, 동일한 시기에 동일한 결론에 도달했기 때문이다.

또한, 이 책이 출간된 첫 날인 2016년 10월 7일, 오바마 대통령과 국가정보국 국장 제임스 클래퍼, 국토안보부 장관 제이 존슨이 러시아가 미국의 선거 절차에 대한 해킹을 시도하였다는 결론을 공개적으로 발표했다는 사실도 주목하길 바란다.

이 ODNI 평가보고서는 극적이긴 하나 나의 글에 대해 일부분만 확인해 줄 뿐이다. 내가 일부분이라고 말한 이유는 결론 대부분이 극비로 분류되어 있기 때문이다. 그래도 새로운 언론 보도들을 통해 《러시아, 미국을 해킹하다》가 놀랍도록 정확한 책임을 거의 매일 보여주고 있다.

이 평가보고서에서 발견되는 정보기관들의 중요한 판단들은 독자에게 미국의 민주주의를 무너뜨리고 훼손하기 위해 러시아 정보기관들이 이용하는 선전과 사이버전 활동들이 어느 정도인가에 대해 훨씬 더 깊은 통찰을 제공할 것이다.

"최근 미국 선거에서
러시아의 활동과 의도에 대한 평가"
배경:

분석 절차와 사이버 사건 속성

2017년 1월 6일

"최근 미국 선거에서 러시아의 활동과 의도에 대한 평가" 배경: 분석 절차와 사이버 사건 속성

"최근 미국 선거에서 러시아의 활동과 의도에 대한 평가"는 대통령과 대통령에 의해 승인된 사람들에게 제공된 최고 기밀 평가보고서가운데 기밀이 해제된 서류다.

- 정보기관은 평가를 위해 사용된 모든 지식이나 정확한 근거를 대중에게 거의 공개할 수 없다. 그와 같은 정보의 공개로 인해 민감한 출처나 방법이 드러날 수 있으며, 장차 중요한 외국 정보를 수집할 수 없게 될 수 있기 때문이다.

- 따라서 이 보고서의 결론이 기밀보고서에 모두 반영돼 있지만, 기밀 해제 보고서는 구체적인 정보기관, 출처, 방법 등을 포함한 모든 지원 정보를 포함하고 있지 않으며, 포함할 수도 없다.

분석 절차

정보기관의 임무는 외국의 활동이나 능력, 리더들의 의도를 둘러싼 불확실성을 감소시키는 것인데, 이는 외국 행위자들이 그들의 행동을 숨기거나 혼란스럽게 만들기 위해 애를 쓰는 복잡한 이슈들을 이해하고자 할 때 달성하기가 어렵다.

- 정보 분석의 목적은 지적으로 엄격하고, 객관적이고, 시기적절하고, 유용하며, 스파이 활동에 필요한 지식 기준에 따르는 평가의견을 의사결정자들에게 제공하는 것이다.

- 분석적 결과를 위한 스파이 활동에 필요한 지식 기준은 과거 10년 동안 다듬어져 왔다. 이 기준에는 정보원 기술하기(그들이 제공하는 정보에 대한 신뢰도 및 접근권을 포함하여), 불확실함을 분명히 표현하기, 기본 정보와 분석가의 판

단 및 가정을 구분하기, 대안을 모색하기, 거래처와의 관계를 보여주기, 강력하고 투명한 로직을 사용하기, 시간의 흐름에 따른 판단의 변화나 일관성을 설명하기 등이 포함되어 있다.

- 이와 같은 기준들을 적용하면 정보기관이 미국 정책입안자들과 전투원들, 공작원들에게 미국의 국가 안보를 발전시키기 위한 잠재적 기회뿐만 아니라 가장 정확한 통찰력, 경고, 정황을 제공할 수 있게 된다.

정보기관 분석가들은 인적 정보원, 기술적 수집, 출처가 공개된 정보 등을 포함한 광범위한 출처들로부터 정보를 통합하여, 전문화된 기술과 잘 짜인 분석 방법을 적용하여 현재 발생하고 있는 것과 앞으로의 전망에 대한 통찰을 제공하기 위해 이용 가능한 데이터, 과거 관련 활동 및 논리에 의해 추론 및 추리를 도출해낸다.

- 분석가의 임무 가운데 중요한 것은 정보원이 제공한 자료, 정보 격차, 복잡한 이슈의 양과 질에 근거하여 중요한 판단을 내리고 관계된 불확실함을 설명하는 것이다.

- 정보기관 분석가들이 "우리는 평가한다.", "우리는 판단한다."와 같은 단어들을 사용할 때는 분석적 평가나 판단을 전달하는 것이다.

- 어떤 분석적 판단들은 수집된 정보에 직접적인 근거를 두고 있으며, 다른 판단들은 엄격한 분석에 기본 원칙으로 작용하는 이전의 판단들에 의거한다. 두 가지 형태의 판단에는 위에 설명된 스파이 활동에 필요한 지식 기준들이 분석가들이 판단을 위한 적절한 기본을 갖출 수 있도록 해준다.

- 정보기관의 판단들은 종종 두 가지 중요한 요소를 포함하고 있다. 첫째, 무언가가 발생했거나 발생할 확률에 대한 판단과 근거, 논리 및 추리를 나타

내는 판단에 대한 신뢰 수준(낮다, 보통이다, 높다)과 둘째, 판단을 뒷받침하는 선례들이다.

사이버 사건의 속성 파악하기

사이버공간의 특성 때문에 사이버 작전의 속성을 규정 짓기가 어렵지만 불가능하지는 않다. 모든 종류의 사이버 작전은 악의적이든 아니든 흔적을 남긴다. 미국 정보기관 분석가들은 이 작전들을 추적하여 출처를 밝혀내기 위해 흔적들, 이전 사건들, 요주의 인물들에 대한 지식과 이들의 작업방식, 그들이 이용하는 툴에 대한 지식를 이용한다. 모든 사건에서 그들은 앞서 분석절차에서 기술된 것과 같은 스파이 활동에 필요한 지식 기준들을 적용한다.

- 분석가들은 수집한 정보가 기존의 지식과 어떻게 비교되는지를 평가하고 어떤 대안적인 가설들과 모호성을 설명하기 위해 일련의 질문들을 통해 적절한 판단에 대한 확신 정도를 조정한다.

- 속성에 대한 평가는 대개 누가 작전을 수행했는지에 대한 간단한 진술이 아니라 오히려 그 사건이 단독 사건인지 아닌지, 누가 범인인지, 범인의 동기는 무엇인지, 외국 정부가 작전을 명령하거나 지휘했는지를 기술하는 판단들이라고 할 수 있다.

범위와 출처

2016년 12월 29일 날짜로 이용 가능한 정보가 이 보고서를 준비하는데 이용됐다.

범위

이 보고서는 미국 중앙정보국(CIA), 연방수사국(FBI), 국가안보국(NSA) 세 기관들이 수집하고 배포한 첩보 정보들에서 도출해 낸 것으로, 세 기관이 초안을 작성하고 조정한 분석적 평가가 들어 있다. 이 보고서는 미국의 선거에 관한 모스크바의 의도와 미국의 여론에 영향을 미치기 위한 모스크바의 사이버 툴과 미디어 작전 동기와 범위를 다루고 있다. 이 평가는 2016 미국 대선을 겨냥한 활동들에 초점을 맞추며 과거 러시아의 영향력 작전들에 대해 우리가 이해할 수 있도록 한다. 이 보고서에서 사용된 "우리"라는 용어는 세 기관 모두에 의한 평가를 지칭한다.

- 이 보고서는 최고 기밀 평가보고서가운데 기밀이 해제된 버전이다. 이 서류의 결론은 최고 기밀 평가보고서와 동일하지만 이 보고서에는 영향력 작전의 핵심 요소에 대한 구체적 정보를 포함하여 뒷받침해주는 모든 정보를 포함하고 있지 않다. 편집과정에서는 오직 가독성과 맥락성의 목적으로 최소한의 수정만 하였다.

우리는 2016 선거의 결과에 미친 러시아 활동의 영향력에 대한 평가를 하지 않았다. 미국 정보기관이 외국 행위자들의 의도, 능력, 행동들에 대한 감시와 평가를 담당하고 있으며, 미국의 정치적 절차나 여론을 분석하지 않는다.

- 새로운 정보가 계속 나타나고 있어서 러시아의 활동에 대해 보다 깊은 통찰을 제공하고 있다.

출처

이 평가보고서의 핵심적인 판단들은 러시아의 행동에 대해 우리가 알고 있는 것과 일치한 다양한 출처들로부터 나온 보도들에 많은 부분 의존하고 있다. 특정 사이버 작전들을 포함한 러시아 활동들과 주요 미국 행위자들에 대한 러시아의 관점에 대한 통찰은 여러 개의 협력 출처에서 비롯된 것이다.

크렘린의 선호와 의도에 대한 몇몇 판단들은 크렘린에 충성하는 정치 인물들, 국영 매체, 친크렘린 소셜 미디어 행위자들의 행동에 근거한 것인데, 이 모든 사람은 크렘린이 메시지를 전달하기 위해 직접 이용하거나 크렘린에 적합한 자들이다. 러시아 지도자들은 국내외 선전에 상당량의 물자를 투자하며 러시아의 욕망과 레드라인에 관한 일관되고 자기 강화적인 이야기들을 우크라이나, 시리아, 미국과 관계된 나라들로 전송하는 데 중점을 두고 있다.

최근 미국 선거에서 러시아의 활동과 의도에 대한 평가   ICA 2017-01D

2017년 1월 6일

주요 판단

2016년 미국 대선에 영향을 미치려는 러시아의 작전들은 미국 주도의 자유민주주의 질서를 무너뜨리고 싶어 하는 모스크바의 오랜 바람이 표현된 가장 최근의 활동이지만, 이번 작전에서는 과거 작전들과 비교할 때 직접성, 활동 수준, 작전 범위가 눈에 띄게 확대된 것으로 보였다.

우리는 블라디미르 푸틴 대통령이 미국 대선을 겨냥해 2016 영향력 작전을 지시한 것으로 평가한다. 러시아의 목적은 미국의 민주적 절차에 대한 대중들의 신뢰를 무너뜨리고, 클린턴 국무장관을 폄하하여 그녀의 당선 가능성과 잠재적 대통령직에 해를 가하는 것이었다. 나아가 우리는 푸틴과 러시아 정부가 트럼프 대통령 당선자에 대한 명백한 선호를 보였다고 평가한다. 우리는 이와 같은 판단들에 강한 확신을 가지고 있다.

- 우리는 푸틴과 러시아 정부가 클린턴 국무장관의 신뢰를 무너뜨리고 그녀를 트럼프와 비교하여 대중적으로 비호감으로 보이게 만들어 트럼프 대통령 당선자의 선출 기회가 생기도록 돕고자 했다고 평가한다. 세 개 기관 모

두 이 판단에 동의하는데, CIA와 FBI는 높은 확신을, NSA는 보통 정도의 확신을 보였다.

- 모스크바의 접근 방식은 두 주요 후보의 당선 전망에 대한 러시아의 이해에 근거한 작전의 진행과정에서 달라졌다. 클린턴 국무장관의 당선 가능성이 높다고 모스크바가 판단할 때 러시아의 영향력 작전은 그녀의 차후 대통령직에 해를 입히려는 방향으로 집중되기 시작했다.

- 선거 후 보다 많은 정보가 드러났는데, 2016년 11월 초 이후부터 드러난 러시아의 행동과 결합되어 러시아의 동기와 목적들에 대한 우리의 평가에 대해 자신감을 높여주었다.

모스크바의 영향력 작전은 사이버 활동과 같은 비밀 정보작전들과 러시아 정부기관, 국영 언론, 제3 중개자, 유급 소셜 미디어 유저들, "트롤들"의 공개적 활동들을 혼합하는 러시아의 메시지 전달 전략을 따른 것이었다. 러시아는 소비에트 연방 시절처럼 크렘린에 적대적으로 인식되는 후보자들의 명예를 손상시키기 위해 정보 요원들과 공작원, 언론 배치를 이용하여 미국 대선에 집중한 비밀 영향력 작전을 수행한 역사가 있다.

- 러시아의 정보기관은 미국의 두 주요 정당들과 연관된 타깃들을 포함하여 2016 미국 대선과 관련된 타깃들을 상대로 사이버 작전을 수행하였다.

- 우리는 군정보기관(GRU)이 사이버 작전을 통해 획득한 미국의 데이터를 구시퍼 2.0, DCLeaks.com, 위키리크스를 이용하여 대중에게 공개하고 뉴스매체에 독점적으로 보냈다고 강한 확신을 가지고 평가한다.

- 러시아 정보기관은 다수의 주 및 지역 선거위원회에 대한 접근권을 획득

하고 유지하였는데, 미국 국토안보부(DHS)는 러시아 행위자들이 겨냥하거나 이용할 것으로 보이는 투표 시스템에 투표 집계는 포함되지 않았다고 평가한다.

- 러시아의 국영 선전기관은 크렘린의 메시지를 러시아와 세계의 시청자들에게 전달할 플랫폼을 제공함으로써 영향력 작전에 기여하고 있다.

우리는 모스크바가 미국 대선을 겨냥한 작전으로부터 얻은 교훈을 차후 미국과 미국의 동맹국들, 그 나라들의 선거 절차를 포함하여 전 세계를 상대로 한 영향력 작전에 적용할 것으로 평가하고 있다.

2016 미국 대선을 겨냥한
러시아의 영향력 작전

2016 미국 대선을 겨냥한 러시아의 영향력 작전

푸틴이 미국 선거에 영향력을 행사하기 위한 작전을 명령했다

우리는 러시아 대통령 블라디미르 푸틴이 미국 대선을 겨냥한 2016 영향력 작전을 명령했다는 것을 높은 확신을 가지고 평가한다. 이 작전의 일관된 목적은 미국의 민주적 절차에 대한 대중들의 신뢰를 떨어뜨리고, 클린턴 국무장관을 폄하하며, 그녀의 당선 가능성과 잠재적인 대통령직에 해를 가하는 것이다. 우리는 나아가 푸틴과 러시아 정부가 트럼프 대통령 당선자에 대한 선호를 분명히 했다고 평가한다. 클린턴 국무장관이 선거에서 승리할 것 같은 조짐이 모스크바에 포착될 때, 러시아의 영향력 작전은 대통령으로서의 클린턴에게 해를 입히려는 방향으로 초점을 맞추었다.

- 우리는 푸틴과 러시아 정부가 클린턴 국무장관의 신뢰를 무너뜨리고 그녀를 트럼프와 비교하여 대중적으로 비호감으로 보이게 만들어 트럼프 대통령 당선자의 선출기회가 생기도록 돕고자 했다. 세 기관 모두 이 판단에 동의하는데, CIA와 FBI는 높은 확신을, NSA는 보통 정도의 확신을 보였다.

- 크렘린은 미국 선거에 영향력을 미치려는 시도를 통해 푸틴과 고위 러시아 지도자들이 러시아와 푸틴 정권에 대한 위협으로 보고 있는 미국 주도의 자유민주주의 질서를 무너뜨리고 싶어 하는 오랜 바람을 실행하고자 한 것으로 평가된다.

- 푸틴은 파나마 페이퍼스 폭로와 올림픽 도핑 스캔들을 러시아를 음해할 목적으로 미국이 지시를 내린 활동들로 규정하면서, 미국의 이미지를 떨어뜨려, 미국을 위선자로 만들기 위해 폭로들을 이용하고자 했음을 주장했다.

- 2011년 말과 2012년 초기 푸틴 체제에 대항하는 대중시위를 선동했다는 이유로 2011년부터 공개적으로 그녀를 비난해 온 데다, 자신을 멸시하는 것이

라고 믿는 그녀의 발언들에 대해 원한을 품고 있는 것으로 미루어, 푸틴은 필시 클린턴 국무장관의 신용을 떨어뜨리고자 했던 것 같다.

우리는 푸틴과 그의 참모들, 러시아 정부가 클린턴 국무장관보다 트럼프 대통령 당선자를 더 선호한다는 사실을 드러냈다고 평가한다.

- 6월 초, 미국 대선 경쟁에 대한 공개적 발언에서 푸틴은 트럼프 대통령 당선자를 직접적으로 칭송하지는 않았는데, 이는 아마도 트럼프에 대한 푸틴의 개인적 찬사가 미국에서 자칫 역풍을 맞을 수도 있다고 크렘린 측에서 판단했기 때문일 것이다. 그럼에도 불구하고 푸틴은 트럼프 대통령 당선자가 러시아와 협력할 정책을 언급한 것에 대한 만족감을 공개적으로 드러냈으며, 친크렘린 인물들도 시리아와 우크라이나에 대한 트럼프의 친러시아적 태도를 매우 반겼다. 푸틴은 대통령 당선자 트럼프의 러시아에 대한 태도를 클린턴 국무장관의 "호전적인 언사"들과 공개적으로 비교했다.

- 모스크바는 또, 트럼프 대통령 당선자의 당선을 이라크와 레반트의 이슬람 국가(ISIL)에 대항하는 국제적 반테러리즘 연합을 이끌어낼 수 있는 기회로 보았다.

- 푸틴은 서구의 정치 지도자들과의 협력에서 많은 긍정적인 경험들이 있는데, 이는 그들이 사업적 이익 때문에 러시아와 거래를 하고 싶어 했기 때문이다. 실비오 베를루스코니 전 이탈리아 총리와 게르하르트 슈뢰더 전 독일 총리가 대표적 인물이다.

- 푸틴과 러시아 당국, 친크렘린 전문가들은 미국의 선거 절차가 불공정하다고 공개적으로 비난하던 것을 선거 직후 바로 중단했다. 아마도 그와 같은 비난이 긍정적 관계를 구축하는 데 역효과를 낳을 것으로 판단했던 것 같다.

우리는 푸틴과 러시아 정부가 클린턴 국무장관의 신뢰를 무너뜨리고 그녀를 트럼프와 비교하여 대중적으로 비호감으로 만들어 트럼프의 대통령 당선 기회가 생기도록 돕고자 했다고 평가한다. 클린턴 국무장관의 당선 가능성이 점쳐질 때는 선거의 공정성에 의문을 제기하는 것처럼 러시아의 영향력 작전은 클린턴 국무장관의 적법성을 깎아내리고, 그녀의 대통령직 수행을 시작부터 무력화시키려는 데 보다 집중했다.

- 선거 전에 러시아 외교관들은 미국의 선거 절차를 맹비난했으며, 선거 결과의 타당성을 공개적으로 문제 삼고자 하였다. 친크렘린 블로거들은 선거당일 밤에 클린턴 국무장관이 당선될 경우를 대비해 트위터 작전, #DemocracyRIP를 준비해놓기도 했었다.

러시아 작전은 다면적이었다

모스크바가 미국 선거기간 동안 폭로를 이용한 것은 전례가 없는 일이었다. 하지만 영향력 작전은 사이버 활동과 같은 비밀 정보작전들과 러시아 정부기관, 국영 언론, 제3 중개자, 유급 소셜 미디어 유저들, "트롤들"의 공개적 활동들을 혼합하는 러시아의 오랜 메시지 전략을 따른 것이었다.

- 우리는 영향력 작전이 러시아 정부의 가장 고위층-특히 정치적으로 민감한 자들에 의해 승인된 것이라고 평가한다.

- 미국 선거를 겨냥한 모스크바의 작전은 소비에트 연방에서 연마했던 능력에 내한 수십 년 간의 투자가 반영된 것이었다.

- 러시아의 영향력 작전은 기본적으로 다면적이고 만일의 경우 거부할 수 있도록 설계되어 있다. 왜냐하면 영향력, 컷아웃, 비밀조직, 위장작전들을 혼합하여 사용하기 때문이다. 모스크바는 2014 우크라이나 사태 당시 이와 같은 작전을 벌였었는데, 그 때 러시아는 군대와 참모들을 동우크라이나에 배

치했는데, 공개적으로는 이를 부인했다.

미국 선거를 겨냥한 크렘린의 작전은 미국의 주 및 지역 선거위원회로 침입한 러시아 사이버 작전을 통해 획득한 데이터에 대한 폭로와 공개적인 선전이 특징이었다. 러시아가 수집한 정보를 영향력 작전에 제공하여 작전을 가능케 했다.

미국의 정치 조직을 상대로 한 사이버 첩보작전. 러시아 정보기관들은 2016 미국 대통령 선거와 연관된 타깃들을 상대로 사이버 작전을 수행하였는데, 미국의 두 주요 정당들과 연관된 타깃들이 여기에 포함된다.

우리는 러시아 정보기관들이 미래에 미국 정책을 수립할 것으로 보는 미국 프라이머리 선거캠프, 씽크 탱크, 로비 집단들을 상대로 정보를 수집했다고 평가한다. 2015년 7월, 러시아 정보기관은 민주당 전국위원회(DNC) 네트워크에 대한 접근 권한을 확보하였으며 적어도 2016년 6월까지 유지했다.

- 러시아 총참모부 정보총국(GRU)은 2016년 3월 미국 선거를 겨냥한 사이버 작전을 시작했던 것 같다. 우리는 GRU 작전으로 인해 민주당과 정치적 인물들의 개인 이메일 계정이 손상되었다고 평가한다. 5월까지 GRU는 DNC 로부터 얻은 막대한 양의 데이터를 유출시켰다.

러시아가 수집한 데이터를 공개적으로 폭로하다. 우리는 GRU가 사이버 작전을 통해 획득한 미국의 데이터를 구시퍼 2.0, DCLeaks.com, 위키리크스를 이용하여 대중에게 공개하고 뉴스매체에 독점적으로 보냈다고 강한 확신을 가지고 평가한다.

- 독자적으로 활동하는 루마니아 해커라고 주장하는 구시퍼 2.0은 선거기간 동안 자신이 루마니아인일 가능성에 대한 모순적인 진술과 허위 주장을 여러 차례 하였다. 언론 보도는 구시퍼 2.0이라고 주장하는 한 명 이상의 인물들이 기자들과 접촉하였다고 주장한다.

- 우리가 평가하는 내용은 2016년 3월 GRU가 타깃으로 삼은 이메일 계정으로부터 얻은 것으로 6월에 DCLeaks.com에 올라 왔던 것이다.

우리는 GRU가 DNC와 고위 민주당 직원들로부터 획득한 자료들을 위키리크스에 넘겨주었다는 것을 강한 확신을 가지고 평가한다. 모스크바는 자칭 정확성으로 얻은 명성 때문에 위키리크스를 선택했을 가능성이 높다. 위키리크스를 통해 폭로된 것들에는 어떠한 명백한 위조도 포함되지 않았다.

- 9월 초, 푸틴은 DNC 데이터가 위키리크스에 노출됐다는 것은 중요한 사건이라고 공개적으로 언급했는데, 유출의 출처를 찾는 것은 주의를 다른 데로 돌리려는 것이라며, 러시아의 국가적 수준의 개입을 부인하였다.

- 크렘린의 주요 국제적 선전 매체인 RT는 위키리크스와 적극적으로 협력하였다. 러시아와 서구 언론매체에 의하면, RT의 편집장은 2013년 8월 런던 주재 에콰도르 대사관에 머물고 있던 위키리크스 창시자 줄리안 어산지를 방문해서 어산지와 RT와의 방송계약을 갱신하는 문제를 논의한 것으로 알려졌다. 그 후 러시아 언론은 RT가 위키리크스와 제휴를 맺은 "유일한 러시아 미디어"가 되었으며, "비밀 정보의 새로운 유출"에 대한 접근권을 얻었다고 발표했다. RT는 정기적으로 어산지에 대한 동정 보도를 내보내고, 그에게 미국을 비난할 수 있는 플랫폼을 제공한다.

이와 같이 선거와 관련된 폭로는 올림픽 선수들과 다른 외국 정부들과 같은 타깃들을 상대로 한 영향력 활동에서 해킹된 정보를 이용하는 러시아 정보기관의 패턴을 반영하고 있다. 그와 같은 활동에는 개인적 데이터의 공개나 변조, 웹사이트 훼손, 이메일 공개 등이 포함된다.

- 2016 하계 올림픽 이후 주요 타깃은 세계반도핑기구(WADA)였는데, 미국 선

수들에 대한 데이터가 포함된 자료들이 유출되었으며, 우리는 GRU가 관여된 것으로 평가한다.

러시아는 공화당과 연관된 타깃들에 대한 데이터들도 수집했으나 비교될 만한 폭로 작전을 수행하지는 않았다.

미국 주 및 지역 선거위원회에 대한 러시아의 사이버 침투. 러시아 정보기관은 주 또는 지역 선거위원회의 구성원들에게 접근했다. 2014년 초부터, 러시아 정보기관은 미국 선거 절차 및 이와 관련된 기술과 장비들을 연구해 왔다.

- 미국 국토안보부(DHS)는 러시아 행위자들이 겨냥하거나 이용할 것으로 보이는 투표 시스템에 투표 집계는 포함되지 않았다고 평가한다.

러시아 선전 활동. 러시아의 국내 미디어기구, RT와 스푸트니크와 같은 세계 시청자를 대상으로 한 뉴스 매체, 준정부 트롤들로 구성된 러시아의 국영 선전기관은 크렘린의 메시지를 러시아와 세계의 시청자들에게 전달할 플랫폼을 제공함으로써 영향력 작전에 기여하고 있다. 국영 러시아 미디어는 2016년 총선거 및 예비선거가 진행되면서 트럼프 대통령 당선자에 대해 우호적인 언급을 점차 늘려간 반면에 클린턴 국무장관에 대해서는 부정적인 보도를 일관되게 제공하였다.

- 2016년 3월부터 러시아 정부와 연결된 행위자들은 영어권 시청자들을 겨냥한 언론에서 트럼프 대통령 당선자의 출마를 공개적으로 지지하기 시작했다. 친크렘린 라디오와 온라인 내용을 전 세계 시청자들을 위해 여러 개의 언어로 전달하는 또 다른 정부출연 뉴스매체인 RT와 스푸트니크는 부패한 정계에 종속돼있다고 여기는 미국의 전통적 뉴스 매체로부터 트럼프 대통령 당선자가 불공정한 보도의 대상이 되고 있다고 일관되게 보도하고 있다.

- 러시아 미디어는 2016년 10월 서구 학회 연례 회의의 주제였던 푸틴의 세계 인민주의 운동에 대한 지지와 서구 자유주의의 붕괴를 나타내는 가장 최신 사례로 트럼프 대통령 당선자의 승리를 들었다.

- 푸틴의 최고 선전가 드미트리 키셀레프는 올 가을 그의 대표 프로그램인 시사 주간지 프로그램을 이용하여 모스크바와의 협력을 희망한다는 이유로 트럼프의 당선을 막으려는 부패한 정계와 결점 투성이인 민주적 선거 절차에 의해 희생된 아웃사이더로 트럼프 대통령 당선자를 묘사하였다.

- 친크렘린 대리인 블라디미르 지리놉스키, 러시아 자유민주당 당수는 선거 직전에 만일 트럼프 대통령 당선자가 승리한다면 시리아와 우크라이나에서 러시아의 입지가 좋아질 것을 기대하며 "샴페인을 마실 것이다."라고 선언했다.

미국 대통령 선거운동기간 동안 클린턴 국무장관에 대한 RT의 보도는 줄곧 부정적이었으며, 유출된 그녀의 이메일에 초점을 맞추고, 부패 및 심신미약을 이유로 비난하며, 이슬람 극단주의와 연결시켰다. 몇몇 러시아 관료들도 클린턴 국무장관이 선출되면 미국과 러시아 간의 전쟁이 일어날 수 있다며 영향력 작전에 힘을 실었다.

- 8월에 크렘린과 연계된 정치 분석가들은 푸틴에 대한 서방국가의 부정적인 보도에 대한 보복으로 클린턴 국무장관의 이른바 건강 문제를 집중 방송했음을 시사했다.

- 8월 6일, RT는 "줄리안 어산지 스페셜: 위키리크스가 클린턴을 감옥으로 보낼 이메일을 갖고 있는가"라는 제목의 영어 비디오와 "자금 출처가 같은 클린턴과 ISIS"라는 제목으로 된 어산지와의 단독 인터뷰를 발표했다. 클린턴 국무장관에 대한 RT의 비디오 중 가장 잘 알려진 것은 "어떻게 클린턴의 자

선거금이 모두 민주당으로 가게 됐는가"로, 소셜 미디어 플랫폼에서 9백만 이상의 뷰를 기록했다. 대통령 당선자에 대한 RT의 가장 인기 있는 영어 비디오는 "트럼프가 당선되도록 내버려 두지 않을 것이다."라는 제목의 영상으로 어산지가 등장하며, 2백 2십만 뷰를 기록하였다.

- 2012년 미국 선거 절차를 비민주적인 것으로 묘사했던 것을 포함한 러시아의 과거 미디어 활동에 대해 좀 더 알아보고 싶다면 '첨부 A: 러시아-크렘린의 TV가 미국의 정치에 영향력을 행사하여 불만을 조장하려 한다.'를 보기 바란다.

러시아는 클린턴 국무장관을 비방하기 위한 활동의 일환으로 RT 뿐만 아니라 '트롤'도 이용했다. 이와 같은 활동은 클린턴 국무장관에 대한 스캔들과 선거운동에서 위키리크스의 역할을 확대시켰다.

- 상트페테르부르크에 위치한 '트롤'로 이루어진 이른바 인터넷연구기관(IRA)의 자금줄은 러시아 정보기관과 연계된 푸틴의 측근일 가능성이 있다.

- IRA에 정통한 기자는 러시아의 전문적 트롤과 연계된 것으로 보이는(그 계정들이 이전에 우크라이나에 대한 러시아의 작전들을 지지하는데 전념했었기 때문에) 몇몇 소셜 미디어 계정들이 2015년 12월 초부터 트럼프 대통령 당선자를 지지하기 시작했다고 주장했다.

영향력 작전은 미국에서 가장 대담했다

2016년 미국 대선에 영향력을 행사하려는 러시아의 활동은 미국 선거를 겨냥한 과거 작전들과 비교할 때 직접성, 활동 수준, 작전 범위 등이 눈에 띄게 확대된 것으로 보였다. 우리는 최근 미국 정부와 개인 데이터에 대한 대량 폭로의 전 세계적인 파급력을 크렘린이 인지했으며, 따라서 2016 영향력 작전에는 협박으로 사용될 정보의 효과를 극대화시키기 위해 폭로 계획을 세심히 조정하는 것의 중요성에 대한 인식이 반영된 것으로 평가한다.

- 전직 KGB 문서보관 담당자에 따르면, 냉전기간 동안, 소비에트 연방은 정보 요원들, 영향력 공작원들, 문서위조 및 언론사 배치 등을 활용하여 크렘린에 적대적으로 인식되는 후보들을 헐뜯었다.

냉전 이후로 미국 선거와 관계된 러시아의 첩보 작전은 외국의 정보 수집에 우선적으로 집중되어 왔다. 수십 년 동안 러시아와 소비에트 정보기관들은 러시아 지도자들이 미국의 새로운 행정부의 계획과 우선순위들을 이해하는 데 도움이 될 수 있는 미국 정당의 내부 정보를 수집하고자 노력해왔다.

- 2010년 미국에서 체포되었던 러시아 해외정보국(SVR) S부서(일리걸) 요원들은 2008년 선거에 대하여 모스크바에 보고했었다.

- 전직 KGB 문서보관 담당자에 따르면, 1970년대에 KGB는 당시 유력한 대통령 후보였던 지미 카터의 선거운동과 대외 정책 계획들과 관련된 정보를 보도한 민주당 활동가를 포섭했었다.

선거 작전이 러시아 영향력 작전활동에서 "뉴 노멀*"을 시사하다

우리는 모스크바가 미국 대선을 겨냥한 작전으로부터 얻은 교훈을 차후 미국과 미국의 동맹국들, 그 나라들의 선거 절차를 포함하는 전 세계를 상대로 한 영향력 작전에 적용할 것으로 평가하고 있다. 우리는 러시아 정보기관이 대중적 논의에 영향을 미칠 수 있는 능력이 있다고 스스로 믿고 있기 때문에, 그들이 선거에 영향력을 행사하는 작전을

---

* 시대 변화에 따라 새롭게 부상하는 표준을 의미한다.

적어도 검증된 성공으로 봤을 것으로 평가한다.

- 폭로에 대한 푸틴의 공개된 견해는 크렘린과 정보기관들이 사이버를 활용한 폭로를 계속해서 활용할 것을 시사한다. 왜냐하면 이러한 폭로들로 인해 러시아가 자국의 이익에 심각한 해를 입지 않고 목적을 비교적 쉽게 달성할 수 있다고 믿기 때문이다.

- 러시아는 유럽 국가들에 걸쳐 선거에 영향력을 행사하고자 노력해왔다.

우리는 과거와 현재의 활동들로 미루어 판단할 때, 러시아 정보기관이 계속해서 푸틴에게 미국을 상대로 활용할 수단들을 제공해 줄 능력들을 개발시킬 것으로 평가하고 있다. 선거 직후, 우리는 러시아 정보기관이 미국 정부 직원들과 미국 씽크 탱크, 국가 안보, 국방 및 대외 정책분야의 NGO들과 연관된 사람들을 겨냥한 스피어피싱 작전을 시작했다고 평가하고 있다. 이 작전은 새로운 행정부의 목표 및 계획들에 대한 해외 정보 수집뿐만 아니라 미래의 영향력 작전을 위한 자료를 제공해 줄 수 있을 것이다.

첨부 A

러시아- 크렘린의 TV가 미국의 정치에 영향력을 행사하여 분열을 조장하려 하다

미국 내에서 운영되는 크렘린이 출자한 채널인 RT 아메리카 TV는 민주주의와 시민 자유에서 이른바 미국의 약점들에 대한 비판을 강조하는 프로그램 종류를 눈에 띄게 늘렸다. RT의 사업 및 예산의 빠른 확장과 최근 RT 경영진의 솔직한 인터뷰들을 보면 크렘린의 메시지 전달기구로서 채널이 얼마나 중요한지를 알 수 있으며, 또한 미국 정부에 대한 신뢰를 떨어뜨리고 정치적 시위를 조장하기 위한 작전을 크렘린이 직접 지휘했음을 보여준다. 크렘린은 채널의 수신 범위, 특히 채널의 소셜 미디어 수신 범위를 확장하는 데 상당한 재원을 투자하였다. 믿을 만한 UK 보도에 의하면, RT는 최근 영국에서 가장 인기 있는 해외 뉴스 채널이었다. RT 아메리카는 스스로를 미국 국내 채널로 부르며, 일부러 러시아 정부와의 어떠한 법적 연계도 모호하게 유지하고자 노력해 왔다.

2012년 11월 미국 대선을 앞두고, 러시아 정부 및 러시아 정부가 후원하는 RT TV가 만들고 자금을 대는 영어 채널인 RT 아메리카는 늘 하던 미국에 대한 비판적 보도를 확대하였다. 그 채널은 미국의 선거 절차를 비민주적이라고 묘사하며, 일어나서 "이 정부를 되찾자"라고 대중에게 외치는 미국의 시위자들을 등장시켰다.

- RT는 9월 4일, "브레이킹 더 셋"과 11월 2일, "트루스 식커" 등 두 개의 새로운 프로그램을 시작했는데, 두 프로그램 모두 과격한 불만을 조장할 뿐만 아니라 미국과 서구 정부를 비판하는 데에 압도적으로 집중되어 있다.

- 2012년 8월부터 11월까지 RT는 이른바 미국의 부정 선거 및 투표 기계의 취약점에 대해 수많은 보도를 하며, 미국 선거의 결과를 믿을 수 없으며 대중의 의지를 반영하지 않는다고 주장했다.

- 미국 내에서 이른바 "민주주의의 결여"를 강조하기 위해, RT 방송국은 제3당 후보 토론회를 주관하고 광고하였으며 이 후보들의 정치적 의제들을 지지하는 보도를 내보냈다. RT 진행자들은 미국의 양당체제는 적어도 미국 인구의 3분의 1의 견해를 대변하지 못하며, 따라서 "엉터리"라고 주장했다.

- RT는 11월 1일, 2일, 4일에 "월스트리트를 점령하라"는 월스트리트 시위에 대한 다큐멘터리를 방송했다. RT는 그 시위를 "지배 계급"에 대항하는 투쟁으로 규정짓고 미국의 현 정치체제를 부패하고 기업에 종속된 것으로 묘사했다. 다큐멘터리에 대한 광고로 RT는 정부를 "되찾아라."는 월스트리트의 운동을 보여주었다. 그 다큐멘터리는 미국 체제가 민주적으로는 바뀔 수 없으며, 오직 "혁명"을 통해서만 가능하다고 주장했다. 11월 6일 미국 선거 이

후, RT는 "시위 문화"라는 제목의 적극적이고 종종 폭력적인 정치적 저항을 다룬 다큐멘터리를 방송했다.

RT, 러시아 정부를 위해 전략적 메시지를 전달하다

미국 선거에 대한 RT의 비판은 광범위하고 오랫동안 지속되어 온 반미 메시지 전달의 가장 최신 형태로, 미국의 민주적 절차들에 대한 시청자의 신뢰를 무너뜨리고, 러시아의 정치 체제에 대한 미국의 비판을 약화시키는 것이 목적이다. RT의 편집장 마가리타 시모얀은 최근, 미국 자체에 민주주의가 결여돼있으며, "다른 국가들을 가르칠 아무런 도덕적 권리를 지니지 않는다."(코메르산트, 11월 6일)고 주장했다.

- 시모얀은 월스트리트 점령 시위에 대한 RT의 보도를 미국 정부에 대한 대중들의 불만을 조성하기 위한 "정보전"으로 규정지었다. RT는 월스트리트 시위자들을 소셜 미디어를 통해 연결하기 위한 페이스북을 만들었다. 또한 RT는 월스트리트 시위에 RT의 사회자들을 직접 등장시켰다("미나에프 라이브", 4월 10일; RT, 6월 2일, 12일).

- RT의 보도는 종종 미국을 "감시 국가"로 묘사하며, 시민 자유에 대한 침해, 폭력 경찰, 드론 이용이 만연하다고 주장한다(RT, 10월 24, 28일, 11월 1일~10일).

- RT는 또한 미국의 경제 체제, 통화정책, 소위 월스트리트의 탐욕, 미국의 국채에 대한 비판에 집중하였다. RT의 몇몇 사회자들은 미국을 로마제국에 비유하여 정부의 부패와 "기업의 탐욕"이 결국 미국을 재정적 붕괴로 이끌 것이라고 예언하였다(RT 10월 31일, 11월 4일).

RT는 해외 정책 및 에너지 정책 분야에서 러시아의 이익을 지지하는 방송을 한다.

- RT는 환경 문제와 공중 보건에 대한 영향을 강조하는 파열공법 반대를 위한 프로그램을 방송하고 있다. 이것은 세계 에너지 시장과 가스프롬의 수익성에 대한 잠재적 도전에 있어서 파열공법의 영향과 미국의 천연가스생산에 대한 러시아 정부의 우려가 반영됐을 가능성이 있다(10월 5일).

- RT는 시리아 내전에 대한 서방국가들의 간섭에 반대하고 시리아 정부를 상대로 한 "정보전"을 벌인 서방국가들을 비난하는 언론을 이끌고 있다(RT, 10월 10일, 11월 9일).

- 러시아 정부를 지지하는 RT의 메시지를 보여주는 초기 사례에서 조지아-러시아 간 군사적 충돌기간 동안 RT는 민간인을 죽이고 오세티야인들에 대한 종족 학살을 계획했다는 이유로 조지아를 비난했다. 시모얀에 의하면 "국방부가 조지아와 전쟁을 하고 있을 때", RT는 "서구 세계 전체를 상대로 한 정보전을 벌이고 있었다"(코메르산트, 7월 11일).

최근 인터뷰들에서 RT 경영진은 미국의 시청자를 늘리고, 그들을 크렘린의 메시지에 노출시키려는 RT의 임무를 솔직하게 인정했다. 그러나 경영진은 RT가 미국의 국내 문제에 간섭한다는 주장은 부인했다.

- 시모얀은 대중 예술 잡지 아피샤 10월 3일자에서 "사람들이 익숙한 채널을 갖는 것이 중요하나. 그 다음엔 필요할 때 그들에게 보여주고 싶은 것을 보여주어라. 어떤 의미에서 우리만의 해외 방송국이 없는 것은 국방부가 없는 것과 같다. 전쟁이 일어나지 않을 때는 그런 것이 필요 없는 것처럼 보인다. 하지만 전쟁이 일어나면, 그것은 대단히 중요해진다."고 주장한다.

- 시모얀에 의하면, "선전이란 단어는 대단히 부정적인 의미가 함축되어 있다. 그러나 사실 자기가 방송하고 있는 나라의 가치들을 알리는 것이 아닌 다른

일을 하는 해외 TV 채널은 세계적으로 단 한 개도 없다." 그리고 그녀는 다음과 같이 덧붙였다. "러시아에 전쟁이 발발하면 우리는 당연히 러시아편이다."(아피샤, 10월 3일; 코메르산트 7월 4일).

- 노보스티 TV 감독 니콜로프는 10월 4일 케이블 TV 연합회에서 RT가 "전 세계에 대한 대안적 견해"가 필요하다는 세계적인 요구를 기반으로 한 것이라고 말했다. 시모얀은 10월 3일 아피샤*에서 RT의 목적은 "시청자를 사로잡아" 그들에게 러시아 국가의 메시지를 노출시키기 위해 "어디에서도 접할 수 없는 정보를 공유하는 대안 채널을 만드는 것이다."라고 언급하였다(아피샤, 10월 3일; 코메르산트 7월 4일).

- 5월 26일, 시모얀은 "맥폴 대사는 우리 채널이 미국의 국내 문제를 방해한다는 암시를 하고있다. 그러나 우리, 사악한 영혼들은 그것이 언론의 자유라고 생각하고 있다."라는 역설적인 메시지를 트위터에 남겼다.

RT 경영진은 크레클린과 친밀한 관계를 맺고 있으며 크렘린의 지시를 받는다

RT 편집장 마가리타 시모얀은 러시아 고위공무원들과 긴밀한 관계를 가지고 있는데, 특히 대통령 행정실 부실장 알렉세이 그로모프는 러시아 내에서 정치적인 TV 보도를 관리한다고 알려졌으며 RT의 창립자 중 하나다.

- 시모얀은 그로모프가 다른 공무원들이 그녀에게 특정 보도를 방송해줄 것에 대한 청탁을 하지 못하도록 막아주었다고 주장했다(코메르산트 7월 4일; 도즈드 TV, 7월 11일).

---

* 카즈흐스탄의 종합 문화 정보지

- 시모얀은 그로모프를 대신해 국영채널 원의 이사회에 임명되었다. 그로모프와 푸틴의 공보비서 페스코프를 포함한 정보 공무원들이 RT 설립과 시모얀 임명해 관여했다.

- 시모얀에 의하면 그로모프는 TV에서 정치적 보도를 감독하고 있으며, 미디어 운영진들과 정기적인 만남을 갖고 기밀 정보를 공유하고 보도 계획을 논의한다. 안드레이 로샥을 포함한 몇몇 반대파 저널리스트들은 그로모프가 언론에게 반대파들을 공격하라고 명령했다고 주장한다(코메르산트 7월 11일).

크렘린은 RT에 직원을 파견하고, 이데올로기적 신념으로 러시아의 전략적 메시지를 전달할 수 있는 인물들을 포섭하여 RT의 보도를 면밀히 감시한다.

- RT의 아랍어 서비스 팀장 안드레이 아가닌은 외교부에서 RT의 아랍어 서비스 확장을 관리하도록 임명되었는데, 이는 RT와 러시아 대외정책기구와의 긴밀한 관계를 암시하는 것이다. RT의 런던 지사는 다리야 푸시코바가 관리하는데, 다리야는 현 러시아 의회 외교위원회 의장이자 전직 고르바초프의 연설문 작성자인 알렉세이 푸시코프의 딸이다(DXB, 2009년 3월 26일; MK.ru, 2006년 3월 13일).

- 시모얀에 따르면 러시아 정부는 RT를 위한 시청률과 시청자 자격을 정하고, "RT는 국가로부터 예산을 지원받으므로 국가로부터 부여받은 임무를 수행해야만 한다." 니콜로프에 의하면, RT 뉴스기사는 RT의 모스크바 지사에서 독점적으로 "뉴스가 될 수 있도록" 작성되고 편집된다(도즈드 TV, 7월 11일; AKT, 10월 4일).

- 친크렘린 저널리스트 세르게이 미나에프와의 인터뷰에서 시모얀은 방송과 소셜 미디어에서 러시아의 입장을 열정적으로 변호하는 미국에 있는 RT 직

원을 칭찬했다. 시모얀은 "이들이 방송뿐만 아니라 자기들의 소셜 네트워크들, 트위터들에서 어떻게 하는지 그리고 인터뷰를 할 때는 우리의 입장을 어떻게 변호하는지 볼 수 있으면 좋을 텐데"라고 하였다("미나에프 라이브", 4월 10일).

RT, 소셜 미디어에서 청취자를 늘리는데 집중하다

RT는 RT의 소셜 미디어 계정을 적극적으로 광고하며, 주목할 만하고 급성장하는 소셜 미디어 범위를 보유하고 있다. RT 자체를 비주류로 표현하며 시청자들에게 대안적인 뉴스 내용을 제공하기 위한 노력들의 일환으로, RT는 소셜 미디어 작전을 최고 우선순위에 놓고 TV 방송 규제를 피하고 전체적인 시청자를 늘리고자 하였다.

- RT 경영진에 따르면, RT의 웹사이트는 적어도 50만 명의 순시청자들이 매일 방문한다. 2005년에 시작된 이후, RT 비디오는 유튜브에서 80억 뷰 이상을 기록했는데(매일 백만 뷰), 이것은 뉴스매체들사이에서 가장 높은 수치다 (AKT, 10월 4일).

- 시모얀에 따르면, 전 세계의 TV 시청자들은 전통적인 TV 방송에 대한 신뢰를 잃어가는 중인데, 반면 RT나 알자지라와 같은 "대안 채널"의 인기는 상승하고 있다. RT는 세상 모든 곳에 있는 인터넷을 통해 접속할 수 있는 "대안 채널"로 자신을 알리며, 상호작용과 소셜 네트워킹을 권장하고 있다(코메르산트, 9월 29일).

- 시모얀에 따르면, RT는 소셜 미디어를 이용하여 정치적 보도의 도달 범위를 넓히고 잘 훈련된 사람들을 이용하여 소셜 미디어 댓글들에서 여론의 동향을 감시한다(코메르산트, 9월 29일).

- 니콜로프에 따르면, RT는 소셜 미디어가 TV에서 허용되지 않는 콘텐츠의

배포를 허용하기 때문에 호스트에 소셜 미디어 계정을 요구한다. (코메르산 트, 10월 11일)

- 시모얀은 독립 TV 채널인 도즈드와의 10월 3일 인터뷰에서 월스트리트 점 령 시위에 대한 보도로 인해 RT의 시청자가 눈에 띄게 늘어났다고 말했다.

크렘린은 호텔과 위성, 지상파, 케이블 방송에 집중적으로 RT 프로그램을 유통시키고 보급하는데 일 년에 1억 9천만 달러를 쓰고 있다. 크렘린은 전 세계로부터 RT로의 접 근성을 급속히 늘리고 있으며 알자지라 영어방송과 같은 채널에 비견할 만한 도달 범 위를 만들고 있다. 시모얀은 영국과 미국이 RT의 가장 성공적인 시장이라고 말하고 있지만 RT는 시청자 정보를 발표하지 않는다.

- 시청률 조사 회사 닐슨에 따르면, RT는 미국에 있는 모든 국제 뉴스 채널 들 가운데 지난 한 해 동안(2012) 가장 빠른 성장(40%)을 기록했다. 뉴욕 시 청자들은 세 배, 워싱턴 시청자들은 60% 정도 늘어났다(코메르산트, 7월 4일).

- RT는 뉴욕과 워싱턴의 시청자 수에서 알자지라를 앞질렀다고 주장한다 (BARB, 22월 20일; RT, 11월 21일).

- RT는 웹사이트에 전 세계적으로 55억, 미국에서 8억 5천만 명 이상의 사람 들에게 도달할 수 있다고 밝히고 있지만, 실제 미국 시청지 수를 공표하지는 않는나(RT, 12월 10일).

크렘린으로부터 공식적 분리가 RT의 미국 메시지 전송을 촉진시키다
RT 아메리카는 모스크바를 근거지로 한 독립 비영리 조직이 미국 운영에 자금을 대게 만들면서 러시아 정부로부터 공식적으로 분리하였다. RT 경영진에 따르면, 이 구조 는 외국단체등록법을 피하고 외국에 방송 허가를 촉진하기 위해 만들어진 것이었다.

게다가 RT는 러시아 계통이라는 것을 탈피하고자 2008년에 이름을 다시 바꾸었다.

- 시모얀에 따르면, RT 아메리카는 러시아 국영기관들과는 소유주가 다르지만 자금은 조달 받고 있다. 러시아 정부로부터 RT를 분리시키기 위해 연방 뉴스 대행사 RIA 노보스티는 자회사인 독립 비영리 기관, TV 노보스티를 설립하고 이 회사를 이용하여 전 세계에 걸쳐 RT를 세우고 재정 지원을 한다 (도즈드, 7월 11일).

- 니콜로프는 RT가 "독립적인 비영리 단체"여서, "외국의 규제기관들로부터 좋은 평가를 받아, 허가취득 절차가 간단하다."고 주장하였다. 시모얀은 RT 아메리카가 방송을 하기 위해 미국의 상업적 기관을 이용하기 때문에 미국 법에 따르면 "외국 대행사"가 아니라고 말했다(AKT, 10월 4일; 도즈드 TV, 7월 11일).

- 시모얀은 RT의 과거 러시아 중심적 뉴스 보도로는 많은 시청자를 확보하지 못했으며, 따라서 RT는 국제 및 미국 국내 문제를 함께 보도하는 것으로 변경하고 "시청자가 겁먹고 도망가는 것을 막기 위해" 로고에서 "러시아투데이"라는 말을 삭제했다고 말했다(아피샤, 10월 18일; 코메르산트, 7월 4일).

RT는 서구의 어젠다에 맞는 관점으로 계약 협정을 맺고 RT에 방송한다. 시모얀은 4월 10일 친크렘린 쇼 "미나에프 라이브"에서 RT는 호스트를 선택할 수 있을 정도로 시청자와 재정을 충분히 확보하고 있어서, "우리처럼 생각하고", "비주류에서 작업하는 데 관심있으며", RT의 신념들을 소셜 미디어를 통해 대변해 주는 호스트들을 선택한다고 말했다. 어떤 호스트들과 저널리스트들은 사람들과 인터뷰할 때 RT와 관련돼 있다는 사실을 드러내지는 않으며, 그들 중 많은 사람이 미국 내 다른 매체와 행동주의 조직들과 연관돼 있다("미나에프 라이브" 4월 10일).

첨부 B

측정 언어

측정 언어는 두 가지 요소로 구성되어 있다. 사건의 진행 또는 발생 가능성에 대한 판단들과 그 판단을 지지하는 출처에 대한 확신 수준 및 분석적 추론이다.

판단은 어떤 것이 사실임을 보여주는 증거를 가지고 있다는 것을 암시하지 않도록 되어 있다. 평가는 논리적인 동시에 종종 불완전하거나 단편적인 수집된 정보, 논증, 선례들에 근거한다.

가능성에 대한 판단. 다음 표는 가능성에 대한 판단이 퍼센트와 어떻게 관계되어 있는지 근사치를 계산해놓은 것이다. 다른 말이 없는 한 정보기관의 판단들은 통계적 분석을 통해 내려지지 않는다. "우리가 판단하기에", "우리가 평가하기에"와 같은 구절들과 "개연성", "가능성"과 같은 용어는 분석적 평가를 내포하고 있는 것이다.

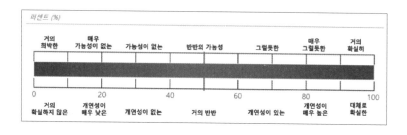

판단을 뒷받침하는 출처에 대한 확신. 확신 수준은 판단을 뒷받침하는 정보원으로부터 나온 정보의 질과 양에 대한 평가를 제공한다. 결과적으로 우리는 높은, 보통, 낮은 확신 수준을 평가에 부여한다.

- **높은 확신**은 일반적으로 판단이 여러 개의 출처에서 나온 질높은 정보에 근거하여 내려졌음을 나타낸다. 판단에서 높은 확신은 평가가 사실이라거나 확실하다는 것을 의미하지는 않으며, 그와 같은 판단이 틀릴 수도 있다.

- **보통 확신**은 일반적으로 정보가 믿을 만한 출처로부터 온 것이며 설득력 있으나 높은 확신 수준을 보장할 수 있을 만큼 정보의 질이 그렇게 좋지 않으며 견해를 충분히 확증해 주지 못한다.

- **낮은 확신**은 일반적으로 정보의 신뢰도와 설득력이 불확실하며, 확실한 분석적 추론을 내기에는 정보가 너무 단편적이거나 확증적이지 못하고, 또는 출처의 신뢰도에 문제가 있는 경우이다.

미주

1. Biddle, Sam. "Contrary to DNC Claim, Hacked Data Contains a Ton of Personal Donor Information." Gawker. Gawker Media, 17 June 2016. Web. 29 Aug. 2016. gawker.com/contrary-to-dnc-claimhacked-data-contains-a-ton-of-pe-1782132678

2. Nakashima, Ellen. "Russian Government Hackers Penetrated DNC, Stole Opposition Research on Trump." Washington Post. Washington Post Company, 14 June 2016. Web. 29 Aug. 2016. www.washingtonpost. com/world/national-security/russian-government-hackers-penetrateddnc-stole-opposition-research-on-trump/2016/06/14/cf006cb4-316e-11e6-8ff7-7b6c1998b7a0_story.html

3. Parker, Ashley, and Steve Eder. "Inside the Six Weeks Donald Trump Was a Nonstop 'Birther'." New York Times. New York Times Company, 02 July 2016. Web. 29 Aug. 2016. www.nytimes.com/2016/07/03/us/politics/donald-trump-birther-obama.html

4. C-SPAN. "C-SPAN: President Obama at the 2011 White House Correspondents' Dinner." YouTube. C-SPAN, 30 Apr. 2011. Web. 29 Aug. 2016. www.youtube.com/watch?v=n9mzJhvC-8E

5. Roberts, Roxanne. "I Sat next to Donald Trump at the Infamous 2011 White House Correspondents' Dinner." Washington Post. Washington Post Company, 28 Apr. 28. Web. 29 Aug. 2016. www.washington post.com/lifestyle/style/i-sat-next-to-donald-trump-at-the-infamous 2011-white-house-orrespondents-dinner/2016/04/27/5cf46b74-0bea-11e6-8ab8-9ad050f76d7d_story.html

6. Ibid.

7. "Night of Comedy." Fox News. FOX News Network, 1 May 2011. Web. 29 Aug. 2016. video.foxnews.com/v/4671338/night-of-comedy/?#sp=show-clips

8.   Barbaro, Michael. "After Roasting, Trump Reacts In Character." New York Times. New York Times Company, 01 May 2011. Web. 29 Aug. 2016. www.nytimes.com/2011/05/02/nyregion/after-roasting-trump-reactsin-character.html

9.   Haberman, Maggie, and Alexander Burns. "Donald Trump's Presidential Run Began in an Effort to Gain Stature." New York Times. New York Times Company, 12 Mar. 2016. Web. 29 Aug. 2016. www.nytimes.com/2016/03/13/us/politics/donald-trump-campaign.html

10. Andrews, Wilson, K.K. Lai Rebecca, Alicia Parlapiano, and Karen Yourish. "Who Is Running for President?" New York Times. New York Times Company, 26 July 2016. Web. 23 Aug. 2016. www.nytimes.com/interactive/2016/us/elections/2016-presidential-candidates.html

11. Linshi, Jack. "More People Are Running for Presidential Nomination Than Ever." Time. Time, 7 July 2015. Web. 29 Aug. 2016. time.com/3948922/jim-gilmore-virginia-2016/

12. Agiesta, Jennifer. "Poll: Bush, Trump Rising for GOP, but Both Trail Clinton." CNN. Cable News Network, 1 July 2015. Web. 23 Aug. 2016. www.cnn.com/2015/07/01/politics/donald-trump-poll-hillary-clinton-jeb-bush/

13. "CNN/ORC Poll: Trump Elbows His Way to the Top." CNN. Turner Broadcasting System, 26 July 2015. Web. 23 Aug. 2016. www.cnn.com/2015/07/26/politics/cnn-poll-presidential-race/

14. Schreckinger, Ben. "Trump Attacks McCain: 'I like People Who Weren't Captured'" POLITICO. POLITICO, 19 July 2015. Web. 23 Aug. 2016. www.politico.com/story/2015/07/trump-attacks-mccain-i-like-peoplewho-werent-captured-120317

15. Grim, Ryan, and Danny Shea. "A Note About Our Coverage Of Donald Trump's 'Campaign'." Huffington Post. Huffington Post, 17 July 2015. Web. 23 Aug. 2016. www.huffingtonpost.com/entry/a-note-about-ourcoverage-of-donald-trumps-campaign_us_55a8fc9ce4b0896514d0fd66

16. McDermott, John. "Nate Silver's Election Predictions a Win for Big Data,

New York Times." Advertising Age. Advertising Age, 07 Nov. 2012. Web. 23 Aug. 2016. adage.com/article/campaign-trail/nate-silver-s-election-predictions-a-win-big-data-york-times/238182/

17. Silver, Nate. "Dear Media, Stop Freaking Out About Donald Trump's Polls." FiveThirtyEight. ESPN, 24 Nov. 2015. Web. 23 Aug. 2016. fivethirtyeight. com/features/dear-media-stop-freaking-out-about-donald-trumps-polls/

18. Korotayev, Artyom. "Putin Says He Considers Donald Trump to Be Absolute Leader of US Presidential Race." TASS. TASS, 17 Dec. 2015. Web. 23 Aug. 2016. /tass.ru/en/politics/844947

19. CNN/ORC poll results: 2016 election. (2016, May 2). CNN. Retrieved August 23, 2016, from http://www.cnn.com/2016/05/02/politics/2016-election-poll-results-cnn-orc/

20. Prokop, A. (2016, May 04). "John Kasich Is Dropping Out of the Republican Race—Leaving Trump as the Last Man Standing." Vox Retrieved August 25, 2016, from http://www.vox.com/2016/5/4/11465204/kasich-drops-out-trump-wins

21. Andrews, Wilson, K.K. Lai Rebecca, Alicia Parlapiano, and Karen Yourish. "Who Is Running for President?" New York Times. New York Times Company, 26 July 2016. Web. 23 Aug. 2016. www.nytimes.com/interactive/2016/us/elections/2016-presidential-candidates.html

22. "Debate Schedule for the 2016 Presidential Primaries." Washington Post. Washington Post Company, 18 Apr. 2016. Web. 23 Aug. 2016. www.washingtonpost.com/graphics/politics/2016-election/debates/schedule/

23. "Fox News's Prime-Time Presidential Debate." Fox News. FOX News Network, 7 Aug. 2015. Web. 25 Aug. 2016. video.foxnews.com/v/4406746003001/watch-a-replay-of-fox-news-prime-time-residentialdebate/#sp=show-clips

24. Ibid.

25. Cirilli, Kevin. "Violence at Trump Rallies Shows No Sign of Abating." Bloomberg. Bloomberg LP, 20 June 2016. Web. 21 Sept. 2016. www.

shows-no-sign-of-abating

26. Golshan, Tara. "The Mess Surrounding Donald Trump's Campaign Manager, Explained." Vox. Vox Media, 14 Apr. 2016. Web. 26 Aug. 2016. www.vox.com/2016/3/29/11325328/michelle-fields-donald-trumpcorey-lewandowski-assault-explained

27. Parker, Ashley. "Donald Trump Frowns on Idea of 'Toning It Down,' Despite Aide's Comments." New York Times. New York Times Company, 23 Apr. 2016. Web. 25 Aug. 2016. www.nytimes.com/politics/firstdraft/2016/04/23/donald-trump-frowns-on-idea-of-toning-it-downdespite-aides-comments/

28. Ibid.

29. Lee, Jasmine C. and Kevin Quealy. "The 258 People, Places and Things Donald Trump Has Insulted on Twitter: A Complete List." New York Times. New York Times Company, 22 Aug. 2016. Web. 23 Aug. 2016. www.nytimes.com/interactive/2016/01/28/upshot/donald-trump-twitterinsults.html

30. "CNN/ORC Poll Results: 2016 Election." CNN. Turner Broadcasting System, 2 May 2016. Web. 23 Aug. 2016. www.cnn.com/2016/05/02/politics/2016-election-poll-results-cnn-orc/

31. Ibid.

32. Beauchamp, Zack. "9 Questions about Benghazi You Were Too Embarrassed to Ask." Vox. Vox Media, 18 July 2016. Web. 25 Aug. 2016. www.vox.com/2015/10/12/9489389/benghazi-explained

33. Herszenhorn, David. "House Benghazi Report Finds No New Evidence of Wrongdoing by Hillary Clinton." New York Times. New York Times Company, 28 June 2016. Web. 24 Aug. 2016. www.nytimes.com/2016/06/29/us/politics/hillary-clinton-benghazi.html

34. Ibid.

35. Gass, Nick. "Trump Sharpens Benghazi Attacks on Clinton." POLITICO.

POLITICO, 28 June 2016. Web. 24 Aug. 2016. www.politico.com/
story/2016/06/donald-trump-benghazi-clinton-22491136. Tau, Byron.
"Hillary Clinton Takes Decisive Lead Over Bernie Sanders in Delegate
Count, Popular Vote." Wall Street Journal. News Corporation, 08
June 2016. Web. 25 Aug. 2016. www.wsj.com/articles/hillaryclinton-
takes-decisive-lead-over-bernie-sanders-in-delegate-countpopular-
vote-1465389182

37. Sanders, Bernie. "Forever Forward." Medium. Medium, 12 July
2016. Web. 23 Aug. 2016. medium.com/@BernieSanders/forever-
forwardee015b23547a#. ly5te2fne

38. Rutz, David. "Sanders Campaign Manager: It Would Be Difficult for
Clinton to Keep Running If Under Indictment."Washington Free Beacon.
Washington Free Beacon, 1 June 2016. Web. 23 Aug. 2016. freebeacon.
com/politics/sanders-manager-difficult-clinton-running-indicted/

39. Landler, Mark, and Eric Lichtblau. "FBI Director James Comey
Recommends No Charges for Hillary Clinton on Email." New York Times.
New York Times Company, 05 July 2016. Web. 24 Aug. 2016. www.
nytimes.com/2016/07/06/us/politics/hillary-clinton-fbi-email-comey.html

---------------------------- 2장 ----------------------------

1. Biddle, Sam, and Gabrielle Bluestone. "This Looks Like the DNC's
Hacked Trump Oppo File." Gawker. Gawker Media, 15 June 2016.Web.
21 Sept. 2016. gawker.com/this-looks-like-the-dncs-hacked-trumppoppo-
file-1782040426

2. Dredge, Stuart. "Yahoo to Notify Its Users about 'State-Sponsored'
Hacking Attacks." Guardian. Guardian News and Media, 24 Dec. 2015.
Web. 24 Aug. 2016. www.theguardian.com/technology/2015/dec/24/yahoo-
users-state-sponsored-hacking-attacks

3. Lord, Bob. "Notifying Our Users of Attacks by Suspected State-Sponsored
Actors." Yahoo Security. Tumblr, 21 Dec. 2015. Web. 24 Aug. 2016. yahoo-
security.tumblr.com/post/135674131435/notifying-our-usersof-attacks-by-
suspected

4. Ibid.

5. The Kelly File. "Clinton Staffer's Emails Still Missing - The Perfect Storm- Judge Napolitano - The Kelly File." YouTube. Fox News, 09 May 2016. Web. 25 Aug. 2016. www.youtube.com/watch?v=oounggTI-jk

6. Faal, Sorcha. "Kremlin War Erupts Over Release Of Top Secret Hillary Clinton Emails." What Does It Mean. Sisters of Sorcha Faal, 6 May 2016. Web. 21 Sept. 2016. www.whatdoesitmean.com/index2036.htm

7. Riechmann, Deb. "Correction: Campaign 2016-Foreign Hacking Story." The Big Story. Associated Press, 23 May 2016. Web. 21 Sept. 2016. bigstory. ap.org/article/936b3fe969a540559ecc7503a547e2ad/us-intelligenceforeign-hackers-spying-campaigns

8. Nakashima, Ellen. "National Intelligence Director: Hackers Have Targeted 2016 Presidential Campaigns." Washington Post. Washington Post Company, 18 May 2016. Web. 25 Aug. 2016. www.washingtonpost. com/world/national-security/national-intelligence-director-hackershave-tried-to-spy-on-2016-presidential-campaigns/2016/05/18/2b1745c0-1d0d-11e6-b6e0-c53b7ef63b45_story.html

9. Glendinning, Lee. "Obama, McCain Computers 'Hacked' during Election Campaign." Guardian. Guardian News and Media, 07 Nov.2008. Web. 24 Aug. 2016. www.theguardian.com/global/2008/nov/07/obama-white-house-usa

10. Issakof, Michael. "Chinese Hacked Obama, McCain Campaigns, Took Internal Documents, Officials Say." NBC Investigations. NBC News, 6 June 2013. Web. 25 Aug. 2016. investigations.nbcnews. com/_news/2013/06/06/18807056-chinese-hacked-obama-mccain-campaignstook-internal-documents-officials-say

11. Ibid.

3장

1. Hackard, Mark. "Inside the KGB's Intelligence School." Espionage
    History Archive. WordPress, 02 Apr. 2015. Web. 24 Aug. 2016.
    espionagehistoryarchive.com/2015/03/24/the-kgbs-intelligence-school/

2. "Biography." Vladimir Putin – Personal Website. Kremlin, 4 Mar. 2012.
    Web. 22 Sept. 2016. en.putin.kremlin.ru/bio

3. Hoffman, David. "Putin's Career Rooted in Russia's KGB." Washington
    Post 30 Jan. 2000, Foreign Service sec.: A1+. Washington Post.
    Washington Post Company, 30 Jan. 2000. Web. 22 Sept. 2016. www.
    washingtonpost.com/wp-srv/inatl/longterm/russiagov/putin.htm

4. Rezunkov, Viktor and Tatyana Voltskaya. "15 Years Later, Questions
    Remain About Death Of The Man Who Made Putin."Radio Free
    Europe Radio Liberty. RFE/RL, 24 Feb. 2015. Web. 25 Aug. 2016. www.
    rferl.org/content/questions-remain-about-death-of-man-who-made-
    putin/26867539.html

5. Satter, David. "The Unsolved Mystery Behind the Act of Terror That
    Brought Putin to Power." National Review Online. National Review,
    Inc., 17 Aug. 2016. Web. 22 Sept. 2016. www.nationalreview.com/
    article/439060/vladimirputin-1999-russian-apartment-house-bombings-
    was-putin-responsible

6. Richelson, Jeffrey. "Cheka and RU." Sword and Shield: The Soviet
    Intelligence and Security Apparatus. 1st ed. Cambridge, MA: Ballinger
    Pub., 1986. pp. 2-8. Print.

7. Ibid.

8. Soldatov, Andreï and Irina Borogan. The New Nobility: The Restoration
    of Russia's Security State and the Enduring Legacy of the KGB. 1st ed.
    New York, NY: Public Affairs, 2010. Print.

9. Richelson, Jeffrey. "Structure and Function." Sword and Shield: The
    Soviet Intelligence and Security Apparatus. 1st ed. Cambridge, MA:
    Ballinger Pub., 1986. p. 21. Print.

10. Owen, Sir Robert. "The Litvinenko Inquiry." (n.d.): n. pag. The Litvinenko Inquiry. British Parliament, 21 Jan. 2016. Web. 26 Aug. 2016. www.litvinenkoinquiry.org/files/lit210116.pdf

11. Soldatov, Andreĭ and Irina Brogan. "The Mutation of the Russian Secret Services." Agentura.ru. Agentura.ru, n.d. Web. 25 Aug. 2016. www.agentura.ru/english/dosie/mutation/

12. United States of America v. Anna Chapman, and Mikhail Semenko. U.S. District Court, Southern District of New York. 27 June 2010. US Department of Justice. US Department of Justice, 28 June 2010. Web. 26 Aug. 2016. www.justice.gov/sites/default/files/opa/legacy/2010/06/28/062810complaint1.pdf

13. Clark, Andrew. "Anna Chapman's Call to Father Led to FBI Spy Arrests." Guardian. Guardian News and Media, 11 July 2010. Web. 26 Aug. 2016. www.theguardian.com/world/2010/jul/12/annachapman-call-father-fbi-spy-arrests

14. United States of America v. Anna Chapman, and Mikhail Semenko. U.S. District Court, Southern District of New York. 27 June 2010. US Department of Justice. US Department of Justice, 28 June 2010. Web. 26 Aug. 2016. www.justice.gov/sites/default/files/opa/legacy/2010/06/28/062810complaint1.pdf

15. "Ten Alleged Secret Agents Arrested in the United States." US Department of Justice. US Department of Justice, Office of Public Affairs, 28 June 2010. Web. 22 Sept. 2016. www.justice.gov/opa/pr/ten-alleged-secret-agents-arrested-united-states

16. Adams, Stephen. "Anna Chapman: Profile of a 'Russian Spy'" Telegraph. Telegraph Media Group, 2 July 2010. Web. 27 Aug. 2016. www.telegraph.co.uk/news/worldnews/europe/russia/7867512/Anna-Chapman-profileof-a-Russian-spy.html

17. Forrest, Brett. "The Big Russian Life of Anna Chapman, Ex-Spy." POLITICO PRO. POLITICO, 4 Jan. 2012. Web. 27 Aug. 2016. www.politico.com/states/new-york/albany/story/2012/01/the-big-ussianlife-of-anna-chapman-ex-spy-067223

18. Katz, Emily Tess. "Anna Chapman, Alleged Russian Spy, Was Dating 60-Year-Old Divorced Dad Michael Bittan." Huffington Post. AOL, 1 July 2010. Web. 27 Aug. 2016. www.huffingtonpost.com/2010/07/01/annachapman-alleged-russ_n_632543.html

19. Higgins, Andrew, and Mary Sheridan Beth. "US and Russia Complete Spy Swap." Washington Post. Washington Post Company, 10 July 2010. Web. 27 Aug. 2016. www.washingtonpost.com/wp-dyn/content/article/2010/07/09/AR2010070901956.html

20. "Federal Security Service (FSB) Federal'naya Sluzhba Bezopasnosti." GlobalSecurity.org. GlobalSecurity.org, n.d. Web. 27 Aug. 2016. Global security.org/intell/world/russia/fsb.htm

21. Hoffman, David. "Putin's Career Rooted in Russia's KGB." Washington Post 30 Jan. 2000, Foreign Service sec.: A1+. Washington Post. Washington Post Company, 30 Jan. 2000. Web. 22 Sept. 2016. www.washingtonpost.com/wp-srv/inatl/longterm/russiagov/putin.htm

22. Docherty, Neil. "Putin's Way." Frontline. PBS. Arlington, VA, 13 Jan. 2015. Television.

4장

1. Goldstein, Steve. "Trump May Build Hotels In USSR." Philly. com. Philadelphia Media Network, PBC, 07 July 1987. Web. 27 Aug. 2016. articles.philly.com/1987-07-07/news/26200012_1_trumptower-second-largest-soviet-city-soviet-officials

2. "The Donald Trump of Russia." Closing Bell. CNBC. Englewood Cliffs, NJ, 18 May 2015. CNBC. Web. 27 Aug. 2016. video.cnbc.com/gallery/?video=3000380510

3. Stone, Peter, David Smith, Ben Jacobs, Alec Luhn, and Rupert Neate. "Donald Trump and Russia: A Web That Grows More Tangled All the Time." Guardian. Guardian News and Media, 30 July 2016. Web. 27 Aug. 2016. www.theguardian.com/us-news/2016/jul/30/donald-trumppaul-manafort-ukraine-russia-putin-ties

4. Wagner, Daniel, and Aram Roston. "The Donald and the Dictator." BuzzFeed. BuzzFeed Inc., 7 June 2016. Web. 12 Aug. 2016. https://www. buzzfeed.com/danielwagner/how-trump-tried-to-get-qaddafiscash? utm_ term=.uodEg04Qd4#.lw9AqKxm6x.

5. Trump, Donald. "Do you think Putin will be going to The Miss Universe Pageant in November in Moscow - if so, will he become my new best friend?" 18 Jul. 2013, 8:17 PM. Tweet.

6. Trump, Donald. "I just got back from Russia-learned lots & lots. Moscow is a very interesting and amazing place! U.S. MUST BE VERY SMART AND VERY STRATEGIC." 10 Nov. 2013, 6:44 PM. Tweet.

7. Richter, Greg. "Trump Trashes Other Candidates, Praises Putin on 'O'Reilly'" Newsmax. Newsmax Media, 16 June 2015. Web. 27 Aug. 2016. http://www.newsmax.com/Politics/Donald-Trump-Bill-OReillyrespects-Putin/2015/06/16/id/650840/#ixzz4Io7IAyVD.

8. Crowley, Michael. "When Donald Trump Brought Miss Universe to Moscow." POLITICO. POLITICO, 15 May 2016. Web. 28 Aug. 2016. www.politico.com/story/2016/05/donald-trump-russia-moscow-missuniverse-223173

9. "Yuri Bezmenov - KGB Defector on "Useful Idiots" and the True Face of Communism." YouTube. Saturnus Lateinos, 17 Dec. 2014. Web. 28 Aug. 2016. www.youtube.com/watch?v=K4kHiUAjTvQ

10. Schreyer, Natalie. "Donald Trump Got Duped by a Gorbachev Impersonator." Mother Jones. Foundation for National Progress, 5 July 2016. Web. 28 Aug. 2016.www.motherjones.com/politics/2016/06/donald-trump-mikhail-gorbachev-impersonator

11. Burkett, Randy. "An Alternative Framework for Agent Recruitment: From MICE to RASCLS." Studies in Intelligence 57.1 (2013): n. pag. Central Intelligence Agency. Central Intelligence Agency, Mar. 2013. Web. 28 Aug. 2016. www.cia.gov/library/center-for-the-study-of-intelligence/csi-publications/csi-studies/studies/vol.-57-no.-1-a/vol.-57-no.-1-a-pdfs/Burkett-MICE%20to%20RASCALS.pdf

12. Fontova, Humberto. "What's Behind the Trump-Putin "Bromance?"" Townhall. Salem Communications Corporation, 22 Jan. 2016. Web. 28 Aug. 2016. townhall.com/columnists/humbertofontova/2016/01/22/whats-behind-the-trumpputin-bromance-n2108551

13. Nguyen, Tina. "Putin Endorses Trump, Says Disgraced FIFA Chief Should Win the Nobel Prize." Vanity Fair. Conde Nast, 17 Dec. 2015. Web. 29 Aug. 2016 www.vanityfair.com/news/2015/12/putin-trump-endorsement

14. Korotayev, Artyom. "Putin Says He Considers Donald Trump to Be Absolute Leader of US Presidential Race." TASS. TASS, 17 Dec. 2015. Web. 23 Aug. 2016. /tass.ru/en/politics/844947

15. Foer, Franklin. "Putin's Puppet." Slate. Slate Group, 21 July 2016. Web.

12 Aug. 2016. www.slate.com/articles/news_and_politics/cover_story/2016/07/vladimir_putin_has_a_plan_for_destroying_the_west_and_it_looks_a_lot_like.html

16. Helderman, Rosalind S. and Tom Hamburger. "Former Mafia-Linked Figure Describes Association with Trump." Washington Post. Washington Post Company, 17 May 2016. Web. 12 Aug. 2016. www.washingtonpost.com/politics/former-mafia-linked-figure-describesassociation-with-trump/2016/05/17/cec6c2c6-16d3-11e6-aa55-670 cabef46e0_story.html

17. Ibid.

18. Mcintire, Mike. "Donald Trump Settled a Real Estate Lawsuit, and a Criminal Case Was Closed." New York Times. New York Times Company, 05 Apr. 2016. Web. 12 Aug. 2016. www.nytimes.com/2016/04/06/us/politics/donald-trump-soho-settlement.html?_r=1

19. Helderman, Rosalind S. and Tom Hamburger. "Former Mafia-Linked Figure Describes Association with Trump." Washington Post. Washington Post Company, 17 May 2016. Web. 12 Aug. 2016. www.washingtonpost.com/politics/former-mafia-linked-figure-describesassociation-with-trump/2016/05/17/cec6c2c6-16d3-11e6-aa55-670cabef46e0_story.html

20. Bagli, Charles V. "Brass Knuckles Over to Broadway; MTA and Landlord

Are Fighting It Out over Rent and Renovations." New York Times. New York Times Company, 08 Aug. 2000. Web. 12 Aug. 2016. www.nytimes. com/2000/08/09/nyregion/brass-knuckles-over-2-broadway-mtalandlord-are-fighting-it-over-rent.html

21. Schreckinger, Ben. "Trump's Mob-Linked Ex-Associate Gives $5,400 to Campaign." POLITICO. POLITICO, 26 Aug. 2016. Web. 31 Aug. 2016. www.politico.com/story/2016/08/donald-trump-russia-felix-sater-22743422. Stempel, Jonathan and Deepa Seetharaman. "Donald Trump Sued for Fraud over Trump SoHo Condo." Reuters. Thomson Reuters, 03 Aug. 2010. Web. 31 Aug. 2016. www.reuters.com/article/us-trumpsoholawsuit-idUSTRE67232X20100803

23. McIntire, Mike. "Donald Trump Settled a Real Estate Lawsuit, and a Criminal Case Was Closed." New York Times. New York Times Company, 05 Apr. 2016. Web. 12 Aug. 2016. www.nytimes.com/2016/04/06/us/politics/donald-trump-soho-settlement.html?_r=1

24. Karmin, Craig. "Trump SoHo Hotel Lender Plans to Put Property Up for Sale." Wall Street Journal. News Corporation, 16 Sept. 2014. Web. 31 Aug. 2016. www.wsj.com/articles/trump-soho-hotel-lender-plans-toput-property-up-for-sale-1410885344

25. Stone, Peter. "Trump's New Right-Hand Man Has History of Controversial Clients and Deals." Guardian. Guardian News and Media, 27 Apr. 2016. Web. 12 Aug. 2016. www.theguardian.com/us-news/2016/apr/27/paul-manafort-donald-trump-campaign-past-clients

26. Ibid.

27. Mufson, Steven, and Tom Hamburger. "Inside Trump Adviser Manafort's World of Politics and Global Financial Dealmaking." Washington Post. Washington Post Company, 26 Apr. 2016. Web. 12 Aug. 2016. www.washing tonpost.com/politics/in-business-as-in-politics-trump-adviser-nostranger-to-controversial-figures/2016/04/26/970db232-08c7-11e6-b283-e79d81c63c1b_story.html

28. Stone, Peter. "Trump's New Right-Hand Man Has History of Controversial Clients and Deals." Guardian. Guardian News and Media,

27 Apr. 2016. Web. 12 Aug. 2016. www.theguardian.com/us-news/2016/
apr/27/paul-manafort-donald-trump-campaign-past-clients>.

29.   Smith, Ben, and Meredith Kennedy. "Trump Adviser's Ties Raise Security
Questions." BuzzFeed. BuzzFeed Inc., 6 May 2016. Web. 22 Sept. 2016.
www.buzzfeed.com/bensmith/manafort-russia?utm_term=.psV0doRgKR#.
prQ8J0EWbE

30.   Stone, Peter. "Trump's New Right-Hand Man Has History of
Controversial Clients and Deals." Guardian. Guardian News and Media,
27 Apr. 2016. Web. 11 Aug. 2016. www.theguardian.com/us-news/2016/
apr/27/paul-manafort-donald-trump-campaign-past-clients>.

31.   Harding, Luke. "WikiLeaks Cables Link Russian Mafia Boss to EU Gas
Supplies." Guardian. Guardian News and Media, 01 Dec. 2010. Web. 12
Aug. 2016. www.theguardian.com/world/2010/dec/01/wikileaks-cables-
russian-mafia-gas

32.   "US Embassy Cables: Gas Supplies Linked to Russian Mafia." Guardian.
Guardian News and Media, 01 Dec. 2010. Web. 12 Sept. 2016. www.
theguardian.com/world/us-embassy-cables-ocuments/182121

33.   Stone, Peter. "Trump's New Right-Hand Man Has History of
Controversial Clients and Deals." Guardian. Guardian News and Media,
27 Apr. 2016. Web. 11 Aug. 2016. www.theguardian.com/us-news/2016/
apr/27/paul-manafort-donald-trump-campaign-past-clients>.

34.   Ibid.

35.   Kramer, Andrew E., Mike Mcintire, and Barry Meier. "Secret Ledger
in Ukraine Lists Cash for Donald Trump's Campaign Chief." New York
Times. New York Times Company, 14 Aug. 2016. Web. 17 Aug. 2016.
www.nytimes.com/2016/08/15/us/politics/paul-manafort-ukrainedonald-
trump.html?_r=0

36.   Ibid.

37.   Garver, Rob. "Is this Why Trump Is Changing Gears? Report Says
Manafort Organized Anti-NATO Protests." Fiscal Times. Fiscal
Times Media Group, LLC, 17 Aug. 2016. Web. 17 Aug. 2016. www.the

fiscaltimes.com/2016/08/17/Trump-s-Campaign-Chair-Organized-Anti-NATO-Protests-Ukraine-Report

8. Mider, Zachary. "Trump Russia Adviser Carter Page Interview." Bloomberg. Bloomberg LP, 30 Mar. 2016. Web. 12 Aug. 2016. www. bloomberg.com/politics/articles/2016-03-30/trump-russia-adviser-carter-page-interview

39. Page, Carter. "New Slaves, Global Edition: Russia, Iran and the Segregation of the World Economy | Global Policy Journal -Practitioner, Academic, Global Governance, International Law, Economics, Security, Institutions, Comment & Opinion, Media, Events, Journal." Global Policy. Wiley Blackwell, 10 Feb. 2015. Web. 13 Aug. 2016. www. globalpolicyjournal.com/blog/10/02/2015/new-slavesglobal-edition-russia-iran-and-segregation-world-economy

40. Wilkie, Christina, and S.V. Date. "Trump Foreign Policy Adviser Travels to Russia Prior to Changes in GOP Platform."Huffington Post. AOL, 3 Aug. 2016. Web. 12 Aug. 2016.www.huffingtonpost.com/entry/carter-page-trump-russia_us_57a0f329e4b0693164c2fb41

41. "Richard Burt." McLarty Associates. N.p., n.d. Web. 17 Aug. 2016. maglobal.com/about-us/our-team/richard-burt/

42. Carden, James. "Trump Attempted a Foreign Policy Makeover Today. Did It Work?" Nation. Nation Company, L.P., 27 Apr. 2016. Web. 17 Aug. 2016. www.thenation.com/article/trump-attempteda-foreign-policy-makeover-today-did-it-work/

43. "Dimitri K. Simes." Center for the National Interest. N.p., n.d. Web. 17 Aug. 2016. cftni.org/expert/dimitri-k-simes-2/

44. Kirchick, James. "Donald Trump's Russia Connections." POLITICO. POLITICO, 29 Apr. 2016. Web. 17 Aug. 2016. www.politico.eu/article/donald-trumps-russia-connections-foreign-policy-presidential-campaign/

45. Ibid.

46. Priest, Dana. "Trump Adviser Michael T. Flynn on His Dinner with Putin and Why Russia Today Is Just like CNN." Washington Post. Washington

Post Company, 15 Aug. 2016. Web. 29 Aug. 2016. /www.washingtonpost. com/news/checkpoint/wp/2016/08/15/trump-adviser-michaelt-flynn-on-his-dinner-with-putin-and-why-russia-today-is-just-likecnn/

47. Diamond, Jeremy, and Greg Botelho. "Putin Praises 'Bright and Talented' Donald Trump." CNN. Turner Broadcasting System, 17 Dec. 2015. Web. 30 Aug. 2016. www.cnn.com/2015/12/17/politics/russia-putin-trump/

48. Dickey, Jeffrey V., Thomas Everett B., Zane Galvach M., Matthew Mesko J., and Anton Soltis V. "Russian Political Warfare: Origin, Evolution, and Application." Calhoun. Dudley Knox Library, June 2015. Web. 30 Aug. 2016. calhoun.nps.edu/bitstream/handle/10945/45838/15Jun_Dickey_Everett_Galvach_Mesko_Soltis.pdf?sequence=1&isAllowed=y

49. Taub, Amanda. "DNC Hack Raises a Frightening Question: What's Next?" New York Times. New York Times Company, 29 July 2016. Web. 30 Aug. 2016. www.nytimes.com/2016/07/30/world/europe/dnc-hackrussia. html

50. Ibid.

51. Ibid.

52. Remnick, David. "Trump and Putin: A Love Story." New Yorker. Conde Nast, 03 Aug. 2016. Web. 30 Sept. 2016. www.newyorker.com/news/news-desk/trump-and-putin-a-love-story

53. Remnick, David. "Danse Macabre." New Yorker. Conde Nast, 18 Mar. 2013. Web. 30 Sept. 2016. www.newyorker.com/magazine/2013/03/18/danse-macabre

54. Foer, Franklin. "Vladimir Putin Has a Plan for Destroying the West—and It Looks a Lot Like Donald Trump." Slate Magazine. Slate Group, 21 July 2016. Web. 30 Aug. 2016. www.slate.com/articles/news_and_politics/cover_story/2016/07/vladimir_putin_has_a_plan_for_destroying_the_west_and_it_looks_a_lot_like.html

55. Applebaum, Anne. ""I Didn't Think It Could Be Done in the United States"." Interview by Jacob Weisberg. Slate. Slate Group, 28 July 2016. Web. 30 Aug. 2016.

56. Ibid.

57. Gregory, Paul Roderick. "What If Vladimir Putin Has Hillary Clinton's Emails?" Forbes. Forbes, Inc., 12 Feb. 2016. Web. 30 Aug. 2016. www. forbes.com/sites/paulroderickgregory/2016/02/12/vladimir-putin-hillaryclinton-emails/#4ec4e9e57fe6

58. Ibid.

59. Ibid.

60. Morell, Michael J. "I Ran the CIA. Now I'm Endorsing Hillary Clinton." New York Times. New York Times Company, 04 Aug. 2016. Web. 26 Aug. 2016. www.nytimes.com/2016/08/05/opinion/campaign-stops/i-ran-thecia-now-im-endorsing-hillary-clinton.html

─────────────── 5장 ───────────────

1. Meeks, Karen Robes. "Hillary Clinton Compares Vladimir Putin's Actions in Ukraine to Adolf Hitler's in Nazi Germany." Long Beach Press Telegram. Digital First Media, 05 Mar. 2014. Web. 30 Aug. 2016. www.presstelegram.com/general-news/20140304/hillary-clinton-comparesvladimir-putins-actions-in-ukraine-to-adolf-hitlers-in-nazi-germany

2. Diamond, Jeremy, and Greg Botelho. "Putin Praises 'Bright and Talented' Donald Trump." CNN. Turner Broadcasting System, 17 Dec. 2015. Web. 30 Aug. 2016. www.cnn.com/2015/12/17/politics/russia-putin-trump/3. Kreutz, Liz. "Hillary Clinton Psychoanalyzes Vladimir Putin." ABC News. Disney-ABC Television Group, 08 Apr. 2014. Web. 30 Aug. 2016. abcnews.go.com/blogs/politics/2014/04/hillary-clinton-psychoanalyzesvladimir-putin/

4. Aron, Leon. "The Putin Doctrine." Foreign Affairs. Council on Foreign Relations, 11 Mar. 2013. Web. 26 Aug. 2016. www.foreignaffairs.com/articles/russian-federation/2013-03-08/putin-doctrine

5. "Russia Security Paper Designates Nato as Threat." BBC News. British Broadcasting Corporation, 31 Dec. 2015. Web. 28 Aug. 2016. www.bbc.

com/news/world-europe-35208636

6. Rose, Charlie. "Charlie Rose on How Vladimir Putin Sees the World."
    Charlie Rose. PBS. Arlington, VA, 19 June 2015. PBS Newshour. Web. 22
    Sept. 2016. www.pbs.org/newshour/bb/charlie-rose-vladimir-putin-sees-
    world/

7. Lazar, Alex, and Alexey Eremenko. "Here's Why Russians Like Donald
    Trump (Sort of)." NBC News. NBCUniversal News Group24, 24 Aug.
    2016. Web. 30 Aug. 2016. www.nbcnews.com/news/world/why-russians-
    donald-trump-sort-n634626

8. Rose, Charlie. "Charlie Rose on How Vladimir Putin Sees the World."
    Charlie Rose. PBS. Arlington, VA, 19 June 2015. PBS Newshour. Web. 22
    Sept. 2016. www.pbs.org/newshour/bb/charlie-rose-vladimir-putin-sees-
    world/

9. "Relations with Russia." NATO. NATO, 18 May 2016. Web. 27 Aug. 2016.

10. www.nato.int/cps/en/natolive/topics_50090.htm

11. "Ukraine Crisis: Obama Orders Ban on Crimea Trade." BBC News.
    British Broadcasting Corporation, 20 Dec. 2014. Web. 27 Aug. 2016.
    www.bbc.com/news/world-europe-3055850212. "Ukraine Crisis: Russia
    and Sanctions." BBC News. British Broadcasting Corporation, 19 Dec.
    2014. Web. 27 Aug. 2016. www.bbc.com/news/world-europe-26672800

13. Trump, Donald. "Transcript: Donald Trump on NATO, Turkey's Coup
    Attempt and the World." Interview by David E. Sanger and Maggie
    Haberman. New York Times. New York Times Company, 21 July 2016.
    Web. 27 Aug. 2016.

14. Ibid.

15. Meeks, Karen Robes. "Hillary Clinton Compares Vladimir Putin's
    Actions in Ukraine to Adolf Hitler's in Nazi Germany." Long Beach Press
    Telegram. Digital First Media, 05 Mar. 2014. Web. 30 Aug. 2016. www.
    presstelegram.com/general-news/20140304/hillary-clinton-compares-
    vladimir-putins-actions-in-ukraine-to-adolf-hitlers-in-nazigermany

16. Diamond, Jeremy. "Timeline: Donald Trump's Praise for Vladimir Putin." CNN. Turner Broadcasting System, 21 July 2016. Web. 29 Aug. 2016. www.cnn.com/2016/07/28/politics/donald-trump-vladimir-putin-quotes/17.

Kalb, Marvin L. Imperial Gamble: Putin, Ukraine, and the New Cold War. 1st ed. Washington, D.C.: Brookings Institution Press, 2015. Print.

18. Lazar, Alex, and Alexey Eremenko. "Here's Why Russians Like Donald Trump (Sort of)." NBC News. NBCUniversal News Group, 24 Aug. 2016. Web. 30 Aug. 2016. www.nbcnews.com/news/world/why-russiansdonald-trump-sort-n634626

19. Schreckinger, Ben. "Clinton Urges More Financial, Military Aid to Ukraine." POLITICO. POLITICO, 21 Jan. 2015. Web. 28 Aug. 2016. www.politico.com/story/2015/01/hillary-clinton-ukraine-aid-military-financial-114462

20. Bradner, Eric and David Wright. "Trump Says Putin Is 'Not Going to Go into Ukraine,' Despite Crimea." CNN. Turner Broadcasting System, 1 Aug. 2016. Web. 28 Aug. 2016. www.cnn.com/2016/07/31/politics/donald-trump-russia-ukraine-crimea-putin/

---------------------------------- 6장 ----------------------------------

1. Zetter, Kim. "Russian 'Sandworm' Hack Has Been Spying on Foreign Governments for Years." Wired. Conde Nast, 14 Oct. 2014. Web. 28 Aug. 2016. www.wired.com/2014/10/russian-sandworm-hack-isight

2. Bejtlich, Richard. "Putting the A, P, and T in the APT." 2011 Business Security Conference. Honolulu Design Center, Honolulu. 7 Sept. 2011. Hawaiian Telcom. Web. 12 Aug. 2016. www.hawaiiantel.com/Portals/1/Bejtlich.pdf

3. Alperovitch, Dmitri. "Bears in the Midst: Intrusion into the Democratic National Committee." Web log post. CrowdStrike. N.p., 15 June 2016. Web. 28 Aug. 2016. www.crowdstrike.com/blog/bears-midst-intrusion-democratic-national-committee/

4. Reuvers, Paul and Marc Simons. "IBM Selectric Bug." Crypto Museum. N.p., Aug.-Sept. 2010. Web. 29 Aug. 2016. cryptomuseum.com/covert/

bugs/selectric/

5. Kaplan, Fred M. "'Could Something Like This Really Happen?'" Dark
    Territory: The Secret History of Cyber War. 1st ed. New York, NY: Simon
    &Schuster, 2016. p. 16. Print.

6. Kaplan, Fred M. "Solar Sunrise, Moonlight Gaze." Dark Territory: The
    Secret History of Cyber War. 1st ed. New York, NY: Simon & Schuster,
    2016. pp. 78-88. Print.

7. Cutler, Terry. "The Anatomy of an Advanced Persistent Threat |
    SecurityWeek.Com." Security Week. Wired Business Media, 06 Dec. 2010.
    Web. 27 Aug. 2016. www.securityweek.com/anatomy-advancedpersistent-
    threat

8. "Microsoft Security Intelligence Report: Strontium." Web log post.
    TechNet. Microsoft, 16 Nov. 2015. Web. 28 Aug. 2016. blogs.technet.
    microsoft.com/mmpc/2015/11/16/microsoft-security-intelligence-report-
    strontium/

9. Hacquebord, Feike. "Pawn Storm's Domestic Spying Campaign Revealed:
    Ukraine and US Top Global Targets." Web log post. Trend Labs Security
    Intelligence Blog. Trend Micro, 18 Aug. 2015. Web. 30 Aug. 2016. blog.
    trendmicro.com/trendlabs-security-intelligence/pawn-stormsdomestic-
    spying-campaign-revealed-ukraine-and-us-top-global-targets/

10. Kharouni, Loucif, Feike Hacquebord, Numaan Huq, Jim Gogolinski,
    Fernando Merces, Alfred Remorin, and Douglas Otis. Operation Pawn
    Storm: Using Decoys to Evade Detection. Trend Micro. Trend Micro Inc.,
    22 Oct. 2014. Web. 9 Aug. 2016. www.trendmicro.com/cloud-content/us/
    pdfs/security-intelligence/white-papers/wp-operation-pawn-storm.pdf

11. Ibid.

12. Ibid.

13. Ibid.

14. Ibid.

15. Hacquebord, Feike. "Pawn Storm's Domestic Spying Campaign Revealed: Ukraine and US Top Global Targets." Web log post. Trend Labs Security Intelligence Blog. Trend Micro, 18 Aug. 2015. Web. 30 Aug. 2016. blog. trendmicro.com/trendlabs-security-intelligence/pawn-stormsdomestic-spying-campaign-revealed-ukraine-and-us-top-global-targets/

16. F-Secure Labs. THE DUKES: 7 Years of Russian Cyberespionage. Rep. F-Secure, 5 Sept. 2015. Web. 30 Aug. 2016. www.f-secure.com/ documents/996508/1030745/dukes_whitepaper.pdf

17. Ibid.

18. Silva, Cristina. "Meet Turla, the Russian Hacking Group Using Commercial Satellites to Spy on US, Europe." International Business Times. IBT Media, 09 Sept. 2015. Web. 30 Aug. 2016.www.ibtimes.com/ meet-turla-russian-hacking-group-using-commercial-satellites-spy-useurope-2089116

19. "Breaking the Code on Russian Malware." Web log post. Recorded Future Blog. Recorded Future, 20 Nov. 2016. Web. 28 Aug. 2016.www. recordedfuture.com/russian-malware-analysis/

20. Ibid.

21. Nakashima, Ellen. "Cyber-Intruder Sparks Response, Debate." Washington Post. Washington Post Company, 8 Dec. 2011. Web. 28 Aug. 2016. www.washingtonpost.com/national/national-security/cyber-intrudersparks-response-debate/2011/12/06/gIQAxLuFgO_story.html

22. The Waterbug Attack Group. Security Response. Symantec, 14 Jan. 2016. Web. 28 Aug. 2016. www.symantec.com/content/en/us/enterprise/media/ security_response/whitepapers/waterbug-attack-group.pdf

23. 2015 Global Threat Report. Rep. CrowdStrike, 14 Jan. 2016. Web. 31 Aug. 2016. go.crowdstrike.com/rs/281-OBQ-266/images/15GlobalThreat Report.pdf

24. "Denial-of-Service: The Estonian Cyberwar and Its Implications for US National Security." International Affairs Review. Elliott School of International Affairs, n.d. Web. 30 Aug. 2016. www.iar-gwu.org/node/65

25.   Traynor, Ian. "Russia Accused of Unleashing Cyberwar to Disable Estonia." Guardian. Guardian News and Media, 16 May 2007. Web. 29 Aug. 2016. www.theguardian.com/world/2007/may/17/topstories3. russia

26.   "Estonia Fines Man for 'Cyber War.'" BBC News. British Broadcasting Corporation, 25 Jan. 2008. Web. 29 Aug. 2016. news.bbc.co.uk/2/hi/ technology/7208511.stm

27.   "Georgia: Avoiding War in South Ossetia". Rep. International Crisis Group, 26 Nov. 2014. Web. 29 Aug. 2016. unpan1.un.org/intradoc/groups/ public/documents/UNTC/UNPAN019224.pdf

28.   "If Kosovo Goes Free." Economist. Economist Group, 29 Nov. 2007. Web. 29 Aug. 2016. www.economist.com/node/10225052.

29.   Hollis, David, "Cyberwar Case Study: Georgia 2008." Small Wars Journal. Small Wars Foundation, 6 Jan. 2011. Web 29 Aug. 2016. http:// smallwarsjournal.com/blog/journal/docs-temp/639-hollis.pdf.

30.   Schachtman, Noah. "Top Georgian Official: Moscow Cyber Attacked Us– We Just Can't Prove It." Wired. Conde Nast, 6 Jan. 2011. Web. 29 Aug. 2016. www.wired.com/2009/03/georgia-blames

31.   F-Secure Labs. BLACKENERGY & QUEDAGH: The Convergence of Crimeware and APT Attacks. Rep. F-Secure, n.d. Web. 29 Aug. 2016. www.f-secure.com/documents/996508/1030745/blackenergy_whitepaper. pdf

32.   US-CCU. Overview by the US-CCU of the Cyber Campaign Against Georgia in August of 2008. Campaign Overview. The U.S. Cyber Consequences Unit, Aug. 2009. Web. 29 Aug. 2016. www.registan.net/wp- content/uploads/2009/08/US-CCU-Georgia-Cyber-Campaign-Overview. pdf

33.   APT28: A Window Into Russia's Cyber Espionage Operations? Rep. FireEye, 5 Feb. 2016. Web. 29 Aug. 2016. www.fireeye.com/content/dam/ fireeyewww/global/en/current-threats/pdfs/rpt-apt28.pdf

34.   United States of America. Library of Congress. Global Legal Monitor. Lithuania: Ban on Nazi and Soviet Symbols. By Peter Roudik. Law

Library of Congress, 2 July 2008. Web. 29 Aug. 2016. www.loc.gov/law/foreign-news/article/lithuania-ban-on-nazi-and-soviet-symbols/

35. Rhodin, Sara. "Hackers Tag Lithuanian Web Sites with Soviet Symbols." New York Times. New York Times Company, 30 June 2008. Web. 29 Aug. 2016. www.nytimes.com/2008/07/01/world/europe/01baltic.html?_r=1

36. Danchev, Dancho. "300 Lithuanian Sites Hacked by Russian Hackers | ZDNet." ZDNet. CBS Interactive, 2 July 2008. Web. 29 Aug. 2016. www.zdnet.com/article/300-lithuanian-sites-hacked-by-russian-hackers/

37. Krebs, Brian. "Lithuania Weathers Cyber Attack, Braces for Round 2." Washington Post. Washington Post Company, 3 July 2008. Web. 29 Aug. 2016. voices.washingtonpost.com/securityfix/2008/07/lithuania_weathers_cyber_attac_1.html

38. Counter Threat Unit Research Team. "Kyrgyzstan Under DDoS Attack From Russia." Web log post. Secure Works Blog. Secure Works Corp, 27 Jan. 2009. Web. 29 Aug. 2016. www.secureworks.com/blog/research-20957

39. Blomfield, Adrian. "US Troops Ordered Out of Kyrgyzstan after Russia Deal." Telegraph. Telegraph Media Group, 4 Feb. 2009. Web. 29 Aug. 2016. www.telegraph.co.uk/news/worldnews/asia/kyrgyzstan/4513296/US-troops-ordered-out-of-Kyrgyzstan-after-Russia-deal.html

40. Constantin, Lucian. "Macro-Based Malware Is Making a Comeback, Researchers Warn." Computerworld. IDG News Service, 07 Jan. 2015. Web. 29 Aug. 2016. www.computerworld.com/article/2866055/macrobased-malware-is-making-a-comeback-researchers-warn.html

41. Muncaster, Phil. "Sandworm Team Went After Firms Running SCADA." Infosecurity Magazine. Infosecurity Group, 20 Oct. 2014. Web. 29 Aug. 2016. www.infosecurity-magazine.com/news/sandworm-team-went-afterfirms/

42. Zetter, Kim. "Inside the Cunning, Unprecedented Hack of Ukraine's Power Grid." Wired. Conde Nast, 3 Mar. 2016. Web. 29 Aug. 2016. www.wired.com/2016/03/inside-cunning-unprecedented-hack-ukraines-power-grid/

43.   Stone, Jeff. "Russian Hacking Group Sandworm Targeted US Before
       Knocking Out Power In Ukraine." International Business Times.
       IBT Media, 11 Jan. 2016. Web. 25 Aug. 2016. www.ibtimes.com/
       russian-hackinggroup-sandworm-targeted-us-knocking-out-power-
       ukraine-2257194

44.   Finkle, Jim. "US Firm Blames Russian 'Sandworm' Hackers for Ukraine
       Outage." Reuters. Thomson Reuters, 07 Jan. 2016. Web. 29 Aug.
       2016. www.reuters.com/article/us-ukraine-cybersecurity-sandworm-
       idUSKBN0UM00N20160108

45.   Prabhu, Vijay. "Warsaw Stock Exchange Hacked by ISIS Cyber
       Criminals?" TechWorm. TechWorm, 24 Oct. 2014. Web. 29 Aug. 2016.
       www.techworm.net/2014/10/warsaw-stock-exchange-hacked-isis-
       cybercriminals.html

46.   Riley, Michael. "Cyberspace Becomes Second Front in Russia's Clash
       With NATO." Bloomberg. Bloomberg L.P., 14 Oct. 2015. Web. 31 Aug.
       2016. www.bloomberg.com/news/articles/2015-10-14/cyberspace-becomes-
       second-front-in-russia-s-clash-with-nato

47.   Prabhu, Vijay. "Warsaw Stock Exchange Hacked by ISIS Cyber
       Criminals?" TechWorm. TechWorm, 24 Oct. 2014. Web. 29 Aug. 2016.
       www.techworm.net/2014/10/warsaw-stock-exchange-hacked-isis-
       cybercriminals.html

48.   Melvin, Don and Greg Botelho. "French TV Network TV5Monde Hit by
       Massive Cyberattack." CNN. Turner Broadcasting System, 9 Apr. 2015.
       Web. 8 Sept. 2016.www.cnn.com/2015/04/09/europe/french-tv-network-
       attack-recovery/

49.   "Who Are the Cybercaliphate Hackers Who Claimed Responsibility for
       TV5Monde Cyberattack?" France 24 English. YouTube, 09 Apr. 2015.
       Web. 8 Aug. 2016. www.youtube.com/watch?v=gM-6r8L8SZQ

50.   "Russian Hackers Suspected in Cyberattack on German Parliament |
       News | DW.COM | 19.06.2015." DW. ARD, 16 June 2015. Web. 29 Aug.
       2016. www.dw.com/en/russian-hackers-suspected-in-cyberattack-on-
       germanparliament/a-18528045

51. Paganini, Pierluigi. "Alleged Russian Hackers behind the EFF Spear Phishing Scam." Security Affairs. N.p., 30 Aug. 2015. Web. 30 Aug. 2016. securityaffairs.co/wordpress/39686/cyber-crime/eff-spear-phishingapt28. html

52. Bishara, Motez. "Russian Doping: 'Unprecedented Attack on Olympic Games'" CNN. Turner Broadcasting System, 21 July 2016. Web. 23 Sept. 2016. edition.cnn.com/2016/07/18/sport/russia-doping-sochi-2014-olympic-games-rio-2016/

53. Threatconnect Research Team. "Russian Cyber Operations on Steroids." Web log post. ThreatConnect Blog. ThreatConnect, Inc., 19 Aug. 2016. Web. 31 Aug. 2016. www.threatconnect.com/blog/fancy-bear-anti-doping-agency-phishing/

54. Engel, Richard and Aggelos Petropoulos. "Russian Doping Whistleblowers Fear for Their Lives after Cyber Attack."NBC News. NBCUniversal News Group, 28 Aug. 2016. Web. 31 Aug. 2016. www.nbcnews.com/storyline/2016-rio-summer-olympics/russian-dopingwhistleblowers-fear-their-lives-after-cyber-attack-n638746

55. "Russian Doping: Who Is Whistleblower Grigory Rodchenkov?" BBC News. British Broadcasting Corporation, 19 July 2016. Web. 23 Aug. 2016. www.bbc.com/news/world-europe-36833962?_ga=1.190104555.1962 198461.1471990212

56. Hacquebord, Feike. "Pawn Storm's Domestic Spying Campaign Revealed; Ukraine and US Top Global Targets." Web log post. TrendLabs Security Intelligence Blog. Trend Micro, 18 Aug. 2015. Web. 30 Aug. 2016. blog. trendmicro.com/trendlabs-security-intelligence/pawn-stormsdomestic-spying-campaign-revealed-ukraine-and-us-top-global-targets/

57. Yadron, Danny. "Three Months Later, State Department Hasn't Rooted Out Hackers." Wall Street Journal. News Corporation, 19 Feb. 2015. Web. 31 Aug. 2016. www.wsj.com/articles/three-months-later-state-departmenthasnt-rooted-out-hackers-1424391453

58. Hackett, Robert. "Report: US Officials Say Russians Hacked White House Computer System." Fortune. Time Inc., 06 Apr. 2015. Web. 30 Aug.

2016. fortune.com/2015/04/07/russians-hacked-white-house/

59.   Fryer-Biggs, Zachary. "Operation Watersnake: Hacking the US by
       Ship." Jane's. IHS, 8 Aug. 2016. Web. 28 Aug. 2016.janes.ihs.com/Janes/
       Display/1780967

60.   Global Threat Intel Report 2014. Rep. CrowdStrike, 17 Jan. 2014. Web.
       31 Aug. 2016. go.crowdstrike.com/rs/281-OBQ-266/images/ReportGlobal
       ThreatIntelligence.pdf

61.   2015 Global Threat Report. Rep. CrowdStrike, 14 Jan. 2016. Web. 31
       Aug. 2016. go.crowdstrike.com/rs/281-OBQ-266/images/15GlobalThreat
       Report.pdf

62.   Chen, Adrian. "The Agency." New York Times. New York Times Company,
       06 June 2015. Web. 29 Aug. 2016. www.nytimes.com/2015/06/07/
       magazine/the-agency.html

63.   Ibid.

64.   "The Power of Propaganda." Psychology Of. Haverford College, 2015.
       Web. 29 Aug. 2016. sites.google.com/a/haverford.edu/the-psychology-of/
       workshops/the-power-of-propaganda

65.   Chen, Adrian. "The Agency." New York Times. New York Times Company,
       06 June 2015. Web. 29 Aug. 2016. www.nytimes.com/2015/06/07/
       magazine/the-agency.html

66.   Ibid.

67.   Ibid.

68.   Ibid.

69.   "Why Are Russian Trolls Spreading Online Hoaxes in the US?"
       Newshour. Ed. Jeffrey Brown. PBS, 8 June 2015. Web. 29 Aug. 2016.
       www.pbs.org/newshour/bb/russian-trolls-spreading-online-hoaxes-u-s/70.
       Seddon, Max. "Documents Show How Russia's Troll Army Hit America."
       BuzzFeed. BuzzFeed, Inc., 2 June 2014. Web. 29 Aug. 2016. www.
       buzzfeed.com/maxseddon/documents-show-how-russias-troll-army-hit-

america

71. Ibid.

72. Ibid.

73. Chen, Adrian. "The Real Paranoia-Inducing Purpose of Russian Hacks." New Yorker. Conde Nast, 27 July 2016. Web. 29 Aug. 2016. www. newyorker.com/news/news-desk/the-real-paranoia-inducingpurpose-of-russian-hacks

—————————— 7장 ——————————

1. Assange, Julian. "We Are Drowning in Material." Interview by Michael Sontheimer. Der Spiegel. Spiegel-Verlag, 20 July 2015. Web. 25 Aug. 2016.

2. WikiLeaks. "What Is Wikileaks?" WikiLeaks. N.p., 3 Nov. 2015. Web. 25 Aug. 2016. wikileaks.org/aboutWikiLeaks:About. WikiLeaks, 5 Dec. 2008. Web. 24 Aug. 2016. www.wikileaks.com/wiki/Wikileaks:About

3. Khatchadourian, Raffi. "No Secrets." New Yorker. Conde Nast, 31 May 2010. Web. 24 Aug. 2016. www.newyorker.com/magazine/2010/06/07/no-secrets

4. Ibid.

5. Ibid.

6. Ibid.

7. WikiLeaks. "Collateral Murder." WikiLeaks. N.p., 5 Apr. 2010. Web. 24 Aug. 2016. collateralmurder.wikileaks.org/

8. Cohen, Noam, and Brian Stelter. "Iraq Video Brings Notice to a Web Site." New York Times. New York Times Company, 06 Apr. 2010. Web. 25 Aug. 2016. www.nytimes.com/2010/04/07/world/07wikileaks.html?_r=0

9. Courson, Paul, and Matt Smith. "WikiLeaks Source Manning Gets 35 Years, Will Seek Pardon." CNN. Turner Broadcasting System, 22 Aug. 2013. Web. 22 Sept. 2016. www.cnn.com/2013/08/21/us/bradley-manning-

sentencing/

10.   Ibid.

11.   "The Defense Department's Response." New York Times. New York
        Times Company, 22 Oct. 2010. Web. 25 Aug. 2016. www.nytimes.
        com/2010/10/23/world/middleeast/23response.html?_r=1

12.   Shane, Scott, and Andrew Lehren W. "Leaked Cables Offer Raw Look
        at U.S. Diplomacy." New York Times. New York Times Company, 28
        Nov. 178 MALCOLM NANCE 2010. Web. 25 Aug. 2016. www.nytimes.
        com/2010/11/29/world/29cables.html

13.   Erlanger, Steven. "Europeans Criticize Fierce U.S. Response to Leaks."
        New York Times. New York Times Company, 09 Dec. 2010. Web. 22 Aug.
        2016. www.nytimes.com/2010/12/10/world/europe/10wikileaks-react.html

14.   Ibid.

15.   Friedman, Megan. "Julian Assange: Readers' Choice for TIME's Person of
        the Year 2010 | TIME.com." Time. Time Inc., 13 Dec. 2010. Web. 22 Aug.
        2016. newsfeed.time.com/2010/12/13/julian-assange-readers-choice-for-
        times-person-of-the-year-2010/

16.   Keller, Bill. "Dealing with Assange and the WikiLeaks Secrets." New York
        Times. New York Times Company, 26 Jan. 2011. Web. 25 Aug. 2016. www.
        nytimes.com/2011/01/30/magazine/30Wikileaks-t.html?

17.   Khatchadourian, Raffi. "No Secrets." New Yorker. Conde Nast, 31 May
        2010. Web. 24 Aug. 2016. www.newyorker.com/magazine/2010/06/07/no-
        secrets

18.   Ibid.

19.   Assange, Julian. "Assange: Why I Founded WikiLeaks." Newsweek.
        Newsweek LLC, 10 Mar. 2016. Web. 25 Aug. 2016. www.newsweek.com/
        julian-assange-why-i-founded-wikileaks-294283

20.   Christopher, Hitchens. "Why I Founded WikiLeaks." Slate. Slate Group,
        6 Dec. 2010. Web. 26 Aug. 2016. www.slate.com/articles/news_and_

politics/fighting_words/2010/12/turn_yourself_in_julian_assange.html

21. Vick, Karl. "WikiLeaks Is Getting Scarier Than the NSA." Time. Time Inc., 12 Aug. 2016. Web. 25 Aug. 2016. time.com/4450282/wikileaks-julian-assange-dnc-hack-criticism/

22. Bittner, Jochen. "How Julian Assange Is Destroying WikiLeaks." New York Times. New York Times Company, 07 Feb. 2016. Web. 25 Aug. 2016. www.nytimes.com/2016/02/08/opinion/how-julian-assange-is-destroyingwikileaks.html

23. "Julian Assange Sex Assault Allegations: Timeline." BBC News. British Broadcasting Corporation, 5 Feb. 2016. Web. 26 Aug. 2016. www.bbc.com/news/world-europe-11949341

24. Chopping, Dominic. "Julian Assange to Be Questioned at Ecuador's Embassy in London." Wall Street Journal. News Corporation, 11 Aug. 2016. Web. 25 Aug. 2016. www.wsj.com/articles/julian-assange-to-bequestioned-at-ecuadors-embassy-in-london-1470914241

25. Wallace, Arturo. "Julian Assange: Why Ecuador Is Offering Asylum." BBC News. British Broadcasting Corporation, 16 Aug. 2012. Web. 22 Aug. 2016. www.bbc.com/news/world-europe-19289649

26. Ibid.

27. "Is Russia Secretly Influencing Wikileaks? I Don't Think It Started as a Russian Operation, but I'm Starting to Wonder Why Assange and Crew Only Focus on NATO Countries · /r/conspiracy." R/conspiracy. Reddit, Oct. 2015. Web. 22 Sept. 2016. www.reddit.com/r/conspiracy/comments/3pobtq/is_russia_secretly_influencing_wikileaks_i_dont/

28. Ioffe, Julia. "What Is Russia Today?" Columbia Journalism Review. Columbia University Graduate School of Journalism, Sept.-Oct. 2010. Web. 23 Aug. 2016. www.cjr.org/feature/what_is_russia_today.php

29. Ibid.

30. Harding, Luke. "The World Tomorrow: Julian Assange Proves a Useful Idiot." Guardian. Guardian News and Media, 17 Apr. 2012. Web. 25 Aug.

2016. www.theguardian.com/media/2012/apr/17/world-tomorrowjulian-assange-wikileaks

31.   Ibid.

32.   Assange, Julian. "Assange: I'll Be Called a Traitor, Interviewing Radicals." Interview by RT. RT International. TV Novosti, 16 Apr. 2012. Web. 25 Sept. 2016.

33.   Ibid.

34.   Wilentz, Sean. "Would You Feel Differently About Snowden, Greenwald, and Assange If You Knew What They Really Thought?" New Republic. N.p., 19 Jan. 2014. Web. 24 Aug. 2016. newrepublic.com/article/116253/edward-snowden-glenn-greenwald-julian-assange-what-they-believe

35.   Bittner, Jochen. "How Julian Assange Is Destroying WikiLeaks." New York Times. New York Times Company, 07 Feb. 2016. Web. 25 Aug. 2016. www.nytimes.com/2016/02/08/opinion/how-julian-assange-is-destroyingwikileaks.html

36.   Gayle, Damien. "Julian Assange 'Told Edward Snowden Not to Seek 180 MALCOLM NANCE Asylum in Latin America.'" Guardian. Guardian News and Media, 29 Aug. 2015. Web. 24 Aug. 2016. www.theguardian.com/media/2015/aug/29/julian-assange-told-edward-snowdon-not-seek-asylum-in-latin-america

37.   WikiLeaks. "A Vote Today for Hillary Clinton Is a Vote for Endless, Stupid War." WikiLeaks. N.p., 9 Feb. 2016. Web. 24 Aug. 2016. wikileaks.org/hillary-war/

38.   Savage, Charlie. "Assange, Avowed Foe of Clinton, Timed Email Release for Democratic Convention." New York Times. New York Times Company, 26 July 2016. Web. 26 Aug. 2016. www.nytimes.com/2016/07/27/us/politics/assange-timed-wikileaks-release-of-democratic-emails-to-harmhillary-clinton.html

39.   Assange, Julian. "Assange: WikiLeaks to Release 'Significant' Clinton Material." Interview by Megyn Kelly. Fox News. News Corporation, 24 Aug. 2016. Web. 25 Aug. 2016.

40.　Ibid.

41.　Mook, Robby. "Clinton Camp: DNC Hack a Russian Plot to Help Trump."
　　　Interview by Jake Tapper. CNN. Turner Broadcasting System, 24 July
　　　2016. Web. 24 Aug. 2016.

42.　Assange, Julian. "Julian Assange: We Have More Material on Clinton."
　　　Interview by Anderson Cooper. CNN. Turner Broadcasting System, 29
　　　July 2016. Web. 25 Aug. 2016.

43.　Assange, Julian. "Julian Assange: 'A Lot More Material' Coming on US
　　　Elections." Interview by Matthew Chance.CNN. Turner Broadcasting
　　　System, 26 July 2016. Web. 25 Aug. 2016.

44.　Ibid.

45.　Ibid.

46.　Assange, Julian. "Assange on Peston on Sunday: 'More Clinton Leaks to
　　　Come.'" Interview by Robert Peston. ITV. ITV Network Limited, 12 June
　　　2016. Web. 25 Aug. 2016.

---------------------------------- 8장 ----------------------------------

1.　Perez, Evan. "Sources: US Officials Warned DNC of Hack Months
　　　before the Party Acted." CNN. Turner Broadcasting System, 7 July
　　　2016. Web. 25 Aug. 2016. www.cnn.com/2016/07/25/politics/democratic-
　　　conventiondnc-emails-russia/

2.　Nakashima, Ellen. "National Intelligence Director: Hackers Have
　　　Targeted 2016 Presidential Campaigns."Washington Post. Washington
　　　Post Company, 18 May 2016. Web. 01 Sept. 2016. www.washingtonpost.
　　　com/world/national-security/national-intelligence-director-hackershave-
　　　tried-to-spy-on-2016-presidential-campaigns/2016/05/18/2b1745c0-1d0d-
　　　11e6-b6e0-c53b7ef63b45_story.html?tid=a_inl

3.　Gallagher, Sean. "DNC Staffers: FBI Didn't Tell Us for Months about
　　　Possible Russian Hack." Ars Technica. Conde Nast, 03 Aug. 2016. Web. 01
　　　Sept. 2016. arstechnica.com/security/2016/08/dnc-staffersfbi-didnt-tell-us-

for-months-about-possible-russian-hack/

4. Nakashima, Ellen. "Russian Government Hackers Penetrated DNC, Stole Opposition Research on Trump." Washington Post. The Washington Post Company, 14 June 2016. Web. 29 Aug. 2016. www.washingtonpost. com/world/national-security/russian-government-hackers-penetrated-dncstole-opposition-research-on-trump/2016/06/14/cf006cb4-316e-11e6-8ff7-7b6c1998b7a0_story.html

5. Alperovitch, Dmitri. "Bears in the Midst: Intrusion into the Democratic National Committee." Web log post.CrowdStrike. N.p.,15 June 2016. Web. 28 Aug. 2016. www.crowdstrike.com/blog/bearsmidst-intrusion-democratic-national-committee/

6. Ibid.

7. Rid, Thomas (@RidT). .@pwnallthethings Remarkably the same C2 IP actually is hardcoded in the DNC and BUNDESTAG APT28 samples..8 Jul. 2016,1:03 AM. Tweet.

8. Alperovitch, Dmitri. "Bears in the Midst: Intrusion into the Democratic National Committee." Web log post. CrowdStrike. N.p., 15 June 2016. Web. 28 Aug. 2016. www.crowdstrike.com/blog/bears-midst-intrusion-democratic-national-committee/

9. Ibid.

10. Nakashima, Ellen. "National Intelligence Director: Hackers Have Targeted 2016 Presidential Campaigns." Washington Post. Washington Post Company, 18 May 2016. Web. 25 Aug. 2016. www.washingtonpost. com/world/national-security/national-intelligence-director182MALCOLM NANCE h a c k e r s - h a v e - t r i e d - t o - s p y - o n - 2 0 1 6 - p r e s i d e n t i a l - c a m -paigns/2016/05/18/2b1745c0-1d0d-11e6-b6e0-c53b7ef63b45_story.html

11. Ibid.

12. Franceschi-Bicchierai, Lorenzo. "'Guccifer 2.0' Is Likely a Russian Government Attempt To Cover Up Their Own Hack." Motherboard. Vice Media, 23 June 2016. Web. 25 Sept. 2016. motherboard.vice.com/read/

guccifer-20-is-likely-a-russian-government-attempt-to-cover-up-theirown-hack

13. Ibid.

14. Alperovitch, Dmitri. "Bears in the Midst: Intrusion into the Democratic
     National Committee." Web log post. CrowdStrike. N.p.,15 June 2016.
     Web. 28 Aug. 2016. www.crowdstrike.com/blog/bears-midst-intrusion-
     democratic-national-committee/

15. Coldewey, Devin. "WikiLeaks Publishes 19,252 DNC-Related Emails
     Packed with Personal Information." TechCrunch. AOL, 22 July 2016.
     Web. 01 Sept. 2016. techcrunch.com/2016/07/22/wikileaks-publishes-
     19252-dnc-related-emails-packed-with-personal-information/

16. Trump, Donald. "The Wikileaks e-mail release today was so bad to
     Sanders that it will make it impossible for him to support her, unless he
     is a fraud!" 23 Jul. 2016, 2:20 PM. Tweet.

17. WikiLeaks. "No Shit." WikiLeaks. N.p., 5 May 2016. Web. 1 Sept. 2016.
     wikileaks.org/dnc-emails/emailid/11508

18. Shear, Michael D. and Matthew Rosenberg. "Released Emails Suggest
     the D.N.C. Derided the Sanders Campaign." New York Times. New
     York Times Company, 22 July 2016. Web. 31 Aug. 2016. www.nytimes.
     com/2016/07/23/us/politics/dnc-emails-sanders-clinton.html?_r=0

19. WikiLeaks. "Bernie Narrative." WikiLeaks. N.p., n.d. Web. 1 Sept. 2016.
     wikileaks.org/dnc-emails/emailid/11056

20. WikiLeaks. "Re: Sanders If I'm Elected, DNC Would Be Out." WikiLeaks.
     N.p., n.d. Web. 1 Sept. 2016. wikileaks.org/dnc-emails/emailid/9999

21. Rappeport, Alan. "3 Top DNC Officials Leave as Upheaval After Email
     Breach Continues." New York Times. New York Times Company, 02 Aug.
     2016. Web. 31 Sept. 2016. www.nytimes.com/2016/08/03/us/politics/dnc-
     email-hack-hillary-clinton-bernie-sanders.html?_r=0

22. Healy, Patrick, and Jonathan Martin. "Democrats Struggle for Unity on
     First Day of Convention." New York Times. New York Times Company, 25

July 2016. Web. 31 Aug. 2016. www.nytimes.com/2016/07/26/us/politics/
dnc-speakers-protests-sanders.html?_r=0

23.   Assange, Julian. "Julian Assange: We Have More Material on Clinton."
      Interview by Anderson Cooper. CNN. Turner Broadcasting System, 29
      July 2016. Web. 25 Aug. 2016.

24.   Sainato, Michael. "Wikileaks Proves Primary Was Rigged: DNC
      Undermined Democracy." Observer. Observer Media, 22 July 2016. Web.
      26 Aug. 2016. observer.com/2016/07/wikileaks-proves-primary-was-
      riggeddnc-undermined-democracy/

25.   Kaczynski, Andrew. "Julian Assange Floats Theory That Murdered DNC
      Employee Was Informant In Dutch Interview." BuzzFeed. BuzzFeed, Inc.,
      9 Aug. 2016. Web. 26 Aug. 2016. www.buzzfeed.com/andrewkaczynski/
      julian-assange-floats-theory-murdered-dnc-employee-was-infor?utm_
      term=.cgkB3qzOW#.nkbwrvB08

26.   Stahl, Jeremy. "WikiLeaks Is Fanning a Conspiracy Theory That
      Hillary Murdered a DNC Staffer." Slate Magazine. Slate Group, 09 Aug.
      2016. Web. 26 Aug. 2016. www.slate.com/blogs/the_slatest/2016/08/09/
      wikileaks_is_fanning_a_conspiracy_theory_that_hillary_murdered_a_
      dnc_staffer.html

27.   Ibid.

28.   Das, Samburaj. "Malware Alert: Files on WikiLeaks Can Infect Your
      Computer | Hacked." Hacked. N.p., 26 Aug. 2015. Web. 26 Aug. 2016.
      hacked.com/malware-alert-files-wikileaks-can-infect-computer/

29.   Burns, Alexander, Maggie Haberman, and Ashley Parker. "Donald
      Trump's Confrontation With Muslim Soldier's Parents Emerges as
      Unexpected Flash Point." New York Times. New York Times Company, 31
      July 2016. Web. 1 Sept. 2016. www.nytimes.com/2016/08/01/us/politics/
      khizr-khan-ghazala-donald-trump-muslim-soldier.html

30.   Parker, Ashley, and David Sanger E. "Donald Trump Calls on Russia
      to Find Hillary Clinton's Missing Emails." New York Times. New York
      Times Company, 27 July 2016. Web. 27 Aug. 2016. http://www.nytimes.

com/2016/07/28/us/politics/donald-trump-russia-clinton-emails.html?

31. Smith, Jeremy Silk. "Roger Stone Claims To Be in Contact with WikiLeaks Founder." Roll Call. Economist Group, 09 Aug. 2016. Web. 26 Sept. 2016. www.rollcall.com/news/politics/roger-stone-claims-tobe-in-contact-with-wikileaks-founder. 184 MALCOLM NANCE

32. Ibid.

33. Fisher, Max. "Donald Trump's Appeal to Russia Shocks Foreign Policy Experts." New York Times. New York Times Company, 28 July 2016. Web. 26 Aug. 2016. www.nytimes.com/2016/07/29/world/europe/russia-trumpclinton-email-hacking.html

34. King, Bob, and Tim Starks. "Hackers Suspected in New Attack on Democrats." POLITICO. POLITICO, 28 July 2016. Web. 1 Sept. 2016. www.politico.com/story/2016/07/dccc-hack-fbi-226398

35. Meyer, Josh, Alex Moe, and Tracy Connor. "New Democratic Party Hack 'Similar' to Earlier Breach." NBC News. NBCUniversal News Group, 29 July 2016. Web. 1 Sept. 2016. www.nbcnews.com/news/us-news/hack-democratic-congressional-campaign-committee-tied-earlier-breach-n619786

36. "FANCY BEAR Has an (IT) Itch That They Can't Scratch." 'Threat Geek' Fidelis Cyber Security, 1 Aug. 2016. Web. 28 Aug. 2016. www.threatgeek.com/2016/08/fancy-bear-has-an-it-itch-that-they-cant-scratch.html

37. Ibid.

38. Frenkel, Sheera. "Hackers behind Leaked DNC Emails Are Still Trying to Hack Democratic Party Members."BuzzFeed. BuzzFeed, Inc., 2 Aug. 2016. Web. 31 Aug. 2016. www.buzzfeed.com/sheerafrenkel/the-dncshackers-are-targeting-democratic-party-members-in-a?utm_term=.yyJlKwpbP#.oeL9YyXN8

39. David, Javier E. "Twitter Suspends Guccifer 2's Account in Wake of DCCC Hack." CNBC. NBCUniversal News Group, 13 Aug. 2016. Web. 1 Sept. 2016. www.cnbc.com/2016/08/13/twitter-suspends-guccifer-2-after-dccc-hack.html

40. Hosenball, Mark. "Exclusive: Clinton Campaign Also Hacked in Attacks on Democrats." Reuters. Thomson Reuters, 30 July 2016. Web. 1 Sept. 2016.www.reuters.com/article/us-usa-cyber-democratsinvestigation-exc-idUSKCN1092HK

41. CTU Research Team. "Threatgroup 4127 Targets Hillary Clinton Presidential Campaign." Secure Works Research. Tech. Secure Works, 16 June 2016. Web. 11 Aug. 2016. www.secureworks.com/research/threat-group-4127-targets-hillary-clinton-presidential-campaign

42. Ibid.

43. Guccifer. "DCCC Docs from Pelosi's PC." GUCCIFER 2.0. WordPress, 31 Aug. 2016. Web. 1 Sept. 2016. guccifer2.wordpress.com/2016/08/31/pelosi/

44. Hosenball, Mark, Joseph Menn, and John Walcott. "Exclusive: Clinton Campaign Also Hacked in Attacks on Democrats." Reuters. Thomson Reuters, 30 July 2016. Web. 1 Sept. 2016. www.reuters.com/article/us-usa-cyber-democrats-investigation-exc-idUSKCN1092HK

45. Lichtblau, Eric. "Computer Systems Used by Clinton Campaign Are Said to Be Hacked, Apparently by Russians." New York Times. New York Times Company, 29 July 2016. Web. 1 Sept. 2016.www.nytimes.com/2016/07/30/us/politics/clinton-campaign-hacked-russians.html?_r=0

46. Carroll, Lauren. "What We Know about Russia's Role in the DNC Email Leak." PolitiFact. Tampa Bay Times, 31 July 2016. Web. 1 Sept. 2016. www.politifact.com/truth-o-meter/article/2016/jul/31/what-we-knowabout-russias-role-dnc-email-leak/

47. NBCNews. "President Obama on Russian DNC Hack Involvement: 'Anything's Possible' - NBC News." NBC News. NBCUniversal News Group, 26 July 2016. Web. 1 Sept. 2016. www.nbcnews.com/nightlynews/video/president-obama-on-russian-dnc-hack-involvementanything-s-possible-732675139636

48. Isikoff, Michael. "FBI Says Foreign Hackers Penetrated State Election Systems." Yahoo News. Yahoo Inc., 29 Aug. 2016. Web. 1 Sept. 2016. www.yahoo.com/news/fbi-says-foreign-hackers-penetrated-000000175.

html

49.   Ibid.

50.   Salter, Raphael, and Josh Lederman. "'Anything's Possible'—
Obama Points to Russia on DNC Hack." The Big Story. Associated
Press, 26 July 2016. Web. 25 Aug. 2016. bigstory.ap.org/article/
a4be29bc14954dbabe2d968ba4a1bf68/cybersecurity-experts-see-merit-
claims-russian-hacking

51.   The Evolving Nature of Cyber-Espionage. Issue brief. The Soufan Group,
3 Aug. 2016. Web. 31 Aug. 2016. soufangroup.com/tsg-intelbriefthe-
evolving-nature-of-cyber-espionage/

─────────────── 9장 ───────────────

1.   Martin, Jonathan, and Amy Chozick. "Donald Trump's Campaign Stands
by Embrace of Putin." New York Times. New York Times Company, 186
MALCOLM NANCE 08 Sept. 2016. Web. 31 Aug. 2016. www.nytimes.
com/2016/09/09/us/politics/hillary-clinton-donald-trump-putin.html?_r=0

2.   18, LII § 115-2381 (Cornell University Law School 1948). Web.

3.   Williams, Katie Bo. "Clinton: Treat Cyberattacks 'Like Any Other
Attack.'" Hill. Capitol Hill Publishing Corp., 31 Aug. 2016. Web. 1 Sept.
2016. thehill.com/policy/cybersecurity/293970-clinton-treatcyberattacks-
like-any-other-attack

4.   "WATCH: Donald Trump's Terrifying Response When Asked about
Cybersecurity." New Statesman. Progressive Digital Media, 8 Sept. 2016.
Web. 10 Sept. 2016. www.newstatesman.com/politics/media/2016/09/
watch-donald-trump-s-terrifying-response-when-asked-about-
cybersecurity

5.   Trump, Donald. "On Russian TV, Trump Says It's 'Unlikely' Putin Trying
to Sway Election." Interview by Larry King. CNN. Turner Broadcasting
System, 9 Sept. 2016. Web. 10 Sept. 2016.

찾아보기

374